转型 数字化

塑造企业未来

律德启◎著

电子工业出版社
Publishing House of Electronics Industry
北京·BEIJING

内 容 简 介

本书从业务设计决定数字化技术、数字化技术驱动业务转型的双循环视角解读企业数字化转型。本书共 8 章，首先介绍了数字化转型的概念、内涵和基础技术知识，然后对数字化转型的战略设计、蓝图构建、商业重构、新型能力建设、系统解决方案设计、治理架构设计和变革管理进行介绍。本书的附录用案例展现企业数字化转型的方案全貌，让读者轻松地掌握企业数字化转型的设计技能。

本书适用于追求用数字化转型促进创新发展的企业人员，对数字经济研究者也有较强的借鉴和参考意义。

图书在版编目（CIP）数据

数字化转型：塑造企业未来 / 律德启著. —北京：电子工业出版社，2022.9
ISBN 978-7-121-44055-7

Ⅰ. ①数… Ⅱ. ①律… Ⅲ. ①企业管理－数字化－研究 Ⅳ. ①F272.7

中国版本图书馆 CIP 数据核字（2022）第 136143 号

责任编辑：石　悦
印　　刷：三河市良远印务有限公司
装　　订：三河市良远印务有限公司
出版发行：电子工业出版社
　　　　　北京市海淀区万寿路 173 信箱　　邮编：100036
开　　本：720×1000　1/16　印张：23.5　字数：474 千字
版　　次：2022 年 9 月第 1 版
印　　次：2022 年 9 月第 1 次印刷
定　　价：108.00 元

凡所购买电子工业出版社图书有缺损问题，请向购买书店调换。若书店售缺，请与本社发行部联系，联系及邮购电话：（010）88254888，88258888。
质量投诉请发邮件至 zlts@phei.com.cn，盗版侵权举报请发邮件至 dbqq@phei.com.cn。
本书咨询联系方式：（010）51260888-819，faq@phei.com.cn。

古有结绳记事，现有非常丰富的数学科学体系。随着新一代数字化技术的发展，"数字"更成为企业发展的核心生产要素，企业数字化转型成为企业变革和发展的核心动力。

在 20 多年的工作过程中，笔者看到许多企业非常清晰地认识到了数字化转型是必然趋势，但对数字化转型认识的清晰度仍有待提升，对如何利用新一代数字化技术降本增效、提高效率和多元创新还需要进一步的原理性指导，对数字化转型的未来方向、如何投资、如何组织、如何实施、如何评估价值等还有待进一步的实践指导。为了给众多希望进行数字化转型的企业以理论和实践相结合的指导，笔者提炼了 20 多年来的企业运营实践和数字化服务经验，以数字化转型框架为基础进行本书的编撰。

本书的核心内容如下。

（1）新一代数字化技术的知识输出，包括对大数据、人工智能、区块链、云计算、物联网、5G 和工业互联网等基本概念和其内涵的理解。

（2）数字化转型战略，包括竞合新优势、业务新场景、价值新主张。

（3）企业面向竞争现状和未来趋势的数字化新型能力建设。

（4）基于未来战略和现实竞争的商业模式重构，基于业务数字化基础的数字化业务创新和打造。

（5）基于新一代数字化技术应用的系统解决方案设计，包含数字化技术、组织和流程体系的优化。

（6）数字化治理体系建设，包括数字化领导力建设、数字化组织体系建设。

（7）具体的数字化转型过程中的项目管理，为变革指引方向。

企业的高质量发展离不开不懈追求成功的信念、可用数字分解的目标、面向未来的架构体系、可分模块细化的方案设计、新一代技术工具、科学的实施，并由此形成可持续高质量发展的企业文化。

20多年来，笔者持续进行企业的数字化转型管理咨询服务、具体实践，以及数字化方面的理念、技术和工具的传播。笔者非常欣喜地接受了电子工业出版社编辑石悦的约稿，在过去多年积累的基础上，写初稿用了近一年时间并反复修改，终于在虎年定稿。这预示着本书能帮助企业获取"虎气腾腾"的事业发展。

由于笔者较多地从事企业运营实践，所以本书是笔者对数字化转型的知识积累和成功经验的总结，能够帮助企业的最高管理者从数字化与企业融合的角度进行变革，能够帮助企业的 IT 从业者从业务角度思考新一代信息技术的应用，能够帮助企业的经营管理者思考如何借助数字化工具进行业务改进。

"业务数字化、数字资产化、资产业务化是企业可持续高质量发展的永恒动力"是本书的核心思想。所以，本书内容的逻辑是先用数字思维引导企业的商业模式重构，然后用数字化驱动企业转型，最后用数字资产化和数字资源业务化双循环促进企业可持续高质量发展。

由于笔者的阅历、经验和水平有限，本书中难免存在不当之处，敬请读者批评指正！

目录

第1章　正确认识企业数字化转型 ··· 1

1.1　企业一定要进行数字化转型 ·· 2

1.1.1　VUCA 世界呼唤数字化转型 ··· 2

1.1.2　数字化企业的九型特征 ·· 10

1.2　企业数字化转型的概念和内涵 ·· 19

1.2.1　数字化转型的认识偏见十宗罪 ······································ 20

1.2.2　根据国家标准理解企业数字化转型的概念和内涵 ············· 26

1.3　企业数字化转型，必须了解的技术概念 ···························· 28

1.3.1　信息化和数字化 ··· 29

1.3.2　边缘计算、数字孪生和机器学习 ···································· 31

1.3.3　数字车间、智能工厂和智能制造 ···································· 33

1.3.4　不能不了解的 A、B、C、D、I、G 技术 ························· 37

第2章　企业战略引领数字化转型战略 ·································· 43

2.1　企业需要数字化转型 ·· 44

2.1.1　在数字化时代，企业需要情景构建式战略 ······················· 44

2.1.2　数字化转型是企业战略的实现路径 ································· 47

2.2　企业战略引领数字化 ·· 49

2.2.1　企业数字化转型战略架构 ·· 50

2.2.2　数字化转型要服从企业战略 ··· 52

第3章　数字化企业蓝图设计 ·· 71

3.1　企业价值数字化 ··· 72

3.2　解构企业价值体系 ··· 78

3.2.1　企业价值主张架构 ··· 79

3.2.2　打造高价值总部 ··· 84

　　　3.2.3　搭建协同价值体系 ……………………………………… 91

　　　3.2.4　构建股权治理价值 ……………………………………… 97

　3.3　构建企业价值蓝图 …………………………………………… 101

　　　3.3.1　获取企业竞合新优势 …………………………………… 101

　　　3.3.2　数字化价值新场景构建 ………………………………… 104

第 4 章　数字化商业模式重构 ………………………………………… 111

　4.1　数字化商业模式转型 ………………………………………… 112

　　　4.1.1　三层的新商业架构 ……………………………………… 112

　　　4.1.2　用数字化赋能商业模式重构 …………………………… 118

　4.2　数字化业务模式转型 ………………………………………… 119

　　　4.2.1　数字化研发模式转型 …………………………………… 119

　　　4.2.2　数字化供应链模式转型 ………………………………… 123

　　　4.2.3　数字化生产模式转型 …………………………………… 126

　　　4.2.4　数字化营销模式转型 …………………………………… 132

　　　4.2.5　数字化服务模式转型 …………………………………… 138

　4.3　数字化管理模式转型 ………………………………………… 146

　　　4.3.1　数字化战略管理转型 …………………………………… 146

　　　4.3.2　数字化财务管理转型 …………………………………… 151

　　　4.3.3　数字化人力资源管理转型 ……………………………… 156

　4.4　数字化新业态转型 …………………………………………… 166

　　　4.4.1　业务数字化 ……………………………………………… 167

　　　4.4.2　业务集成融合 …………………………………………… 171

　　　4.4.3　业务模式创新 …………………………………………… 175

　　　4.4.4　数字业务培育 …………………………………………… 179

第 5 章　数字化企业的新型能力 ……………………………………… 186

　5.1　理解企业的新型能力 ………………………………………… 187

　　　5.1.1　新型能力的三个维度 …………………………………… 187

　　　5.1.2　从六个角度打造企业的新型能力 ……………………… 191

　　　5.1.3　新型能力的五个能级 …………………………………… 195

　5.2　用数字化培育企业的新型能力 ……………………………… 197

　　　5.2.1　构建新型能力的战略架构 ……………………………… 197

　　　5.2.2　用数字化打造新型能力 ………………………………… 202

第 6 章　数字化系统解决方案设计 ……………………………………………… 207

6.1　设计决定技术 …………………………………………………………… 209

6.1.1　场景构建的三个视角 ……………………………………………… 209

6.1.2　技术为设计服务 …………………………………………………… 211

6.2　数据全生命周期管理 …………………………………………………… 213

6.2.1　数据管理架构构建 ………………………………………………… 213

6.2.2　数据标准化 ………………………………………………………… 225

6.2.3　数据运营 …………………………………………………………… 229

6.2.4　暗数据开发 ………………………………………………………… 234

6.2.5　隐私数据保护 ……………………………………………………… 237

6.3　"AI+"解决方案 ………………………………………………………… 240

6.3.1　"AI+"，从 BI 开始 ……………………………………………… 240

6.3.2　人工智能的部署 …………………………………………………… 249

6.4　区块链解决方案 ………………………………………………………… 251

6.4.1　区块链应用 ………………………………………………………… 252

6.4.2　区块链部署 ………………………………………………………… 255

6.5　云计算系统解决方案 …………………………………………………… 257

6.5.1　几种云概念 ………………………………………………………… 258

6.5.2　云服务 ……………………………………………………………… 266

6.6　物联网与 5G 系统解决方案 …………………………………………… 270

6.7　数字化的组织方案 ……………………………………………………… 271

6.8　数字化流程重组 ………………………………………………………… 275

6.8.1　制度流程化 ………………………………………………………… 275

6.8.2　流程数字化 ………………………………………………………… 279

第 7 章　数字化治理体系建设 ………………………………………………… 286

7.1　数字化领导力建设 ……………………………………………………… 287

7.1.1　数字化领导力建设策略 …………………………………………… 287

7.1.2　数字化转型决策管理 ……………………………………………… 290

7.2　数字化组织体系建设 …………………………………………………… 301

7.2.1　数字化管理部门的组织建设 ……………………………………… 302

7.2.2　数字化管理体系建设 ……………………………………………… 305

第 8 章　打造数字化企业 ·· 309

8.1　企业数字化转型，信息化人员要有作为 ····························· 310

8.2　企业数字化转型，必须是一把手工程 ································ 314

8.3　企业数字化转型，运作要项目化 ····································· 315

8.4　企业数字化转型，打造企业新文化 ··································· 319

附录 A　国际通关口岸电子商务平台（数字化转型）项目建设方案 ········· 323

1. 总纲 ··· 324

2. 建设目标、建设思路及原则 ··· 327

3. 项目设计方案 ·· 331

4. 组织管理与运行维护方案 ··· 361

5. 投资估算 ··· 365

第 1 章

正确认识企业数字化转型

企业数字化转型不是信息化技术的简单升级，而是以数学思维、数字化技术的方法论体系重构企业价值系统和商业逻辑的过程，是一套科学的方法论体系。

企业作为国民经济和社会发展的基石，需要进行数字化转型。企业如何进行数字化转型呢？首先要从正确认识企业数字化转型开始。

1.1 企业一定要进行数字化转型

笔者根据多年经验预测：2021—2025 年是企业数字化转型的枢纽期，2026—2030 年是数字化价值的暴发期，许多产能低下的企业如果不能抓住枢纽期的数字化转型机遇，那么很可能会在暴发期破产。

从经济发展的载体来看，人类经济分别经历了"陆地经济"、"海洋经济"和"空天经济"的过程，特别是现在的"空天经济"，更离不开数字化技术。数字化技术让远隔万里的空间紧密连接在一起，信息瞬时到达，可视化、智能化让商业系统更能够满足人们需求的个性化和柔性化。

1.1.1 VUCA世界呼唤数字化转型

随着技术进步和分工精细化，人类社会进入了一个多变的时代，经济黑马、蝴蝶效应层出不穷。只有数字化才能总结规律、洞察世界和预测未来，从而为企业找到正确的变革方向！

20 世纪 90 年代，宝洁公司（Procter & Gamble）的首席运营官罗伯特·麦克唐纳（Robert McDonald）借用一个军事术语来描述当时的商业格局，"这是一个 VUCA［Volatility（易变性）、Uncertainty（不确定性）、Complexity（复杂性）、Ambiguity（模糊性）］的世界"。这个论述非常准确！但这一易变性、不确定性、复杂性、模糊性的格局还是能够用数学方法与数字化技术进行预测和改变的，这说明 VUCA 世界在呼唤数字化转型。

1. 用数字化能够预测VUCA世界的未来

VUCA 的每个元素都有深层的内涵。

（1）V=Volatility（易变性）。这是事物的本质特征，也是变化的结果。

（2）U=Uncertainty（不确定性）。企业对趋势和结果缺少可预测性。

（3）C=Complexity（复杂性）。企业受复杂的因素影响，包括外部宏观因素（如政治、科技、文化、金融政策等）和内部因素（如人力资源、财务宽松度等）。

（4）A=Ambiguity（模糊性）。对事物之间、因果之间的关系，企业无法厘清，相互混淆，甚至产生误解，从而对未来更加难以判断。

在了解了相关的内涵元素后，我们就可以用数字化提高应对的能力。如何做呢？

1）自然规律法

世界是一个组织系统。我们首先要把企业放在世界中，即使市场是一个小的区域，甚至一个相对小众的细分市场，它也是一个自组织系统。自组织系统的一个固有规律是变化的，而且变化必须符合"熵"学原理，必须要给予其一定的能量。

世界的发展就是因为科学技术和信息技术的变化，互联互通、万物互联是必然的。

无论是国家竞争、产业竞争，还是企业的市场竞争，都比较符合"聚集—极化—辐射"三部曲，所以市场不断地呈现出"散点竞争—寡头块状化—黑马冒泡"的现象。在这个大潮中，你的企业站在哪个位置呢？如果你的企业是引领者，那么是考虑极化后的辐射效应，还是再次创造"黑马"？如果你的企业是竞争者，那么除了有继续追赶的目标，是否会考虑差异化的竞争？如果你的企业仅仅是参与者，那么是继续参与，还是另辟蹊径？如果你的企业是替代者，那么是否会考虑为其他企业提供配套服务呢？如果你的企业是被淘汰者或被替代者，那么不考虑另寻他路，更待何时？

人的需求是无限的，所以科学技术才会发展，而科学技术的应用让人产生了更多欲望和需求，循环往复，这成为人类社会进步的自然规律。企业的数字化转型是科学技术发展引起的，促进企业发展是必然规律，如果不转型就会被淘汰！

2）问题解决法

剖析需要解决的问题，你会找到转型的方向！

回顾我国的国资国企改革，国资国企一直承担着国家经济发展和社会稳定的重要责任。为了适应全球性的国际竞争，要进行国资国企改革，改革的目标如下：功能类企业（如军工企业），需要发展高科技，承担国防重任；民生保障类企业（如交通基建、电力通信等企业），需要强化基础设施建设能力和服务能力；公益服务类企业，需要增加服务种类和提高服务质量；商业发展类企业，需要做好市场竞争，为国家积累财富。顺应该潮流，是国资国企的转型目标。主业不明的国资国企要快速定位；副业太多、分散精力的国资国企要快速分化！

回到企业本身，为了解决消费者快捷购物的需求，有了阿里巴巴；为了解决高效沟通问题的需求，有了腾讯；为了解决企业运营效率的问题，涌现了很多的软件公司、互联网公司、集成应用公司等。

3）经验曲线法

如果在宏观上看不到大趋势，在中观上找不到存在的问题，那么我们还可以学习标杆企业的做法。

以国内农业产业化为例，南方的许多地方因为多山少田，贫穷，所以需要发展商贸。在商贸发展起来后，这些地方需要工厂，于是建设工厂，到处购买原材料。如果有需要就建设样板基地，这么做还控制了产业链的高价值端。北方怎么做呢？如某大型集团地种得好，但每年只有那么多收入，秸秆无法处理造成了社会隐患，怎么办？它抓住"两头两尾"工程，向下游延伸产业链，将粮食和秸秆吃干榨尽，利用天然原材料优势发展高附加值产业、生态产业。

2. 用数字化预测未来

用前后的关联要素构建数据模型，就可以预测未来。笔者从事了多年的企业情景战略制定和数字化转型工作，积累了丰富的经验，总结了许多方法论。

1）厘清预测要素

预测要素主要包括宏观、中观和微观三个层次的要素。宏观要素为经济社会、国际和国家、行业大环境层面的要素，中观要素是与企业利益相关者有关的要素，微观要素是企业运营管理体系的要素。预测要素的厘清方法如下。

（1）宏观要素的预测要按照 PEST［P、E、S、T 分别代表政治（Politics）、经济（Economy）、社会（Society）、技术（Technology）］分析方法进行。

PEST 分析方法列举的范围包括国际、国内和企业所在区域涉及的要素范围。

对于历史数据和现在数据仓库的建立，我们需要关注历史数据和现在数据，更为关键的是洞察背后的原因，如对政策的因素洞察，要了解政策法规出台的背景、目的和需要解决的问题等；对于技术环境，我们要预测前沿技术的概念性设计思想等。

关于 PEST 分析方法的具体内容，我们需要关注两点：一是各媒体和专业的评论，我们可以将其作为参考。二是各项技术环节的前沿，特别是一些科研院所的理论研究，因为许多时候，从理论研究到应用研究，再到生产应用研究都会有周期，而该周期是企业进行战略情景构建的时间空间。

（2）中观要素的预测要围绕 5F（五力模型）架构进行。

5F 架构不是指经常用的咨询工具的 5F 内容。该处的 5F 除了企业对自己未来的预测，还应该包括以下内容。

① 供给侧部分。如生产要素（土地、资金、劳动力、原辅材料）、智力供应（管理咨询等）、法务和审计、劳务外包等。

② 需求侧部分。如渠道、终端、消费者的需求和满足，以及相应的营销模式变革和技术应用等。

③ 环境侧部分。可参照上述的 PEST 分析方法，结合行业内龙头标杆企业的优秀做法。

④ 运营侧部分。要关注进入者、潜在进入者、替代者的企业现状、发展历程和核心要素，特别是要关注焦点事件，因为焦点事件可能是行业发展的主要驱动力。

（3）微观要素的预测要按照企业价值链进行。

企业价值链可以分为两个层级，一个是形成利润单元的企业价值链，另一个是集团公司的运营价值链，但不管哪个层级，都有主价值链、辅助价值链和支撑价值链三个部分。

主价值链，包括价值发现、价值创造、价值传递三个部分。对于生产制造企业来说，主价值链主要包括研发、供应、生产、销售、服务；对于服务型企业来说，例如餐饮企业，主价值链包括研发、供应、餐厨、服务。

辅助价值链为主价值链的引领职能部分，主要有战略管理、财务管理、人力资源管理、企业文化管理四大管理职能，为企业主价值链提供指引、支撑、保障和促进功能。

支撑价值链主要为企业提供动力支撑功能，核心是服务和监控，如行政管理（经营环境营造）、法务、审计、内控、质量、安全、信息化等，国资国企还会有党群、纪检监察。

集团公司的主价值链更多表现为融资、投资、建设（资产）、运营服务（更多表现为对下管控和协同），其余基本雷同。

2）评估要素出现的概率

（1）评估要素遴选。如果企业有能力，那么对各要素进行面面俱到的评估更好。如果企业没有能力，那么可以选择关键性的要素，但必须坚持以下原则。

企业的核心竞争力要素一定要保留，这是企业现实存在的基础。

行业关键因素一定要保留，可以支持企业较近时间段内的发展。

国家和地方政府关切的要素一定要保留，国家和地方政府已经通过宏观、中观、微观的研究给予了引导。

国际社会大趋势需求导向的要素一定要保留，这代表着社会大趋势，是企业需要顺从的。

焦点事件的关键要素一定要保留，这可能代表着创新，负面的可能代表着禁区。

其余的则视企业的资讯采集能力和分析能力有选择性地采用。

（2）评估方法。参照 COSO 风险评估架构，主要的评估方法有以下几个。

① 经验评估法。根据经验，对未来的事情，通过现有的事实进行推演，从而评估出现的概率，形成要素评估表（见表 1-1）。

表 1-1

序号	维度	细则	动态	机遇	威胁	影响度	出现的概率
1	宏观维度	政治	—	—	—	—	—
2		—	—	—	—	—	—
3	中观维度	—	—	—	—	—	—
4		—	—	—	—	—	—
5	微观维度	—	—	—	—	—	—
6		—	—	—	—	—	—

对于经验评估法来说，很少有权威的数字化计算手段，更多的是经验积累。

② 线性分析法。线性分析法是一种利用相关性规则的算法。线性分析法是在目标和要素具有相关性函数关系的条件下，从所有可供选择的方案中求解最优方案的数学分析方法。

线性分析法由三个部分组成：①求解的目的，一般是最大效益或最低成本，可用数学形式表达为目标函数；②达到预定目的所存在的种种约束条件，如土地、资金、知识产权、劳动力等生产因素；③为了达到一定的生产目的可以采用的各种途径或活动方式。

线性分析法的应用步骤：首先，建立数学模型，设定相关的线性代数函数公式，将变动因素分别设为 A、B、C、D……将因子分别设为 a、b、c、d……

那么历史数据的公式为 $L=A\times a+B\times b+C\times c+D\times d+\cdots\cdots$ 将 N 个历史数据和 N 个变动因素，按照此公式列成线性方程组；求解方程组，得出历史数据中的 a、b、c、$d\cdots\cdots$ 在后续环境发生变化时，代入变动因素，可以推测出后续的结果。

③ 敏感性分析法。敏感性分析法是指在合理范围内，通过改变输入参数的数值来观察并分析相应输出结果的分析模式，常用来评价要素正常或非正常变化给结果带来的影响。

因变量：所关注的目标是什么。

自变量：影响该目标的风险因素是什么。

变量间的关系：该风险是如何影响目标实现的，其变动对目标的变动方向与程度影响如何。

敏感性分析法经常会在线性分析法的基础上使用，将外部的因素作为自变量，然后对结果进行预测。

④ 压力测试法。压力测试也叫情境压力测试，即主体给予被评估者具有压力性的工作任务，或设置一定的情境变化，借此观察和评价被评估者的行为。压力测试法的场景较多，如虚拟工作目标、设定困难环境、缺少工作要素等。

管理咨询的 SCP 战略，更多的是用压力测试法。2009 年，某企业老板期望通过一次市场营销咨询将营业额从 23 亿元提高到 40 亿元以上。咨询团队根据市场竞争情况、该企业的产品与渠道现状、内部的资源和管理等不同的市场业绩影响要素，分别对 30 亿元、40 亿元、50 亿元、60 亿元目标进行相应的分解和路径的设计，最后选择客户有能力落地和有资源配置的方式进行。这是以目标为导向的压力测试法的应用，对其中部分要素不能满足时形成的影响进行评估，最后制定出合理的目标。可见，压力测试法既可用于根据过程和要素对推导结果的预期设定，也可用于根据假定的预期设定推导过程和要素。

3）构建决策模型

要想构建决策模型，首先要对事项的影响度进行评估。虽然有很多维度不好量化，但是我们可以按照影响程度进行量化评估，然后根据企业生命周期所对应的价值目标给予不同的权重，这样就可以给决策提供参考依据。表 1-2 是未来业务战略选择的评估架构表。

表 1-2

维度	编号	细则	权重	标准					评估		
				5	4	3	2	1	业务 1	业务 2	业务 3
战略引领维度	1	市场趋势响应度		引领	驱动	顺应	偏离	违背			
	2	战略定位紧密度		核心	关键	重要	不重要	非相关			
	3	发展模式引领度		引领	驱动	顺应	偏离	违背			
	4	产业协同引领度		引领	驱动	促进	跟随	稀释			
	5	扩张能力引领度		关键	重要	积极	助力	弱化			
	6	竞争能力彰显度		核心	重要	支撑	偏离	弱化			
	7	集团能力提升度		牵引	驱动	协同	稀释	损伤			
	8	品牌形象提升度		非常大	很大	有提升	弱化	损伤			
财务贡献维度	9	固定资产贡献度		非常大	很大	大	一般	较小			
	10	营业规模贡献度		非常大	很大	大	一般	较小			
	11	利润贡献度		非常大	很大	大	一般	较小			
	12	流动资产贡献度		非常大	很大	大	一般	较小			
	13	资产负债优化度		非常大	很大	大	一般	较小			
	14	流动比率/速动比率贡献度		非常大	很大	大	一般	较小			
	15	三资流转促进度		非常大	很大	大	一般	较小			
资源支撑维度	16	组织意志支撑度		很强烈	强烈	一般	难接受	不接受			
	17	投资能力支撑度		轻易	支撑	一般	困难	办不到			
	18	财务资源支撑度		轻易	支撑	一般	困难	办不到			
	19	人力资源支撑度		轻易	支撑	一般	困难	办不到			
	20	企业文化支撑度		轻易	支撑	一般	困难	办不到			
	21	集团管控支撑度		轻易	支撑	一般	困难	办不到			
	22	运营能力支撑度		轻易	支撑	一般	困难	办不到			
	23	公共关系支撑度		轻易	支撑	一般	困难	办不到			
	24	供给要素支撑度		轻易	支撑	一般	困难	办不到			
	25	生产要素支撑度		轻易	支撑	一般	困难	办不到			

将上述要素分解为机遇要素和风险要素，并给予一定的权重，则可称之为决策数据模型。诚然，要对风险要素进行屏蔽或迁移，要对机遇要素进行渗透性进入和选择性进入等不同策略的制定，从而制定未来战略。

综上所述，我们发现，应用数学逻辑和数学方法，在 VUCA 时代，我们可以获得以下的新型能力：①预测改变条件的事情。②明白事情和行为的结果。③鉴别各个变量之间的内在关联。④为现实的各种情况和改变做准备。⑤明白各种相关的机会。

这些新型能力，可以帮助企业进行商业模式重构，这不就是数字化转型吗？

1.1.2　数字化企业的九型特征

数字化企业必须能够充分利用数字化技术进行生产、分配、交易、消费结构优化而达到最佳发展路径。数字化转型是促进企业进行价值理念转变、提高经营效率并获得最佳结果的过程。

随着现代信息技术的进步，云计算、物联网、人工智能、区块链等数字化技术层出不穷，边缘计算、数字孪生等算法日益更新，这些让企业的现代化经营和绩效管理得到智能化、智慧化、生态化提升。那么，企业数字化转型应该转到哪里去呢？企业的"型"是什么？

我们回到企业的行为学和组织学的基本内涵上来解答。企业是价值发现—价值创造—价值传递的载体，需要理念—行为—结果的运作过程，那么数字化无疑是为了实现更高价值的管理过程和结果。我们可以总结出以下九种数字化企业特征（如图 1-1 所示）。

1. 价值发现–理念维度，用数字化洞察客户的新需求

企业是为客户存在的，否则没有存在的意义。企业要想制胜首先要发现存在的意义，利用数字化更加能够洞察客户在哪里、客户的需求是什么、如何满足客户的价值。

发现客户需求可以分为以下三个层次（如图 1-2 所示）。

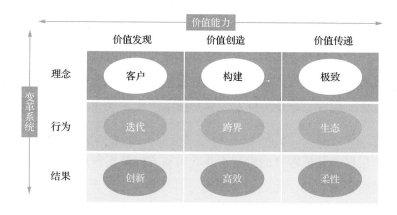

图 1-1

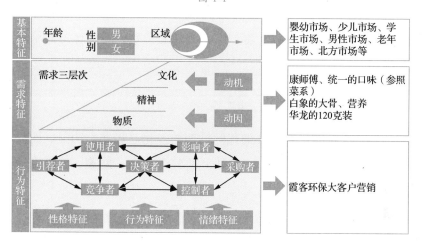

图 1-2

第一个层次，聚焦客户群。企业可以通过对以"人"为载体的大数据分析，发现不同性别、不同年龄、不同职业、不同区域等特征维度的人的需求，聚焦目标客户，从而得到了婴幼市场、少儿市场、学生市场、男性市场、老年市场、北方市场、全球市场等不同维度的市场细分。

第二个层次，洞察客户需求。企业可以根据产品的物质、精神、文化三层次特征，对客户进行需求特征的挖掘。产品具有外在的形态（如规格、大小、颜色、包装形式）和基础物理性功能（如华龙方便面120克装，因为规格超大所以代表了能够充饥）。精神层次主要是客户体验的感觉，如味觉、视觉、听觉、触觉等体验给精神带来的认知，是舒服的还是痛苦的等。康师傅、统一根据菜肴口味生产的系列方便面，让消费者享受了不同的口味。文化层次则代表着产品所具有的文化特征，如热干面代表着荆楚饮食文化和风格。通过数字化分析客户需求三层次，企业可以发现客户需求产生的动机和动因，从而策划对应的产品。

第三个层次，分析客户的沟通方式。沟通方式是实现价值转移的路径。首先，客户是组织属性的，完成交易需要与引荐者、采购者、竞争者、影响者、控制者、使用者、决策者沟通。其次，每个人都有自己的性格特征、行为特征和情绪特征。企业可以通过大数据发现其中的规律，以便快速成交、高效成交。

综上所述，用数字化可以让客户需求画像更清楚，洞察客户需求需要数字化技术的应用。

2. 价值发现-行为维度，用数字化迭代变革

历史证明，产业和经济发展的代际周期缩短化趋势非常明显，而数字化技术体系的迭代更使代际周期缩短。从 1G 到 5G，带宽、网速、清晰度等都呈现幂指数级提升。

在新时代，面对人们的新需求，企业不但要进行变革和适应，而且变革的速度还需要逐步加快！如果没有数字化，那么如何实现呢？

从传统销售向新零售转型，企业需要数字化的业务能力，例如大客户营销从蝶形向菱形转型，沟通效率大大提高，就是基于数字化的沟通方式重构。

数字化技术能够迭代企业变革，企业的迭代变革需要数字化本身的迭代变革。

3. 价值发现-结果维度，用数字化多元创新

企业要提高效率，就需要生产要素的供给侧、市场要素的需求侧和经营管理的运营侧提高效率。创新是提高效率的关键路径。这些创新包括以下几种。

1）供给侧创新

（1）新区域布局（区位优势洞察、政策优势、营商环境、产业势能等）。

（2）新资源获取（技术资源、土地资源、人力资源、资本资源等）。

（3）新动能促进（新产品、新技术、新工艺、新材料、新应用等）。

2）需求侧创新

（1）新空间（从区域市场到国际化）。

（2）新消费群（从消费到创业）。

（3）新渠道（从传统渠道到O2O）。

（4）新需求（从物理价值到精神文化需求）。

（5）新媒介（从广告到内容营销）。

（6）新交易（从现金支付到数字货币）。

（7）新模式（从O2O到新零售）。

3）运营侧创新

（1）体制创新（更加开放的治理架构和组织结构，供给更聚集、需求更满足）。

（2）机制创新（激发内生态）。

（3）运营创新（更高价值的研发、供应、生产、销售、服务）。

（4）流程创新（敏捷反应）。

（5）文化创新（社会责任、治理生态、自然环境生态、企业文化生态）。

上述的创新需要数字化洞察，创新过程需要数字化计算，创新评估也需要数字化表达。所以，数字化促进了创新，同时数字化本身也是创新的体现。

4. 价值创造-理念维度，用数字化进行顶层构建

企业存在的基础是价值创造，而更高效率的价值创造需要顶层构建。顶层构建贯穿于研发、供应、生产、销售、服务等环节，包括空间布局、专业化作业、业务间协同等。

首先，研发、供应、生产、销售、服务精益化应用的主要软件如下。

（1）研发设计类：计算机辅助设计（CAD）、计算机辅助分析（CAE）、计算机辅助制造（CAM）、计算机辅助工艺规划（CAPP）、产品数据管理（PDM）、产品全生命周期管理（PLM）等。

（2）生产调度和过程控制类：制造执行系统（MES）、工业自动化系统（PLC）等。

（3）业务管理类：企业资源计划（ERP）、供应链管理（SCM）、客户关系管理（CRM）、人力资源管理（HRM）、企业资产管理（FAM）、协同办公系统（OA）等。

其次，根据产品复杂度、应用复杂度、业务复杂度进行数字化架构建设。具体可参照中国电子技术标准化研究院发布的《信息物理系统（CPS）建设指南2020》进行。

最后，根据 TOGAF（The Open Group Architecture Framework，开放组体系结构框架）架构进行全面的顶层设计。

5. 价值创造-行为维度，用数字化跨界运营

高水平的数字化经营企业最基础的价值就是信息孤岛的解决，而解决信息孤岛需要数字化的互联互通，数字化的互联互通就是跨界运营的过程。

跨界包括经营跨界、产业跨界，以及贯穿经营和产业的共享跨界（如图1-3所示）。

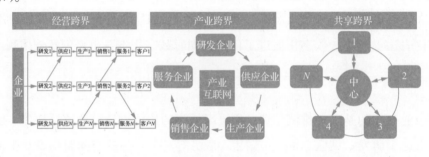

图 1-3

1）经营跨界

经营跨界主要分为三个层次。

（1）工位协同跨界：利用数字化将前后工艺过程协同起来。

（2）企业价值链协同跨界：利用数字化将价值链（即研发—供应—生产—销售—服务）环节协同起来。

（3）企业供需链协同跨界：利用数字化将上游供应商和下游客户协同起来。

2）产业跨界

产业跨界，以产业互联网为例，实现了以下功能。

（1）让数字化企业找到自己在产业中的定位。

（2）共享互联网平台资源，如服务器、数据中心。

（3）让供需链畅通。

（4）集中采购和集约营销与服务。

3）共享跨界

随着数字化技术带来的沟通便利性，围绕任何一个点都可以进行生态链平台的打造。

（1）平台（如超市销售多家产品，面向多个消费者等）共享供应和销售服务。

（2）数字化可以促进共享工厂，甚至共享设备。

（3）区块链是数字化应用技术之一。

这就是数字化的基本功能，能够把所有的要素都连接起来，实现价值共振！

6. 价值创造–结果维度，用数字化高效经营

价值创造是可以用"数"来表示的，如质量的各项指标、成本的消耗数据、以 COSO 架构为指导的风险矩阵，以及代表周期和效率的时间等表征数据。

其中最简捷的例证就是流程优化了。如图 1-4 所示，数字化评估将"财务部做支出登记并签署申请单"的时间去除，直接减少了前后程序的等待时间，

提高了效率。

流程活动	活动时间	传递/等待时间
填写采购申请单	10分钟	
把申请单送给上级经理签字		0.5天
上级经理签署申请单	1分钟	
送申请单到财务部		1天
财务部做支出登记并签署申请单	1天	
把申请单送给采购部		1天
采购部审查采购申请	19分钟	
采购部向供应商发出订货单		0.5天

瓶颈环节

图 1-4

7. 价值传递-理念维度，用数字化极致服务

消费者体验成为购买行为的关键影响要素，而服务本身就是产品的重要构成元素。有了以客户为核心作为理念指导的企业经营体系，有了高价值的创造过程，但没有以"极致"理念为指导的价值传递，那么前端的付出只是成本。

"极致"，在战略上也可以被称为"数一数二"，没有最好，只有更好！

极致价值传递是企业价值的重要构成部分，更是核心竞争力的表现。

例：某地方炼油企业

现状是当地的炼油企业有十多家，大多数为上市公司。炼出的油如何销售呢？除了"三桶油"进行定额采购，只有小型加油站、交互式电源需求企业是其主要的购买对象。我们对该企业的采购组织分析后发现，运油司机在其中起到很大的作用，而司机也是炼油企业接触的购买对象中比较关键的对象。为什么？成品油运输使用专用车辆，当地的运油司机都在一个圈子内，而其对用油客户有着非常大的影响力。部分客户得罪了一个司机，就可能得罪这个圈子里的所有人，最终导致没有人送货。

怎么办呢？企业可以进行营销，建设"司机之家"，为司机提供五星级服

务，具体如下：在司机进入大门后，由专人进行泊车、计量、灌装、称重、划价、结算。司机在进入"司机之家"后，可以看报纸、喝茶、休憩、下棋、打牌等。在结算后，司机只需要进行交易金额的确认，然后可以扬长而去！

图 1-5 为该企业的服务架构图。

图 1-5

结果：该企业因为服务而获得更多的市场份额！

8. 价值传递–行为维度，用数字化让客户关系管理生态化

这很好理解，下面用案例说明。

某区块链餐饮店的主业为销售纳米蒸锅（小火锅）餐饮，其选材全部为海鲜、土特优食材。餐饮店可以进行家庭纳米蒸锅+优质食材的配送供应。因为对餐饮客户叠加了会所、俱乐部，以及文旅等生态服务，所以营销的运营策略如下：

总体区块链发行股权通证 10 亿张，每张 1 元，其后续可作为 100 元消费券使用，同时在公司上市时有 1000 元的股权认购权（期权）。股权通证的发布对象为所有供应商和餐饮店所在区域的消费者。

消费者可持证消费，每证可冲抵 100 元（但需要消费满 200 元及以上）。用证冲抵消费后餐饮店收回该证。

新消费者消费每超过 100 元，则送证一张，其可用于下次消费，等同于初始发行的股权通证。

餐饮店按照供货量给供应商派发股权通证，由其负责股权通证分销或自我消费。

餐饮店建立股权通证交易平台，消费者可以在平台上进行股权通证的交易。

餐饮店如何获取价值呢？利用股权通证可以快速集资 10 亿元。餐饮店的经营业务毛利率在 50%以上，会维持不亏损。

消费者=投资者，投资者=消费者！

这是不是客户关系管理的生态化呢？

9. 价值传递-结果维度，用数字化实现企业的全面柔性化

在管理学上，柔性是指快速、低成本地从提供一种产品或服务转换为提供另一种产品或服务的能力。

我们也可以说柔性企业是高适应性企业。要做到高柔性，企业必须做到以下两点：

一是企业在控制上能够达到精益，反映在数字化指标上，能够做到质量更佳、风险更小、成本更低、时效更快。

二是企业能够获取更高的价值（如图 1-6 所示）。这主要包括：①多层次价值获取。对于多层级的集团公司来说，每个层级的机构都要能够获取价值，而且下级机构的价值要能够集中到总部。②多维度价值获取。除了显性价值，价值还包括风险去除、效率提升等隐性价值，这些需要通过集团总部的内部控制、各下级机构的内部控制，以及总部对下级机构的外控模式来获取。③多状态价值获取。一个集团公司不仅通过各机构获取价值加成，还要通过协同带来价值，如财务共享带来的资金流价值、人力资源共享提升人均效能等。④多资源价值获取。资源本身就可以带来价值，如专利、品牌授权等商权可以带来直接的收益，通过资源投资更可以优化价值获取结构。⑤多业务价值获取。企业要将价值链的每个环节做到最优，研发、供应、生产、销售、服务的精益能够

带来价值，对外的市场化均可以成为盈利单元。⑥多保障价值获取。纪检监察和审计可以从人和事的维度降低风险，质量、安全、品牌可以提高企业的竞争力，信息化可以将企业资源变为高效经营的驱动器，这些都是企业价值获取的有力保障。

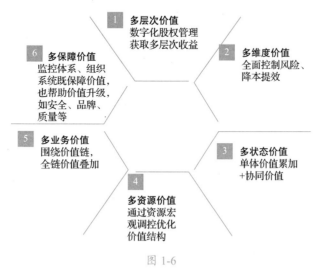

图 1-6

1.2 企业数字化转型的概念和内涵

企业数字化转型的核心包括两大部分，一是数字化技术的系统解决方案，二是商业运营体系，两者相辅相成。商业模式重构引导数字化技术，数字化技术驱动商业模式重构。

"三流企业卖产品，二流企业卖服务，一流企业卖标准"已经成为共识，但许多企业认识不到标准和架构体系的重要性，反而认为使用一个软件、拍一个视频、做一次电商直播等就是数字化转型了。其实这些和企业数字化转型相差甚远，更谈不上高质量创新价值。所以，正确认识企业数字化转型非常重要。

1.2.1　数字化转型的认识偏见十宗罪

企业数字化转型是一个系统工程，有框架性方法论体系做支撑。任何的偏见、误解、以偏概全等意识和行为都会导致企业在数字化转型过程中遭受挫折并走弯路。

根据多年的企业数字化实践经验，笔者发现常识性的错误认知主要有以下几种。

1. 救命稻草——只有困难企业才需要数字化转型

产生背景：没有认识到企业是需要持续发展的，而且现在的环境是经济发展周期逐步缩短，安于现状可能导致明天的失败。

威胁：安于现状，不与时俱进，不了解数字化的真正内涵，刻舟求剑，可能是明天失败的原因。更为可怕的是，将企业数字化转型作为困难企业的救命稻草，而不是作为打造新型能力的利器。

结果：该类企业的结局很可能是当遇到困难时再转型，但是为时已晚。

案例：某家用医疗器械企业，本来在其领域有多项专利技术，其产品非常受消费者欢迎。笔者在提供咨询服务时，建议其进行网络营销，如在百度、今日头条等平台上进行推广，但是大老板认为那样不好掌控，没有医生推荐的效果好。医生推荐会得到返佣。笔者认为，医生推荐进行院外循环不符合国家政策、医生从业道德规范等，不是正途，正当的商业模式是符合规律的商品和服务的交易模式。

10年过去了，该企业的专利技术到期了，目前还没有合适的销售体系，两三亿元产品依然在仓库中，造成现金流短缺，只能封闭仓库，等待其他企业投资！

2. 畏惧转型——企业数字化转型是有钱企业做的事情

产生背景：认为需要大额资金投资才可以进行数字化转型，不知道企业数字化转型是从理念、行为到结果的过程。能够将数字理念、信息或数字化技术应用于日常工作之中，也就是我们说的具有了数字化转型的初始能级。

威胁：居安而不思危，不行动，不思考，一切唯投资论，理念缺失，最后导致行动迟缓，企业的可持续发展远景堪忧。

结果：不思考、不行动，谨小慎微，不投入，更不投资，难以成就长青伟业。

案例：某酒水企业，长期进行酒水定制生产，一年的销售额只有三五百万元。笔者建议其进行市场精耕细作的品牌化运作，而且帮助经销商进行信息化的渠道管理、消费者促销管理，以及终端的微信营销，如搭建店长营销系统等，但其一直认为那是有钱企业做的事情，自己没有那么多资金。笔者建议其联合经销商共同投资、共同开发系统，以后当经销商扩大业务时可以将该知识产权进行销售。两年过去了，当疫情下的新环境到来时，其经营业绩依然在下滑中……

3. 以偏概全——上线一个软件就可以解决了

产生背景：被许多 ERP 供应商和数字化转型服务企业所忽悠，认为必须买软件或买硬件。没有认识到企业数字化转型是利用信息化、数字化技术（包括软件和硬件）实现企业商业模式重构的系统体系。有些软件或硬件服务企业唯产品论，只要能卖出产品即可。

威胁：不探究原理，该类企业基本上可以被断定为短命的企业，因为没有认识到事物发展的原理。

结果：企业只是为了上线软件而上线软件，跟风而已，导致系统的补丁和漏洞太多，信息孤岛太多，疲于应对，难以找到高质量发展的动力源泉。

案例：该案例非常令人悲愤！某大型国有企业谨小慎微，不愿意多投资进行业务和流程改造，始终认为花小钱买软件即可，十年如一日，只要业务需要就买软件，年年都在购买新软件、进行软件升级。该企业近期仔细算了一笔账，买的所有软件都是标准版的，投资不少，但结果怎么样呢？该企业买的标准版软件都是其他企业正在用的，而它在行业内非常优秀，应该根据企业目标进行部分定制。经过十年的"自我落后",该企业从十年前的领先变为空有其名，在业绩排名上已经到了 20 名以外。

4. 缺少顶层——只要业务需要就进行数字化转型

产生背景：企业的价值发现、价值创造、价值传递的环节很多，认为处处都需要数字化转型，但不知道从哪里下手，关键原因是没有厘清企业的核心价值是什么。缺少顶层的价值架构，也不了解投资和价值产出在哪里。

威胁：如果企业对核心竞争力认识不清楚，就会导致在日常管理过程中抓不住重点，什么都做，最终可能导致什么都做不好。

结果：企业在资金有限的情况下，多点投资，忙于投资，而回报却不理想。

案例：某企业非常热衷于信息化，每年都在做规划。只要业务部门提出要求，就全部满足。企业轰轰烈烈转型十年，购买了各种软件，为了部门分析需要购买了商业智能（BI）系统，需要协同就购买了中间件。但许多时候中间件不好用，为什么？因为各业务口的定义名称、数据标准不一样。怎么办？想全部统一名称和标准，但是统一不了！如果不统一，信息就无法集成。结果是各业务口按照自己的习惯使用信息化，需要集成和合并报表的，依然依靠人工重新输入和输出，所以各个部门的人没有减少，IT 部门的人日渐增多。在阶段性成果验收时，老板算了一笔账，认为做不做信息化，成本一样高，所以认为"上当"了。

5. 投资迷途——技术可以解决一切管理问题

产生背景：通过网络学习或者数字化转型服务企业的介绍能够知道许多数字化系统解决方案是好的，但缺少对技术解决方案的系统认知，偏信部分技术方案的全能解决。在数字化应用领域，许多软件是怎么来的呢？是软件供应商在总结行业发展规律，总结标杆企业经验而进行设计开发、辅助运行和提供服务的。既然形成了产品，也就是标准化了。但每家企业都有自己的个性，需要根据发展需要，对其中的算法逻辑进行个性化设定，否则就会沦为数字化的"附庸"。

威胁：企业缺少系统性的架构应用，产生了很多数字化补丁和漏洞。

结果：企业后续需要继续加大投资。如 5G+农业，其实 5G 更多的是利用 5G 网络技术进行感识和传输数字信息，其本身不具备 AI+的功能，所以需要系统性架构思考，否则今天用了 5G+，明天还需要 AI+，如果不系统思考，那么可能导致系统间不融合，最终补丁、漏洞、孤岛众多，难以取得理想结果。

案例：某企业的老板很好学，非常愿意接受新鲜事物，在 20 年前就将数字化作为企业的发展战略。该企业使用了很多种信息化产品，如 SAP、Oracle、金蝶、用友、泛微、致远等产品，而且很多时候使用两种同类产品。笔者问他为什么这样做，他说如果遇到问题，那么新软件应该能解决。笔者说，软件不智能，人的管理思维、工具和方法才智能。笔者当时任职于战略管理部，所以就用了一个多月的时间进行公司战略和业务模式梳理、流程再造等，然后由软件供应服务商进行系统改造和升级，该企业一直先进行商业模式重构再实现信息化。现在，该企业在行业内处于领导地位！

6. 系统短缺——认为数字化转型是"芯片"，不知道数据中心建设

产生背景：设备换"芯"、生产换"线"、机器换人是数字化建设的基础设施要求，但缺少对数字化系统解决方案的架构认知，导致有了前台，而少了中台和后台的基础支撑。

威胁：企业被"芯片"的强大功能所迷惑，失去了整体数字化叠加价值机会。

结果：数字化转型，转了外在的"形"，而少了内在的"型"。

案例 1：2019 年，一个家用医疗器械企业开发了一款产品，想将消费者的信息即时录入，然后在后台安排专家团队进行问诊以提高服务质量。这种想法非常好，只需要交互平台的建设+前端信息输入或感识器件的数据采集+自动传输+App 就可以了。但不知道该企业从哪里听说，不需要那么复杂，只需要每台设备增加一个 100 元左右的芯片就可以了。这个项目经过了两年的时间既没有找到能满足其功能需求的芯片，也没有投资商愿意参与。可喜的是，该企业近期终于知道数字化是套系统，而不是 100 元的芯片。

案例 2：某企业的网络系统遭到黑客袭击导致瘫痪而报警，警方在处理的过程中，对该企业也进行了处罚，从表面来看该企业很冤枉，其实该企业在进行网络体系建设的过程中，没有上线网络安全系统，违反了国家有关网络安全的法律法规。

7. 藐视管理——投资于业务场景就可以了

产生背景：许多企业进行数字化转型关心的是应用层面，而没有认识到企业数字化转型是企业立体的、全面的转型，不仅需要基层做得好、中层管得住，还需要高层看得清，只有上下联动，才能保障企业在发展方向、结构、运营、创新等维度上全面上一个台阶。

威胁：为应用而应用，缺少高层重视和关注，可能导致"形而不行"，数字化转型的投资效益会大减。

结果：缺少对企业数字化转型的深层次认知，会导致投资回报率大减。缺少了基层业务数据内涵的深度挖掘，基层人员的应用效果也会大减。

案例：其实这家企业非常实在，将相应的资金用于最能体现机制的业务场景中，但就是忽略了在集团化管控方面的信息化。在 2015 年和 2016 年连续两年，有七八个业务高管贪污被判刑了，原因是很可笑的，业务端的应用系统由这些高管控制，所有数据的采集、决策、应用都在前端全部完成，这些高管既管钱又掌权。经过最近几年的努力，该企业强化了数字化的统建、共建、独建的战略性管控。笔者给其的评价是，业务有提升是好事，至少让干部们的生涯健康，对他们的保护也是价值体现。

8. 资产闲置——数字化转型就是计数，工作还是需要人来做

产生背景：认为数字化转型就是做好数据记录，缺少对数据深层的逻辑性思考；看到了数字化转型对业务规范管理的价值，但没有具化到数据背后的价值。

威胁：做好数据记录是基本的要求，但数据逻辑背后的商业重塑机会难以被发现。

结果：企业数字化转型沦为无纸化办公的记录仪、安全管理的视频监控。企业数字化转型投入了"作为"，缺失了成果的"位置"；投资了"芯"的成本，少了"心"的变化；形而上学，难以成就数字化企业。

案例：某平台企业，为了避免生产工艺的日常记录麻烦，上线了数字化系统，完全实现了无纸化工作记录，经过多年的积累，数据中心的机器增加了很多，财务报表上有着明显的资产总额增加。在为其进行管理咨询服务时，笔者询问，现在有超过百万条的燃气、税务、停车等数据，为什么不进行数据资产化呢？这些数据可以有以下用途：一是根据数据分布协调供应和安全；二是根据客户分布进行维修团队的优化，提高效率，减少人员数量；三是通过数据分析帮助政府重新规划停车位置和收费管理；四是可以根据客户分布和消费能力进行管网改造升级；五是交易数据置换资产……后来，该企业开拓了智慧城市板块的业务，现在该业务成了最具高增值潜力的业务！

9. 驾驭过甚——数字化转型后让自己失去了权威

产生背景：企业数字化转型的许多场景需要决策流程化、管理流程化，对部分管理人员的权威看似造成了巨大的威胁。

威胁：阻碍了企业数字化转型的历程。

结果：企业数字化转型难以进行。其实这是企业如何正确处理组织权威和价值权威的关系课题。企业是需要权威型金字塔架构保障运营的，数字化转型是以价值为纽带的运作系统，更加需要组织的保障，此时管理者更加需要发挥组织、管理、考评等权威职能。

案例：某企业老板认为进行数字化转型后，其到基层安排事情的时候大家的注意力不够集中，感觉权威受到了威胁，所以向笔者进行管理咨询。在实地分析原因后，笔者发现并不是他想的那样。许多业务团队成员认为数字化转型后，他们的工作更加高效了，收入增加了，对老板非常赞赏和感激，但老板为了威风而为所欲为地发号施令，所以大家不怎么接受。后来，笔者对他说，数字化强调流程化，强调以客户为核心进行业务重组，把团队的职权职责进行逐步分解，让分工更加明确了，在此情况下，企业的运营质量得以提升，企业主应该以公司的价值最大化为出发点，英明的领导要充分利用现代信息科技提高领导权威。现在该企业老板经常深入基层，嘘寒问暖的关怀文化成了企业新的风景线。

10. 烟囱割裂——数字化治理是技术方面的事

产生背景：忽略了数字化转型的本质是通过数字化治理规范企业的行为，没有从单点数字化的创新发现、管理提升、业务规范，升级到企业从上而下、由里到外的全面创新发现、全面管理提升、全面业务规范。

威胁：没有认识到企业数字化转型中的数字化治理是管理学方面的事情，是基于数据特征而进行的管理变革。

结果：企业数字化治理和企业治理没有形成同频共进、互相反哺优化的闭环提升。

案例：某大型农业产业化企业，最近 20 年一直不遗余力地进行信息化和数字化转型，达到了千亿元营收规模。但仔细评估其发展历程，笔者发现其走了许多的弯路，至少有三五十亿元的投资是浪费的，为什么这么说呢？该企业的数据顶层建设不规范，每个部门各行一套，所以数据中心建设得非常臃肿，到处都是中间件，信息运营速度还很迟缓。从 2019 年开始，该企业全面启动了数字化治理项目，统一规范了数据底层标准、标识解析体系，对原有系统逐步进行了改造，减少了 40%的中间件应用，数据中心缩容了 30%，系统运营效率反而提升了 30%。目前，该企业正在进行集团的顶层再设计、流程和企业文化再造，计划从更广的领域、更深的层次进行数字化转型。

1.2.2 根据国家标准理解企业数字化转型的概念和内涵

企业数字化转型的五项标准，明确了企业数字化转型的概念、内涵、具体的作业指导，是框架性的方法论体系，为企业参与标识解析类国家标准的编制留下了巨大的空间。

2020 年 9 月 18 日，中关村信息技术和实体经济融合发展联盟发布了《数字化转型　参考架构》（T/AIITRE 10001—2020）、《数字化转型　价值效益参考模型》（T/AIITRE 10002—2020）、《数字化转型　新型能力体系建设指南》（T/AIITRE 20001—2020）、《信息化和工业化融合管理体系　新型能力分级要求》（T/AIITRE 10003—2020）、《信息化和工业化融合管理体系　评定分级指南》（T/AIITRE 20002—2020）。这五项标准以新型能力为主线为有关各方明确了数字化转型的价值体系、主要任务、关键路径、分级评价等，从此开启了两化融合管理体系 2.0 时代。

为什么说开启了两化融合管理体系 2.0 时代呢？不仅指在 2020 年发布，还指中国数字化转型有了自己的架构方法论，这是不同于以往的两化融合贯标。

这些标准文件给企业数字化转型哪些指导呢？由此我们如何理解企业数字化转型的概念和内涵呢？

（1）数字化战略的价值目标体系是引领。数字化不是简单的 ERP 功能模块，企业要想数字化转型成功，成为数字化企业，就必须要有前瞻性的目标系统。根据国际化企业的发展规律，企业只有关注社会、自然、利益相关者的核心价值需求，形成生态，才能走向国际，在各个国家进行生产和交易，这才是国际化。数字化企业的目标不是国际化这一空洞的口号，而是具体的如何同利益相关者形成和谐共生的关系，同时将该关系落地到具体的价值场景中，如如何生产、如何销售等，同时还要有具体的价值输出模式，如销售的让利模式、促销模式、服务模式等。

（2）数字化驱动的新型能力是主线。数字化技术已经成为新时代的象征，每个人都使用数字化工具，那么企业呢？推广数字化工具、传播数字化工具使用方法、通过数字化平台销售产品和服务客户、利用数字化技术提高生产效率和发现客户新需求等，这些都是新型能力。新型能力就是利用数字化技术和工具的能力。在未来，企业的数字化能力就是新型能力，就是企业的核心竞争力！

（3）数字化的系统解决方案是载体、平台。数字化技术应用和数字化转型，离不开新一代数字化技术体系，包括大数据、人工智能、区块链、物联网、云计算、5G，以及由此聚合产生的机器人等。企业只有使用这些数字化技术载体和技术平台，才能通过互联网采集数据，按照认知逻辑计算数据，对数据进行深度挖掘，不断地发现价值规律，支撑企业数字化战略性价值目标体系的实现，支撑企业新型能力的打造。

（4）数字化重构商业模式是实现路径。目标体系是引领，新型能力是实现目标体系的主线，但这些都需要通过商业系统实现。用数字化不断地挖掘，不断地发现规律，不断地寻找价值方向，不断地优化价值结构，这些都是商业模式的概念范畴。业务流程化、流程报表化、报表数字化、数字分析化、分析应用化，核心的载体是数字，所以数字驱动商业模式重构。当然，如果业务数字化的载体是数字化技术和产品，这个业务就是数字业务，将会成为新的业务单元和盈利单元。

（5）数字化治理系统是数字化转型的保障体系。如何管理上述的内容、如何经营数字资产等，都需要从底层上进行规范，需要科学的组织和管理体系支撑，需要人力、财务、事件、资产、商权的正确处理。只有这些环境体系成熟了，才能保障数字化系统解决方案的可执行性。

企业数字化转型，必须正确处理上述的五大课题，并且联动处理，循环提升！

1.3　企业数字化转型，必须了解的技术概念

数字化是信息化的迭代升级，数字化转型是系统化变革工程，是利用数字化技术帮助企业实现从业务数字化到数字化业务的蝶变，帮助企业从内卷到内生的价值新发现、新创造。数字化转型通过新商业、新能力形成新传递以构建同利益相关者的永续竞合新优势，是通过内外循环促进企业价值永生的过程！

既然数字化转型建立在数字化转换、数字化升级的基础上，我们就必须了解基础的数字化技术知识。图 1-7 为数字化技术架构全景图。

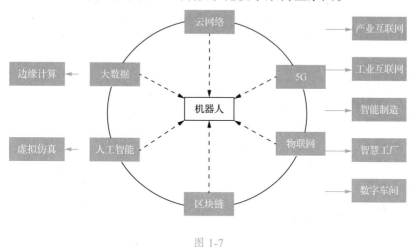

图 1-7

1.3.1 信息化和数字化

数字化需要建立在信息化的基础之上，信息化是数字化转型的基础。

许多人将信息化和数字化混为一谈，其实两者在内容和含义上有较大差别。

1. 信息化

顾名思义，信息化的核心是"信息"。信息化就是通过"信息"而实现生产经营管理提升的过程，信息化是手段和工具系统。信息化的整体过程包括开发信息资源，利用软件、硬件、"云"等信息技术，采集信息，传输信息，促进信息交互，以达到知识共享和快速决策与应用的目标。信息的内容包括文字、图像、语音等。

2. 数字化

数字化就是将信息转化为"数字"，通过建立决策模型对数字进行处理，从而帮助决策的过程。

3. 信息化和数字化之间的关系

（1）信息化和数字化都是 IT 技术的应用。从计算机的起源来看，它们都是从数字模拟技术发展来的，从广义上来说，数字化是信息化的底层载体。但在应用过程中，大家普遍认为，数字化是信息化的升级版本。

（2）从应用层面来看，信息化的核心是信息交互、信息共享，数字化的核心是数字决策，通过数字集成和分析应用挖潜价值，帮助企业高效决策、科学决策。互联网，特别是移动互联网，把消费者和企业的产品、资源、决策等高效联结在一起。企业通过重构商业体系，提高运营效率和降低经营成本。

（3）从思维理念来看，信息化是一种管理思维，而数字化是运营思维。

（4）从技术要求层级来看，信息化更多的是记录和统计，需要借助人力进行决策使用，而数字化有着智能化的决策体系，能够帮助人进行决策。

（5）从大家的普遍认知来看，信息化被作为 ERP，而数字化被作为 EBC（企业业务能力），这是从信息资源到价值应用的迭代升级（如图1-8所示）。

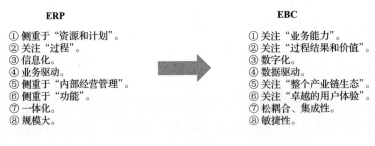

ERP
① 侧重于"资源和计划"。
② 关注"过程"。
③ 信息化。
④ 业务驱动。
⑤ 侧重于"内部经营管理"。
⑥ 侧重于"功能"。
⑦ 一体化。
⑧ 规模大。

EBC
① 关注"业务能力"。
② 关注"过程结果和价值"。
③ 数字化。
④ 数据驱动。
⑤ 关注"整个产业链生态"。
⑥ 关注"卓越的用户体验"。
⑦ 松耦合、集成性。
⑧ 敏捷性。

图 1-8

EBC 主要具有以下六大特点：

（1）面向客户。以客户为中心，基于产业链快速实现客户价值。

（2）AI 驱动。智能化，用人工智能彻底改变工作方式。

（3）以数据为中心。数据驱动，利用大数据提升企业效益。

（4）消费化。开箱即用，EBC 的模块化、低代码等特点让企业可以自助式使用其功能或服务。

（5）人力增强。解放劳动力，通过自动化、机器人等提高效率，解放劳动生产力。

（6）赋能。为所有人赋能，EBC 的敏捷迭代、按需响应，可以为企业人员的能力成长赋能。

1.3.2　边缘计算、数字孪生和机器学习

简单理解，可以将边缘计算、数字孪生和机器学习作为数字化转型的具体场景应用，但该应用是系统化的工程。这三者均可以作为"学习"的一部分，边缘计算可被看作岗位层面的学习系统，机器学习是深入、全面的学习系统，数字孪生则是学习结果的模拟应用。

1. 边缘计算

在数字化世界里，边缘指网络边缘侧，如信息的采集端口处。边缘计算就是在边缘侧的数据采集、数据存储、数据计算、数据决策和数据应用。边缘计算能够解决数据的远程传输、延时决策等课题。对于复杂的网络体系来说，边缘计算需要建立以边缘为处理物的数据箱。图 1-9 为边缘计算的架构。

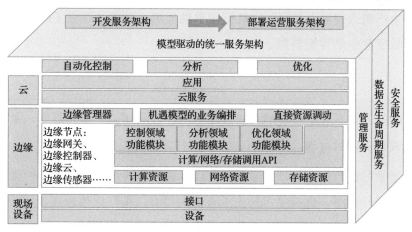

图 1-9

2. 数字孪生

在数字化世界里，数字孪生（Digital Twin）就是将事物用数字化表达，用数字化虚拟描述现实的事物信息。例如，进行产品设计，用数字孪生技术可以看到没有进入生产线和生产后的产品状态，并由此判断产品设计的合理性等。数字孪生的参考架构如图 1-10 所示。

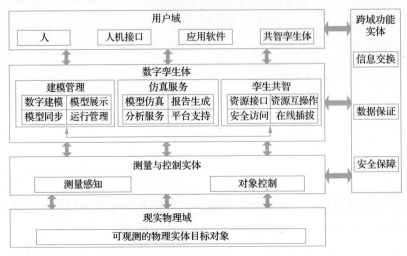

图 1-10

在生产制造领域，我们可以这样简单地理解：边缘计算更多的是设备智能化，而数字孪生是智能制造。

3. 机器学习

机器学习，不应该被理解为通过计算机进行的知识积累，而是一个知识积累和形成新认识的过程。

机器学习以数据为基础，通过研究样本数据寻找规律，并根据所得规律对未来数据进行预测。机器学习是人工智能的核心，被广泛地应用于数据挖掘、计算机视觉、自然语言处理、生物特征识别等人工智能领域。

按照学习方式，机器学习可以分为监督学习、无监督学习和强化学习等。监督学习和无监督学习不是指在学习过程中有无人员监督，监督学习根据给定的训练数据建立函数模型，可以实现对新数据的标记映射，如老虎机训练。无监督学习利用无标记的有限数据描述隐藏于数据中的结构或规律，其典型算法为聚类。无监督学习的应用领域包括经济预测、异常检测、数据挖掘、图像处理、模式识别等。强化学习是指智能体在与环境的交互过程中达成回报最大化的学习模式。强化学习被广泛地应用于机器人控制、无人驾驶、工业控制等领域。

1.3.3 数字车间、智能工厂和智能制造

数字车间、智能工厂、智能制造是围绕生产制造逐步升级的系统工程，场景是逐步扩大的，分别为车间、工厂和产业链。

1. 数字车间

数字车间，就是用数字化进行生产车间的管理。它包括以下内容。

（1）对生产场景进行全程仿真。包括前端的人员、机器、物料、工艺、环境等的组织和配置，中间的生产过程控制，后端产品的质量、进度和数量、成本、效率、安全等目标体系的设计。设计的依据包括精益生产、精益物流、看板管理、标准化管理、绿色制造等先进的生产控制理论和方法，这些也是决策模型的依据。

（2）生产计划和组织数字化。以信息手段对生产计划进行排期，对所需要的物料制定需求计划和组织，对人员进行安排，对设备进行管理，对质量标准系统进行管理，以及对计划的达成效果进行预设等。

（3）生产过程数字化、可视化。利用边缘计算、机器学习等，通过网络化、可视化等，对生产过程的进度、质量等进行全面监控，对问题及时发现、及时纠偏，以保障过程高效和质量可靠。

（4）生产结果评审数字化。通过对生产结果（包括产品质量、能耗、人员用工等）进行评审，对发现的问题进行数字分析，遴选经验曲线，不断提升产品质量，降低能耗，提高劳动生产效率。

2. 智能工厂

智能工厂是在数字车间的基础上，利用现代数字化技术进行的工厂化管理，它除了包含数字车间，还包括对工厂内其他要素的管理，以优化整体环境和协同安排为目标，包括以下内容。

（1）仓储物流系统。为了提高生产协同效率，对原辅材料供应、产成品运输物流智慧化，保障前后畅通，把客户订单的拉力和生产计划的推力相结合，促进生产效率的提高。

（2）生产管理系统。生产管理系统是指以数字车间为核心的生产管理系统。

（3）运营管理系统。如财务和人力资源管理系统等，能够对整体的工厂进行效益管理、核算、评估等，关联相关的物料管理和客户关系管理等。

（4）安全管理系统。如防火防盗所用的门禁管理系统、厂区安全监控系统等。

（5）环境监控系统。如许多养殖场需要在较远的距离或上风口进行空气质量监控和测评，以预防空气、风力等造成的危害。对污水处理、空气污染等环保监控，是许多企业必不可少的环节。

（6）公共广播系统。许多企业为了员工的身心健康，会用公共广播播放歌曲或新闻，同时也做上下班或餐饮时间的提醒。

（7）智慧楼宇系统。在办公区和居住区设立智慧楼宇系统，能为员工的生活提供保障，有助于员工生活质量的提高，提高了员工的幸福指数，从而间接地提高了员工的生产效率。

（8）智能广告牌系统。为了让信息能够即时在线，企业会设立智能广告牌系统，不仅在工位上设立小型智能广告牌，还会在质控中心设立大型的智能广告牌，让工厂内的所有信息均可通过大型广告牌系统被看到，这就形成了指挥台和调控中心。企业甚至可以对管理人员进行移动版智能广告牌的配置。

（9）网络运营系统。上述的智能系统和平台均需要以物联网和 5G 技术在内的网络系统作为支撑，并需要算法中心进行数字化处理。

3. 智能制造

许多人将智能制造作为一个生产活动来看，其实这是狭隘的。根据许多理论研究，并从行业规范用语来看，智能制造是一个较大的产业概念术语。智能制造的基本特点是通过数字化技术关联外部客户，包括供应商和销售商，由此形成对生产制造的推拉作用。

智能制造包括以下内容。

（1）网络基础平台系统。智能制造必须借助于互联网系统，这是基础载体。

（2）供应商联动系统。智能制造联动上游的供应商系统，由此形成主料生产计划和辅料生产计划，提高对原辅材料的利用效率。

（3）销售商联动系统。智能制造的关键驱动在于客户需求，所以以销售商的订单为拉力的精益生产是智能制造的关键动力，只有生产出满足消费与市场需求的产品才是智能制造。

（4）精益生产系统。以数字车间和智能工厂为载体与核心的制造，是智能制造的心脏。

（5）智能装备系统。智能制造的关键特征是装备智能化，在生产、生活、生态领域，特别是边缘化工作场景中，设备的智能化已经成为标杆性特征。

（6）赋能服务系统。智能化的软件系统、硬件系统、算法和管理系统等可以为设备和人员赋能。①为设备赋能，提高效率，减少非功能性劳动，减少出错率，提高产品质量；②为人员赋能，提高自我管理和组织管理的效能，不断发现新的价值空间。

图 1-11 为智能制造框架图。

4. 三者的关系

数字车间、智能工厂、智能制造，都属于制造体系。

1）共同点

（1）它们都利用互联网实现数据的采集、传输、决策和应用，通过数字化进行价值的不断挖掘，据此实现高效率。

（2）它们的共同点不局限于设备智能化、人工智能化，还要人机联智化，达到人工智能和设备智能高度融合再造价值的目标。

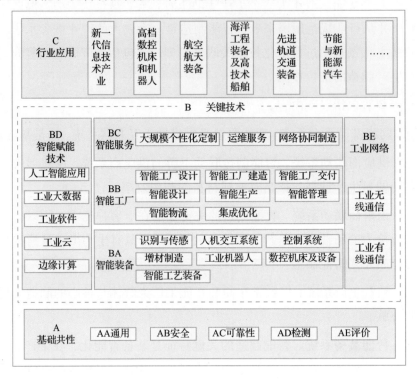

图 1-11

2）不同点

（1）物理载体不同。虽然它们的核心都是"制造"，但是关注的边界有差异，分别是车间、工厂和产业生态。

（2）关注的重点不同。数字车间强调设备智能化和人工智能化，聚集的焦点在于具体的生产环节。智能工厂强调车间外的人员、物料、环境等要素对生产制造过程的影响。智能制造更强调社会和消费环境对企业生产制造的影响和关联关系。

综上所述，我们可以将智能制造看作工业互联网的概念，它是以"制造/智造"为核心的价值场景。我们所说的产业互联网则更加倾向于消费与市场方面的互联网范畴，如阿里巴巴、美团等关注的是消费者的消费需求满足。从产业经济学的观点来看，产业互联网是一种"经济形态"。

1.3.4　不能不了解的A、B、C、D、I、G技术

　　A（人工智能）、B（区块链）、C（云网络、云计算）、D（大数据）、I（物联网）、G（5G）是数字化转型的基础性技术。其中，A、B、D偏数字化软件，C、I、G偏硬件基础设施。从企业经营者的角度来看，大数据（源数据、主数据，以及数据的清洗、暗数据开发、隐私数据管理等）是数字化要素；人工智能可作为商业智能（BI）的升级；区块链是数据布局策略和应用管理机制；云网络是基础设施，是数据物理存在的载体；物联网是数据感知层和应用层；5G是通过网络互连进行的数据传输过程。这些基础性技术均是企业数字化转型的要素，需要相互融合才能完成场景应用，所以不能以偏概全。

　　从计算机原理的角度来看，数字化技术主要包括软件、硬件和系统集成技术，归集行业研究和实践应用，既独立又融合的技术主要有A、B、C、D、I、G。

1. AI（Artificial Intelligence，人工智能）

　　人工智能通常是指通过数字化技术体现人类大脑功能的技术。不以信息化术语来理解，仅以粗浅的认知，人类大脑必须经过以下的活动来体现价值。

　　（1）空间界定。人类的认知是有一定的空间界定的，所以对特定的事物，人有兴趣去认知，而对某些事物是没有兴趣认知的。所以，"人工智能+"也有一定的空间界定。我们不能认为"人工智能+"无所不能，无所不可用。

　　（2）算据采集。人类要想认知世界，首先要通过感官系统对需要认知的事物进行信息采集，遴选出有价值的信息。相应地，人工智能首先要感知信息，将其转换成数据，作为算据。

　　（3）逻辑思考。数据信息采集后，人类大脑会经过一定的逻辑处理，判断事物的内涵与外在表现，厘清事物之间的关系，对内在因由进行逻辑推理。我们从小开始学习的算数、几何等都是几千年积累下来的算法逻辑。人工智能就是利用这些算法来进行人类大脑的替代。

（4）逻辑应用。信息经过加工处理后，会形成对下一步工作内容的指导，即具体的应用，所以在专业术语上就有了机器学习、深度学习等。

2. B（Blockchain，区块链）

区块链是分布式数据存储、点对点传输、共识机制、加密算法等计算机技术的新型应用模式。从非数字化技术的角度来理解，人工智能解决了一对一的认知问题，而区块链是解决多对多关系的逻辑系统。

在此我们不介绍比特币的起源和相关故事，主要介绍区块链相关技术及其在企业数字化转型中的应用。

1）区块链基础架构模型

（1）数据。数据封装反映价值链特征的数字信息，包括利益相关者主体、价值链主体等的特征，以及时间和加密等。

（2）网络。区块链网络包括分布式组网机制、数据传播机制和数据验证机制等，即区块必须成网，能够让利益相关者主体形成价值主题。

（3）共识。数据处理有算法，有逻辑，能够让利益相关者达成共识。

（4）激励。价值主题形成价值链的运作机制，分配在共识链中，交易和消费按照既定规则进行，当有交易和消费发生时，会有激励予以促进。

（5）合约。合约是区块链的基础特征，即区块内的利益相关者均要认可该共同合约，即共同的规则。

（6）应用。数据库封装了区块链的各种应用场景和案例，前期有场景和案例，后续可参照执行。

2）区块链的基本特征

（1）去中心化。由于使用分布式核算和存储，任意节点（利益相关者和交易者）的权利和义务均等，具体的交易在区块中发生，这是去中心化的。区块链系统还需要具有运维功能（正常为发起者）的中心进行软硬件和秩序的管理。这个中心只能进行系统运维，而不能进行数据块的更改等。

（2）开放性。除了交易各方的私有信息被加密，区块链的数据对区块内的交易者公开，所有人都可以通过公开的接口查询区块链数据，包括交易记录、相关开发应用等。

（3）自治性。区块链采用基于协商一致的规范和协议，算法和合约内容是既定的，是由机器来执行的，是不可更改的，所有人员进行交易必须遵守该合约，否则机器会禁止交易，所以每个人都自治守规。

（4）信息不可篡改。利用可追溯管理的区块链技术，数字信息一旦经过验证并被添加至区块链中，就会永久地存储起来，每个成员都难以篡改，除非你能够让整体的价值链条中超过50%的利益相关者都同意你的篡改，否则数据修改无效，所以区块链的数据稳定性和可靠性极高，这也是许多企业采用区块链技术的原因，一旦客户或消费者认可了区块链规则，也就相信了区块链中的数据真实。

（5）匿名性。对于交易平台的区块链，如股权交易平台，股民之间不需要以公开身份进行交易，只要你进入了平台，平台就会自动识别，不需要对交易对方的身份进行识别，因为每个人都认可了交易规则，即区块链的程序规则。

3. C（Cloud Computing，云计算）

云计算指的是通过网络"云"将大量的数据计算分解成无数个小程序或小模块，在共享的服务空间中进行处理并将结果返回给用户。我们可以将云计算比喻成共享工厂。你的身边有非常多的加工厂，当需要加工产品时，你可以指定加工厂，也可以任选加工厂，还可以通过区块链技术自动分配到某加工厂加工产品，然后加工厂将成品返回给你。

云计算的服务类型分为三类，即基础设施即服务（IaaS）、平台即服务（PaaS）和软件即服务（SaaS）。

（1）基础设施即服务。例如，阿里云、腾讯云等为用户提供了基础设施，能够为用户提供数据计算、数据存储、数据备份等服务，用户按照流量付费即可。

（2）平台即服务。例如，阿里巴巴的网上商城就是一个平台，用户可以在平台上开户和交易商品。

（3）软件即服务。许多商家在云上开展网上商场业务，可以采用云服务商开发的软件。

随着数字化技术的进步和数据资产管理的升级，许多企业对外部数据的需求更加旺盛，如想通过外部数据进行市场研究、调阅某些经理人的资料进行猎聘等，这时候需要进行外部数据的购买，而对于输出者来说，他们依靠数据提供服务，由此产生了数据即服务（DaaS）的新类型。

4. D（Big Data，大数据）

大数据即海量数据或巨量数据。既然是大数据，就不是指少量的对事物简单描述的数据。许多看起来不相关的数据，其实关系紧密，所以我们可以把能够和既定事物建立关联或关系的数据，都并入大数据的范畴。

大数据的特点如下。

（1）大量（Volume）。大数据能够支撑分析和运算。我们难以利用少量的数据找到其中的规律，只有积累更多的数据，才能发现其中既有的规律和价值。

（2）高速（Velocity）。大数据传输快捷，可获取。大数据的作用更多的是预测未来，所以大数据要具有高时效性，只有快速采集、快速传输、快速分析和应用，才能彰显数据的价值。

（3）价值（Value）。大数据有价值性，这需要通过数据挖掘进行价值逻辑和价值关系的建立。例如，许多人认为要想洞察消费者需求，用数据分析市场容量、增长率、购买频率、价格、传播渠道等因素就可以了，殊不知，天气的变化、地震等自然灾害的发生、政治和军事动荡等都可能成为影响销售的关键要素。所以，从大数据的视角来看，大数据就是能够和关注的事物建立逻辑性关联关系的数据。

（4）多样（Variety）。大数据的数据类型表现多样化，图形、文字、数字、语音等都会成为大数据的载体，在时间、空间上会有多样化的表现形态。此时，我们需要对大数据进行分类、分组、分项处理。数据分类、分组、分项是大数据分析和处理的基本工作。所以，理解大数据不能停留在一堆数据上，更要有对数据的管理技能。

（5）真实（Veracity）。许多人经常引用经过加工的数据，这是非常可怕的事情，因为技术能力问题、本身观点倾向性问题等，都会造成后续偏差逐步加大，除非它是公理或定律，否则会错上加错。要保障后续结果的准确性，就首先要保障数据的真实性，建议多采用原始的数据，那样产生的才可能是正确的结果。

5. I（Internet of Things，IoT，物联网）

物联网就是物物相连的互联网。物联网与传统互联网的区别主要在于以下几点。

（1）物联网是传统互联网的感知融合。传统互联网主要依托网络系统，而物联网主要通过各种传感器和传感器网关，在采集信息方面比传统互联网更方便、更快捷。

（2）物联网是传统互联网的应用拓展。物联网以用户为中心，有着开放式的接口系统，通过远程控制系统，实现了智能控制和智能应用。

6. G（5G，第五代移动通信技术）

5G 是指第五代移动通信技术（5th Generation Mobile Networks 或 5th Generation Wireless Systems、5th-Generation），相对于以前的通信系统，具有以下明显的优势。

（1）传输速度快，可以达到 10G～20Gbit/s，能够满足高清视频、虚拟现实（VR）等的大数据量传输，大大扩展了虚拟现实/增强现实（AR）的应用。

（2）低时延，可以低至 1ms，可以满足远程医疗和自动驾驶等精密控制的实时应用。

（3）连接能力强，大大提高了物联网的万物互联能力。

（4）流量密度大。

（5）敏捷反映，由于传送速度快、低时延、连接能力强等特点，应用更加广泛，从有线到无线，从近距离到远距离，从信息到数字，从模糊到高清……

7. A、B、C、D、I、G之间的关系

从上述定义中可以看出，在企业数字化转型中，D是纽带和核心，C是基础设施，是D的运营载体，而A可以被看作"算法"，B更多地表现为一种算法逻辑和算法的应用，I更多地表现为数字感知和物物互联的联通技术，G则是通信系统。

在实际的数字化技术应用过程中，这六者是互相融合应用的。

第 2 章

企业战略引领数字化转型战略

企业数字化转型战略是利用数字化技术服务企业发展战略的规划体系。按照企业数字化转型框架方法论，我们可以把数字化转型战略分成项目群组，可以按照总体的框架结构对每个项目进行生命周期管理，确保落地。

按照经济学发展的历史规律，在计算机技术出现之前就有了企业，而且在信息化、数字化盛行的当下，许多传统产业的企业活得挺好。所以，数字化应该作为新型工具体系服务于企业，而不是企业为了数字化而技术化。

2.1 企业需要数字化转型

战略是未来的，数字化转型的企业通过数字总结过去、发现新价值空间、经营未来，所以数字化转型战略是企业发展的重要构成部分，两者相辅相成，甚至互相包埋。

2.1.1 在数字化时代，企业需要情景构建式战略

企业的发展要有目标，要靠目标指引发展方向，就需要情景构建式战略。企业要将数字化融入企业基因中。

人无远虑，必有近忧！企业要保持可持续发展，就必须有明晰的战略指引。国际化成熟的企业均是集团化企业，面向复杂的市场环境，企业的战略表现多样化。

企业的发展不是主要依靠对过去的分析，更多的是靠对未来的分析和判断，而数字化在其中起到了非常大的作用，毕竟分析工具的应用是建立在数字化基础之上的。

企业未来的经营环境在现有基础上叠加了很多"更"字！"更多""更快""更好""更省""更顺心""更个性化""更柔性化"等，如表2-1所示。

表 2-1

对象	维度	过去	现在/未来
消费者	需求动机	解决温饱问题,产品提供的主要是物质功能	精神和文化的需求逐步提升
	需求动因	短期价值	长期利益
	需求行为	简单,利用促销即可吸引	个性化、强化体验感
	购买追求	性价比	便利性
	品牌影响	忠诚度高	忠诚度变化太快、潮流化
	……	……	……
生产者	员工需求	有工作、有收益就不错	柔性环境
	生产品种	卖方市场,有产品即可	多样化、快捷化
	生产设备	生产设备是生命线	共享工厂
	生产环境	基本要求,安全、质量是生命	健康和安全是基本要求,生态化是主流
	……	……	……
供应商	供应模式	物以稀为贵	按需供应
	供给内容	商品	商品+服务=产品,系统解决方案
	供给方式	可能有渠道商	端对端
	……	……	……
竞争者	竞争方式	性价比	差异化
	竞争来源	比值竞价	大数据分析,深层次把握
	……	……	……
行政管理者	政府引导	计划经济	政府引导彰显国际竞争力,市场化运营
	行业监控	参照国际通用标准	自行制定标准,逐步增加国际话语权
……	……	……	……

总之,有"更多不确定性"!

那么,如何通过战略来解决这些问题呢?

显然,传统的战略解决不了这些问题,只能靠"情景构建式战略"来解决!

根据经济理论研究、信息技术应用等方面的实践,要解决 VUCA 时代企业的发展问题，必须用情景构建式战略谋划企业的未来，并以此作为企业价值体系的新格局，同时以科学的商业模式重构作为实现路径，这也是本书的核心思想。竞争分析型战略和情景构建式战略的区别见表2-2。

表 2-2

	竞争分析型战略	情景构建式战略
出发点	解决现在的竞争问题	解决未来的不确定性
调研方式	洞察乱象看本质（历史和现状）	站在高处看未来（未来和预期）
战略策划	经验曲线分析	沙盘推演和场景预设
战略表现	竞争战略	价值进取战略和风险退出战略
价值	巩固现有利益	拓展未来收益
获取利益	短期利益	长期的可持续利益
生态环境	被环境影响	可影响环境

如何处理竞争分析型战略和情景构建式战略之间的关系呢？

虽然笔者在介绍情景构建式战略，但是毕竟"不积跬步，无以至千里；不积小流，无以成江海"，故不建议所有的企业只考虑未来的情景构建式战略，而完全忽视现有的竞争分析型战略。那么如何应用两者呢？根据笔者多年的经验，建议采取以下策略。

投资大、收益慢、对技术信息要求高、处于垄断地位、进入新领域受未来影响较大和不确定因素较多的企业或产业，更多采用情景构建式战略。

投机型企业、快速反应（短期型）和竞争型业务，则易于采用竞争分析型战略。

当然，这也和企业的实力有关系。面向未来领域的企业多采用情景构建式战略，而追求短期效益者多采用竞争分析型战略。

企业为什么要进行战略转型呢？如果是被迫地解决现有的问题，那么采用竞争分析型战略可能更好；如果是为了可持续发展，那么要用完全领先的战略意图来寻求企业发展之道。

图2-1为采用竞争分析型战略和情景构建式战略时的影响因素。

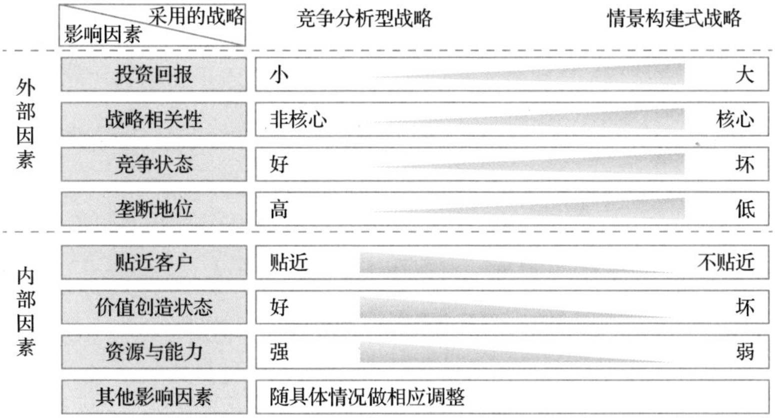

影响因素 \ 采用的战略	竞争分析型战略		情景构建式战略
外部因素 投资回报	小		大
战略相关性	非核心		核心
竞争状态	好		坏
垄断地位	高		低
内部因素 贴近客户	贴近		不贴近
价值创造状态	好		坏
资源与能力	强		弱
其他影响因素	随具体情况做相应调整		

图 2-1

2.1.2 数字化转型是企业战略的实现路径

在将企业数字化融入企业经营的决策、管理和业务后，企业会发现数据对驱动业务、管理业务、服务业务的功能价值。这会促进企业从外延发展向内涵发展、从外形改变向内心转变。

企业的历史可以用数据表达，企业的现状可以用数据表现，企业的发展变革可以用数据描绘。在未来，企业更加离不开数字化！

我们知道，企业要获取永久的发展能力，就必须从方向因素、结构因素、运营因素和创新因素来思考，而运营因素除了涉及具体的运营管理和执行，还由内部环境和外部环境所构成。

这些内容均需要通过 IT 的数字化进行记录、分析和决策支持，所以战略是数字化的指引，也是过程的反映，而最终的数字化水平是企业健康发展程度的指标展现。

从集团公司的通用架构图中（如图 2-2 所示）可以看出，一个企业要获得可持续的长期发展，需要集团的发展战略引领、系统化的运营和持续的创新等。对于这些，数字化均可以提供助力！主要表现在以下几个方面。

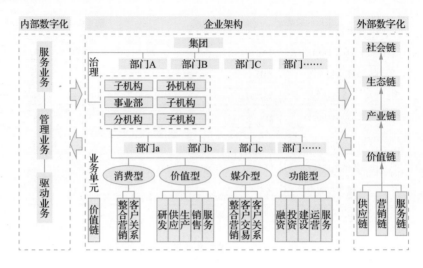

图 2-2

（1）在功能上，公司可以通过数字化记录历史数据，积累经验，记录规范操作和规则，落实工作指令，让员工执行到位。数字化可以为企业提供数据集成，从而进行清晰的布局和调整，充分发挥管理职能，让管理层管得住。数据洞察和分析有利于企业发现缺陷和优势，继而创新商业模式、运营系统等，帮助决策层布局业务和创新。

（2）在价值上，企业可以通过数字化进行业务的取舍和优化，驱动业务发展。企业可以通过对人员、机器设备、物料、工艺方法、环境等的管理实现资源合理配置，提高运作效率，以企业总部作为服务平台，对下属企业进行指令下达，从而完成方向指引、结构优化、资源配置和效益提升等服务支持工作。

（3）在环境上，企业可以通过数字化达到以下目的。

① 实现对供应链的管理，聚合生产要素资源，包括原辅材料、土地、劳动力等生产要素，法务、咨询等智力资源，以改善供给侧环境。

② 实现对营销链的管理，拓展渠道网络系统，增加销售业绩。

③ 实现对服务链的管理，通过服务输出形成新的生产力和价值点，贴近客户实现可持续增长。

④ 实现对价值链的管理，通过对供销客户的管理，发现新的价值需求，创造新的价值，实现新的价值传递，从而形成新的价值增长点。

⑤ 实现对产业链的管理。水平一体化、产业链延伸性集团公司需要通过集团管控实现更高的价值；联盟式集团化经营公司（包括加盟连锁）需要广泛的协同管理实现产业链的强链、补链和延链，从而营造更加广泛的环境。

⑥ 实现对生态链的管理。企业需要更加广泛的供销生态环境。社会责任型公司更需要将数据连接到质量、安全、环保等机构，创造新的价值点。例如，参与碳排放（碳排放交易会成为企业营收点）等。

⑦ 实现对社会链的管理。企业的经营离不开国家和社会。主动对接国家和地方政府的大数据，不但可以让企业获取政治、经济、文化和社会地位，而且更加有利于经营环境的改善，从而获取更多商机。例如，许多地方成立的区域性行业大数据中心，主动对接企业并负责企业的运营管理，可以获得更高的价值。

综上所述，从企业战略的顶层设计到高效执行，处处离不开数字化！数字化可以为企业战略执行提供全面的功能、价值和环境上的帮助，所以本书将企业战略和数字化转型进行合并，以此形成企业发展的有机结合、共振互促的新动能系统！

2.2 企业战略引领数字化

企业数字化转型是驱动企业变革的核心生产力，该生产力具有可持续的智慧，越是自生态的开发和应用，越具有生命力。

基于经济发展基本规律的"生产、分配、交换、消费"，也是企业发展战略的理论体系，数字化都是为企业服务的。所以，数字化转型战略必须为企业战略服务。

2.2.1　企业数字化转型战略架构

《数字化转型　参考架构》是总结国内十年来两化融合标杆经验，同时借鉴国际方法论体系而总结出的方法论，是西方管理科学+东方管理智慧+最佳样板标杆的集合。

数字化技术被誉为新一代信息技术，正在引发当今科技革命和产业变革。数字生产力、价值共创共享生态关系成为变革新趋势，日益显现出强大的增长动力。

数字化转型是企业价值永生之道。这主要有以下几个寓意：

（1）数字化转型的核心要素是数据。一切信息都可以转换为数据。我们可以通过数据的内在逻辑深化、算法挖掘，将数据价值转换为企业资产价值，而且数据有着越挖掘越有价值的特点。

（2）数字化转型的根本目标是构建企业的价值场景。企业的价值场景包括企业与利益相关者的价值关系、向利益相关者输出价值的路径和方式等。

（3）数字化转型的关键支撑是新型能力建设。企业利用数字化，借助数字化转型打造新型能力，同时用新型能力促进全面发展等。

（4）数字化转型的关键路径是商业模式重构。数字化转型引起商业模式重构，商业模式重构出价值场景，价值场景的数字化拉动数字化转型，所以数字化转型和商业模式重构互相嵌入和融合，共同成为企业战略的实现路径。

1. 企业数字化转型架构

企业数字化转型架构的主要内容表达了五个视角的关联关系。

（1）价值目标体系，包括竞合性关系、业务新场景、价值新主张三个部分。企业基于未来提出了战略定位、价值主张的内涵、价值实现路径和价值创造场景，以完成企业使命。

（2）新型能力，是企业利用数字化进行价值发现、价值创造和价值传递的能力。该能力是实现价值目标体系的支撑和保障，企业的经营行为以新型能力打造为目标，新型能力是经营行为达成目标的保障。

（3）系统性解决方案，是闭环管理系统，包含核心要素数据、数字化技术载体、实现数字化的组织和流程四个方面。

（4）商业模式重构，是目标实现的路径和载体。企业需要通过商业模式形成经营管理体系，完成对外的价值输出。

（5）治理体系，提供价值保障。治理体系可以被看作数字化转型过程中的基础管理部分，规范了数字化转型过程中的人员、机器设备、物料、工艺方法、环境要素，以及相应的组织和运营机制，变成了文化系统的重要组成部分。

2. 企业数字化转型的核心内容

从 IT 规划的传统习惯来看，按照战略规划的基本规则，企业需要解决以下问题。

1）治理

治理是战略转型和数字化转型的保障体系。治理主要包括以下内容。

（1）组织架构系统，包括转型所关联到的利益相关者组织系统，如建议者、提案者、决策者、执行者、监控者、绩效评估者、激励者等的组织建设。

（2）权责匹配系统，是指每个组织和个人均有一定的权力与责任的系统。

（3）运作规范体系，是指每个组织和个人在战略转型与数字化转型过程中的作业质量目标系统、程序标准系统、作业指导的规范系统。

2）环境

环境是战略转型和数字化转型的变革管理保障系统。环境主要包括以下内容。

（1）决策执行机制，即对建议、提案、文件传输、决策、执行等的具体运作机制，如决策的民主集中决策制、容错机制等。

（2）绩效激励机制，即对过程和结果的苦劳与功劳的绩效激励。

（3）循环优化机制，即如何对转型内涵和运作体系进行循环优化、系统优化、焦点优化、定期优化、随时优化等。

3）控制

控制是指战略转型和数字化转型的具体执行。

（1）企业要明确转型的方案，要明确转型前的内外环境，并制定明确和可实现的转型目标。

（2）企业要细分转型的实现状态，对转型目标进行分阶段、多维度的情景式描述，可以思考 SMART 原则的具体应用。

（3）企业要评估转型的有效价值，对实现的价值进行评估，要评估价值及其所对应需要付出的资源、成本和努力，在判断可行性的同时，也要评估投入和回报。

（4）企业要设计转型的实现路径，内容要包括实现转型目标的策略、方法、工具、资源、人力等的配置要素，以及这些要素的使用方式和方法，最终对前期、过程和结果都能够有评审和鉴印。

治理、环境和控制是企业战略与数字化转型必要的三要素，互为始终、互为促进！

2.2.2　数字化转型要服从企业战略

根据企业数字化发展趋势，数字化转型战略日益被从职能战略提升到总部战略，甚至顶层引领战略。

理论和实践证明，企业战略是企业的总体发展战略，是企业的发展总纲。所以，企业战略引领数字化转型战略。

1. 企业战略架构

笔者根据多年的经验，总结出以下的集团公司战略架构。

1）集团层面

集团战略定位可以是国家和政府给的宿命式定位，特别是功能型企业。其余的企业需要围绕行业需要、区域经济需要、消费市场需要分别进行战略定位。

（1）发展路径。发展路径要围绕企业战略发展的动能要素进行设计。在正常情况下，动能要素包括产业动能（含产业链延伸模式、扩张模式）、生产要素动能（资源获取、科技、信息、金融等）、消费市场动能（客户关系、市场拓展等）和运营管理动能（内部决策环境、组织与能力、质量安全保障、创新管理、企业文化等）。

（2）资本战略。资本战略既是企业的本质使命，也是为达成使命而经过的必要发展路径。企业的资本战略包括内涵式和外延式两种状态。内涵式资本战略主要包括员工和经理人的参与持股、项目跟投，以及作为薪酬绩效构成部分的股权激励等；外延式资本战略包括公开市场的股权上市、非公开市场的定向融资、供应链和产业链金融应用，甚至人民币置换、头寸管理、存托凭证融资等。

（3）产业战略。按照国资国企的分类，企业可以分为资本投资运营类企业和资产运营管理类企业；按照业务状态，产业战略可以分为以盈利单元为载体的业务组合型产业战略和行业属性的产业组合型产业战略。

（4）区域战略。区域战略是指各个业务或行业所采用的区域扩张战略和扩张模式。

（5）协同战略。协同战略是企业的资源配置战略，主要包括内外机构协同模式、母子间协同模式、子子间协同模式、业务协同模式，以及以客户为核心所进行的协同体系建设等。

（6）资源战略。获取资源是企业供给侧的核心，获取社会资源是企业生存的必要因素。

（7）生态战略。生态战略是企业改善自然生态环境的发展战略，2017 年标准普尔已经要求所有的上市公司必须进行 ESG 认证，由此许多的投行和金融控股公司也将 ESG 认证作为投资的关注要素，许多企业也通过 ESG 认证检验自己的生态战略。

（8）能力战略。能力战略是为企业发展而制定的核心能力体系，以此指引企业的组织和能力发展。

2）集团总部层面

（1）总部组织战略。外界环境变化越大，市场需求越多样化，对企业组织的考验越严峻。企业必须把建立开放式、运营更稳固的以股权为纽带的组织架构、以授权分权为机制的组织结构纳入顶层战略的范畴。

（2）总部职能战略。集团总部的各职能体系的战略发展设计，包括财务与资产、人力资源、企业文化等核心职能战略发展设计，以及企业的运营管理（如质量、安全、内控、信息化）等职能战略发展设计，国资国企还有纪检监察、审计和法务等职能战略发展设计。

3）业务单元层面

（1）子分机构的基本战略。这包括愿景、使命、价值观、战略目标等，该部分在正常情况下由集团制定。

（2）子分机构的发展战略。这是集团发展模式的实践性分解和细化设计。

（3）子分机构的商业模式。这非常重要，按照组织层级分为单一业务的商业模式、产业化管理组织的商业模式，以及集团进行生态环境体系建设的商业模式。

（4）子分机构的职能战略。这需要和集团保持一致，确保集团一盘棋，但对于个性化的业务需求，允许有一定程度的职能柔性化战略设计和匹配。

4）项目层面

为了推动战略发展，集团需要按照重要性、急迫性和战略关联性，进行战略性项目的专题规划设计，以此作为战略实施的抓手。为了适应数字化转型需要，企业更要将数字化战略作为首要的专题项目。

企业要将各项战略举措形成项目，结合专题战略，设计行动计划，制订年度经营计划和工作执行计划。

在企业数字化转型过程中，"数字化转型"可以作为专题战略，但许多企业会将数字化转型战略等同于企业战略来看待。企业战略与数字化转型战略的映射关系如图 2-3 所示。

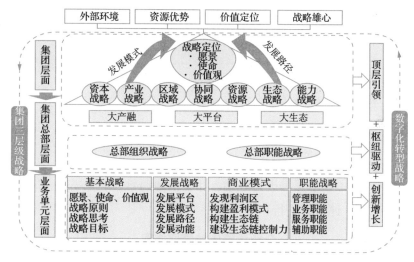

图 2-3

2. 企业战略引领下的数字化转型战略

综上所述，我们可以更加清晰地认识到企业数字化转型战略是企业的核心发展战略，其关键特征是在战略分析、战略构建、战略路径设计、战略绩效评估等方面采用了更多数字化技术。

1）厘清企业应该实施什么样的战略

什么是战略？战略可以是将企业的重大事项提高到企业整体层面，形成企业整体层面的重大行为。企业根据不同的环境、资源、市场机遇等制定不同的战略。

所以，根据企业的生命周期、内部资源和外部环境，企业可以分别制定总体战略、业务战略和职能战略或长期发展战略和短期竞争战略。图 2-4 为战略选择策略图。

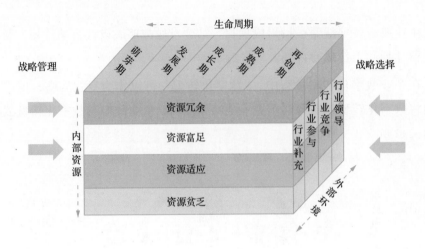

图 2-4

2）将战略体系进行数字化

将企业战略用数字工具进行表达，用下表进行评估，A、B、C、D、E 分别代表 1 ~ 5 分，评估后进行积分评估。

企业战略成熟度评估表

（一）治理能力

1. 股权治理（股权关系）：

A. 混乱　　　　　B. 部分机构混乱　　C. 合理性有待加强

D. 清晰　　　　　E. 非常清晰

2. 三会设置（非国企为董事会、监事会、总经理办公会，国企为党委会、董事会、总经理办公会）：

A. 不完善　　　　B. 相对完善　　　　C. 议事规则明确

D. 议事规则执行到位E. 决策能够高效引导企业发展

3. 分层级定位（指上下多层级机构的角色定位）：

A. 混乱　　　　　B. 部分机构混乱　　C. 有待再定位

D. 清晰　　　　　E. 非常清晰

4. 分权界面（上下层级对"三重一大"事项的管控权限设置）：

A. 混乱   B. 部分混乱   C. 合理性有待加强

D. 清晰   E. 非常清晰

5. 核决权限（部门间的责任分工和管理权限）：

A. 混乱   B. 部分混乱   C. 合理性有待加强

D. 清晰   E. 非常清晰

6. 经理人关系（对职业经理人的管理）：

A. 尚待职业化   B. 职业化程度高   C. 分工和权责清晰

D. 激励具有竞争性   E. 职业经理人管理体系规范

7. 股权激励：

A. 尚无   B. 建立中   C. 已建立，待完善

D. 按照上市公司规范操作   E. 有可持续机制

8. 派出干部管理（派驻所属/投资机构任职高管和财务负责人）：

A. 尚无规范机制   B. 机制完善中   C. 权益得失明确

D. 管理体系规范   E. 管理平台化、机制完善

（二）竞争能力

9. 资源竞争能力（对土地、政策、劳动力等供应侧资源的获取能力）：

A. 获取能力薄弱   B. 局部有竞争力   C. 能满足战略发展需要

D. 获取能力强   E. 相对垄断

10. 业务竞争能力（业务布局的前瞻性、科学性、竞争性）：

A. 布局有待调整   B. 布局具有竞争性   C. 规模化发展

D. 高效益发展   E. 高质量发展

11. 客户竞争能力（与竞争对手相比，对客户的争夺能力）：

A. 竞争能力弱，处于替补者位置　　B. 局部形成了能力，处于补充者位置

C. 优势不明显，处于参与者位置　　D. 相对占优势，处于竞争者位置

E. 有明显的竞争优势，处于寡头位置

（三）盈利能力

12. 财务管理能力：

A. 财务管理能力不够规范，待完善　B. 财务管理系统相对完善

C. 财务共享，成本严格控制　　　　D. 财务业务一体化，高效指导运营

E. 全面预算管理，收益明确化

13. 融资能力：

A. 靠运营滚动

B. 资产负债良性，融资能力能够支撑业务发展

C. 供应链金融帮助生产运营

D. 项目融资渠道通畅

E. 多渠道融资、低成本

14. 投资能力：

A. 科学的投资设计

B. 项目分析能力强，避免投资风险

C. 项目风险精准把控，保障收益

D. 高效的投后管理，保障投资回报

E. 为投资项目提供高质量服务，资本收益高

15. 资本运营能力（包括内涵式和外延式资本运作）：

A. 严格控制流动资本风险

B. 充分利用流动资本，促进业务顺畅

C. 流动资产证券化，高效优化现金流

D. 有完整的产业链金融体系，运营高效、收益大

E. 内涵和外延互动，能够形成良性互促

16. 资产运营能力：

A. 资产管理清晰、规范

B. 对有形资产、无形资产有科学的市值评估和管理

C. 资产有序进退，获取高收益

D. 知识产权资本化

E. 未来资产（如经理人管理智慧等）证券化、资本化

17. 财务安全管理能力：

A. 合规

B. 规范，不会出现系统风险

C. 高效指导业务，不会出现业务风险

D. 财务管理系统完善，金融工具利用灵活，能够适应不同国家的政策和经济协约

E. 财务安全管理系统成为无形资产

（四）运营能力

18. 战略理解能力：

A. 对战略管理体系不太明白

B. 战略就是愿景、使命、价值观

C. 战略就是目标分解和相应的竞争战略

D. 战略管理需要闭环管理体系

E. 精通集团化战略管理理论系统，能够科学地进行战略规划并指导下属机构的业务战略规划，对战略执行、战略评估均有科学的方法

19. 研发能力：

A. 针对市场进行应对性开发

B. 有产品开发和技术研发的规范流程

C. 有完整的概念研发、功能研发、材料研发、产品研发、工艺研发、应用研发、环境研发、管理研发，驱动企业价值链完善

D. 研发成为战略落地的核心支撑，并形成企业技术性进步的调度平台

E. 对研发形成可持续的知识资产管理平台，对成果有科学的评估系统，并促进企业打造创新创业平台

20. 供应链管理能力：

A. 原辅材料采购满足运营需要

B. 有贯穿企业运营全程的物流系统

C. 供给侧资源整合到位

D. 商品流和服务流管理系统完善

E. 供应链生态化，能够贯穿采购、生产和营销服务，和合作伙伴关系紧密

21. 生产运营能力：

A. 按订单生产　　　B. 高质量生产

C. 精益制造　　　　D. 持续改进工艺，是"智慧工厂"

E. 有内外共享平台，从成本中心向利润中心转型

22. 营销能力：

A. 滞销　　　　B. 广泛分销　　　　C. 市场拓展能力强

D. 有完善的 CRM 系统　　E. 品牌营销

23. 售后服务能力：

A. 高质量的服务　　　　　　B. 服务叠加附加价值

C. 服务成为价值创造点　　　　D. 有系统解决方案

E. 服务平台成为利润中心和运营平台，成为牵引企业发展的要素

24. 安全运营能力：

A. 安全管理合规化　　　　　　B. 安全管理体系化

C. 安全管理高质量，保证低事故率　　D. 安全管理指导业务改进

E. 安全管理知识资产化

25. 质量管理能力：

A. 质量控制有待提升

B. 质量控制合规，能满足消费需求

C. 质量管理体系规范化

D. 质量管理指引业务改进

E. 质量管理知识资产化

26. 运营风控能力：

A. 风险识别不够科学

B. 风险预防基本到位

C. 风险控制到位

D. 风险控制系统化、体系化

E. 风险控制标准化，成为企业知识资产的重要构成部分

（五）保障能力

27. 管理组织保障能力：

A. 组织设计不够合理

B. 组织架构科学、结构合理

C. 组织责任到边、权责到岗

D. 有面向未来的开放式组织架构系统

E. 有自生态组织系统

28. 人力资源保障能力：

A. 被迫式人力资源管理，基本满足需要

B. 适应型人力资源管理，满足战略发展需要

C. 价值型人力资源管理，引领发展

D. 人力资本，作为资本构成溢价市值

E. 知识资本化，可以市场化交换价值

29. 业务组织保障能力：

A. 组织设计不够合理

B. 组织架构科学、结构合理

C. 组织责任到边、权责到岗

D. 有面向未来的开放式组织架构系统

E. 有自生态组织系统

30. 企业文化保障能力：

A. 有待规范

B. 企业文化体系化，员工行为规范化

C. 核心统一、资源共享、分层实施、各具特色的企业文化管理体系健全

D. 内部文化活跃，引领企业发展

E. 企业文化外向化，促进企业发展

31. 绩效激励保障能力：

A. 绩效激励有待改进   B. 有价值对等的薪酬绩效

C. 有竞争力

D. 有强吸引力

E. 有全面激励系统

32. 信息管控能力：

A. ERP 系统简单，满足外部关联基本功能

B. 内部管理功能的 ERP 系统相对健全

C. ERP 系统集成，有支撑业务的能力

D. 数字化、智能化

E. 智慧企业

33. 内部控制能力：

A. 基本制度健全　　B. 流程体系健全　　C. 工作指导明确

D. 内部控制合规　　E. 以价值为核心的内部控制自动化

（六）发展能力

34. 环境适应能力：

A. 需要自我改造以适应环境

B. 合规

C. 适应多生态环境，顺势发展

D. 驱动政治、经济、产业、金融等环境变化

E. 引领政治、经济、产业、金融等环境优化

35. 社会责任能力：

A. 合规

B. 内部员工关怀到位

C. 外部公益常态化、制度化，成为企业文化的一部分

D. ESG 管理体系规范

E. 社会责任形成资本和资产

36. 品牌运营能力：

A. 产品品牌运营效益佳　　　　B. 渠道品牌运营效益佳

C. 雇主品牌运营效益佳　　　　D. 运营品牌运营效益佳

E. 企业品牌运营效益佳

37. 生态圈构建能力：

A. 有供应生态圈　　　　　　　B. 有营销生态圈

C. 有社会资源生态圈　　　　　D. 生态圈运维体系化、标准化

E. 生态圈资本化

38. 学习能力：

A. 内部经验积累丰富　　　　　B. 标杆学习常态化

C. 内部分享常态化　　　　　　D. 学习机制平台化

E. 学习体系知识资产化

39. 创新能力：

A. 产品与技术创新

B. 应用创新

C. 管理体系创新

D. 创新管理科学化、制度化、流程化

E. 变革管理自生态

40. 组织智商能力：

A. 执行力较强

B. 执行力驱动领导力

C. 协同变革

D. 内部驱动组织智商升级，可持续

E. 组织意志高度一致

关于战略的每个子项都可以用数字化进行描述，同时对现状的调研结果也可以用数字化描述。

3）构建数字化的战略发展路径

企业数字化的战略发展路径除了信息技术发展路径外，还包括战略、财务、人力资源等的管理体系升级路径。图 2-5 为数字化转型路线图（示例）。

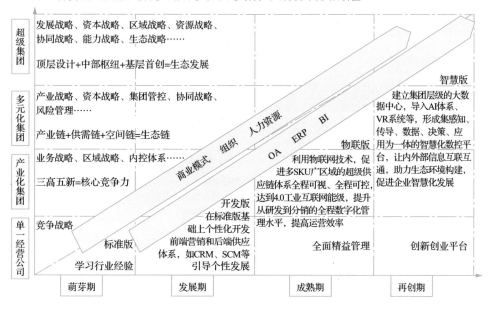

图 2-5

整体的数字化战略发展路径根据战略、资源、环境等进行设计，主要包括运营系统的路径设计和数字化技术应用的路径设计。

4）商业和业务运营模式的再造

企业需要根据业务组织形态、生命周期、竞争和生态环境进行业务层、产业层和集团层的三层次商业模式设计。图 2-6 为三层次商业模式架构。

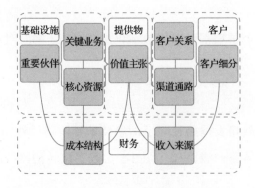

（a）单体业务型商业模式

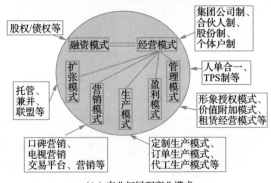

（b）产业拓展型商业模式

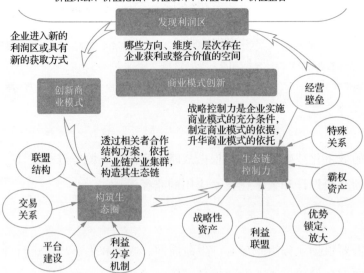

（c）多元集团型商业模式

图 2-6

5）内部控制体系按照现代企业管理制度建设的标准制定

主要的内部控制体系如下。

（1）COSO 内部控制。COSO 内部控制框架是美国证券交易委员会唯一推荐，《萨班斯法案》第 404 条款明确表明的可作为评估企业内部控制的标准。内部控制体系由控制环境、风险评估、内部控制活动、信息与沟通、监督五要素组成。中国的上市公司都需要进行 COSO 内部控制体系的建设。

（2）COSO 风险控制。2017 年，美国反虚假财务报告委员会下属的发起人委员会（COSO）发布《企业风险管理：战略与绩效的整合》，该框架强调了战略制定和绩效提升过程中的"风险控制"。

（3）ESG 认证。ESG 是环境、社会责任和公司治理的英文缩写，代表企业要可持续发展，分别需要与环境、社会和企业治理进行高效的协同。ESG 认证机制已经成为企业国际化和永续发展机制，受到了投资者的广泛青睐。香港上市公司普遍被要求进行 ESG 认证。

6）数字化转型的 IT 架构设计

数字化转型的 IT 架构设计即利用现有信息技术的系统设计。IT 架构包括业务维度、应用维度和技术维度，如图 2-7 所示。

图 2-7

7）组织与能力架构设计

组织与能力架构是指企业战略能够得以实施所必需的组织、决策机制、人员能力，以及由此形成的企业运营管理体系（如图 2-8 所示）。

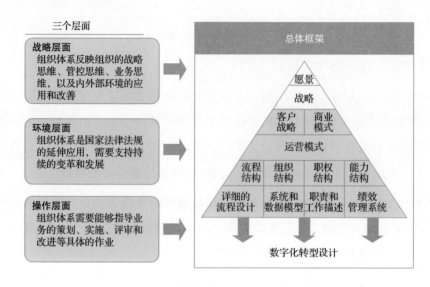

图 2-8

8）实施结果评估

评估内容包括数字化转型结果评估、数字化转型过程评估和数字化能力评估。

（1）数字化转型结果评估表（见表 2-3）。

表 2-3

状态	单一经营公司	产业化集团	多元化集团	超级集团
基本特征	单一性的商业公司，可能集研发、供应、生产、销售、服务、采购于一体	形成了产业链，可能跨区域生产和营销	业务跨产业和行业，如制造业产业集团进入房地产产业	跨行业、跨产业、跨区域、跨经营形态（混合所有制或股权多元化）、跨文化、跨业务形态
管理能力需求	商业模式创新、运营规范化、管理流程化	商业模式创新、运营规范化、管理流程化、产业内业务协同、企业资源协同、三分法管控、治理管控、COSO 内部控制、资产管理、供应链金融	商业模式创新、运营规范化、管理流程化、产业内业务协同、企业资源协同、三分法管控、治理管控、COSO 内部控制、资产管理、供应链金融、生态体系构建	商业模式创新、运营规范化、管理流程化、产业内业务协同、企业资源协同、三分法管控、治理管控、COSO 内部控制、资产管理、供应链金融、生态体系构建、超级矩阵管控

（2）数字化转型过程评估表（见表 2-4）。

表 2-4

阶段	学习	实践	集成	创新
基本特征	刚刚开展新业务，需要标准化的 IT 产品进行规范操作，学习标杆	企业产生个性化的需求，需要 IT 的二次开发，以便满足生产运营需要	进行大数据的集成，会关联大数据、区块链技术的商业模式创新、云网端的 5G 技术应用等	对数据进行商业分析，以内部数据洞察为关键的创新依据，建设内部创新平台体系
IT 需求	MRP、MRP II	ERP	ERP+	EBC

（3）数字化能力评估表（见表 2-5）。

表 2-5

阶段	萌芽期	发展期	成熟期	再创期
基本特征	创业期，追求商业成功	规模扩大，水平性增长、产业化延伸和密集型增长	产业发展成熟，占据一定的行业地位	需要更加宽广的空间拓展，包括业务、区域、文化、形态（资产和资本）等的拓展
组织与能力	组织完善、模式创新	组织完善、模式创新、技能提升、决策治理	组织完善、模式创新、技能提升、决策治理、统筹与协同、集约管理	组织完善、模式创新、技能提升、决策治理、统筹与协同、集约管理、体系创新、平台创新

3. 数字化转型战略成为引领战略

企业数字化转型战略能成为企业的引领战略，即顶层的发展战略，主要有以下几个原因：

（1）数字化驱动战略决策。企业利用数字化技术的万物互联特征，对接内外部数据通道，可以从外部宏观环境、行业与市场的中观环境，以及企业内部的微观环境中发现新价值机遇，并利用大数据分析、人工智能等进行预测，对战略进行情景化虚拟仿真，为企业的决策者提供决策依据。

（2）数字化驱动战略分解。对于企业的总体战略、总部职能战略、下属机构的业务战略等，企业都可以从外部和内部的数据共享中进行历史经验的总结、发展现状的环境分析、内部资源分析等，为商业模式重构、业务域改进等提供指示牌、路线图和施工图，形成数字化的广告牌、监控、考评等的管理，促进企业从发展战略向年度经营计划、月度甚至每天的工作计划逐步具化颗粒度。

（3）数字化驱动战略实施。企业可以把 A、B、C、D、I、G 技术融入经营的方方面面，并且和外部保持无缝连接，从细微之处规范操作、发现深层次价值、管理信息集成和多维度分析等，高效服务业务和管理业务。

（4）数字化驱动战略评审。数字化自带的自评估功能是企业的听诊器，可以用于企业从战略到落地、从管理到绩效的全方面评审，数字化驱动企业管理的精益化、极致化。

（5）数字化驱动战略改进。通过暗数据发掘潜藏价值，通过数字化快速发现商业模式重构新机遇，通过数字化的快速连接提升运营效率，都是驱动战略改进的视角。不断更新的数学算法更是人类对自然的深度认知，不断导入的数字化技术能够帮助企业领先一步发现新规律。

所以，许多数字化企业用数字化转型战略驱动企业的发展战略，并将其作为企业发展战略的组成或并行战略！

第 3 章

数字化企业蓝图设计

命运共同体理论是目前处理人类同社会、同自然环境的最先进理论。对于社会组织的重要构成部分——企业来说，"价值永生"必将是企业可持续高质量发展的最高境界！"价值永生"是价值新主张的高境界追求，是指导企业同利益相关者"价值共生"和企业"价值内生"的机制。

企业是什么？社会的经济行为分为生产、分配、交易、消费等环节。所以，企业首先是生产者，是物质、精神、文化商品的生产者；企业是生产要素的分配者，是价值链体系的分配者；企业是交易的主体；同时，企业又是消费环节的服务者。

从社会学的角度来看，企业是社会组织的构成部分，也是自主经营、独立核算、自负盈亏的经济组织。

企业一般是指以盈利为目的，运用各种生产要素（土地、劳动力、资本、技术和企业家才能等），向市场提供商品或服务的法人机构或其他社会经济组织。

3.1 企业价值数字化

企业数字化转型，表面上追求的是节本降耗、提高效率、多元创新，最终的核心就是企业融入利益相关者构成的社会之中，形成价值共生状态，以此作为企业的价值哲学。这符合数字化的生命规则，也符合社会发展的规律。

1. ESG指引了企业价值新哲学

企业是社会的重要构成部分，在新时代需要承担更多的社会责任。用当下的热词描述，ESG是企业价值的风向标。

E（Environment，环境）指标的内容主要包括企业对气候的影响和对自然资源的保护、企业的废物处理与消耗防治、环境治理、绿色技术、绿色办公、员工的环保意识，以及企业发掘可再生资源、建造更环保建筑的可能性等。

S（Social Responsibility，社会责任）指标的内容主要包括员工福利与健康、产品质量安全、隐私数据保护、企业税收贡献、精准扶贫、产业扶贫、乡村振兴、性别平衡政策、人权政策及违反情况、反强迫劳动、反歧视、供应链责任管理、社区沟通等。

G（Corporate Governance，公司治理）指标的内容主要包括股权结构、会计政策、薪酬体系、道德行为准则、反不公平竞争、风险管理、信息披露、公平的劳动实践、董事会独立性、董事会多样性等。

2. 企业价值数字化

数字是人类认识自然规律的科学工具，数字化水平代表了人类认识社会的能力，企业的数字化水平代表了企业的生产力水平。

历史上，人类用"数"的内涵作为认识自然和社会的哲学基础，如中国的结绳记事和道家学说。

随着计算机的发展，人类用"0"和"1"计算各种现象，并用其探究未知的世界。

世界是数字化的，数学成为人类认识世界的基础科学，数学思维能力成为人类的重要能力之一。

利用数学思维和数字化技术更能够解决企业价值体系的发现、创造和传递问题。下面用笔者的管理咨询经历来说明。

我曾为一个企业提供过咨询服务，开始时老板让我们策划一套能够帮助企业业绩上一个台阶的方案，当时提出的业绩目标是销售额增加、利润增加。在一次沟通会上，我们提出，企业发展问题不是直接的策划问题，而是数学问题，后来我们为其进行了一系列的服务。

1）用数字地图诊断现状和发现新机遇

我们先分析了企业现有业绩的表现，当时的销售额是 20 多亿元，对其按照全国市场的区域分布、渠道商分布、终端分布，以及品牌商的贡献分布、产品品类的分布等多维度穿透分布后，我们发现以下两大核心问题和新机遇：

（1）市场覆盖率有待提升。从全国市场来看，产品在 23 个省（直辖市）销售；从地级市来看，在 60% 的地级市有产品销售。按照当时快消品常规划分的 18 大渠道系统，产品主销了 11 个系统；按照终端类别，产品主销了 118 类中的 70 多类。公司有 26 个单品，在终端表现上，品牌到达率不足 60%、SKU（库存量单位）铺货率只有 48%、排面占有率不足 15%。

（2）营销策略有待改进。这主要表现在产品定位没有坚守品牌核心，价格带差异性不强，两者都因为采用对市场的跟随策略而稀释了企业的品牌资源。

2）确定数字化的成长路径

在后续的提升方案中，本着先夯实基础再拓展的稳步发展原则，利用数字化工具分别确定产品定位差异化、价格带定位错位化的成长路径。

（1）产品定位差异化。产品的 USP（Unique Selling Proposition，独特的销售主张或独特的卖点）可以有多种，围绕概念、产地、原材料、工艺、包装、渠道、价格、规格等都可以设计，但企业品牌之间的竞争必须要让消费者有清晰的大品类格局。图 3-1 为方便面企业的产品定位图。

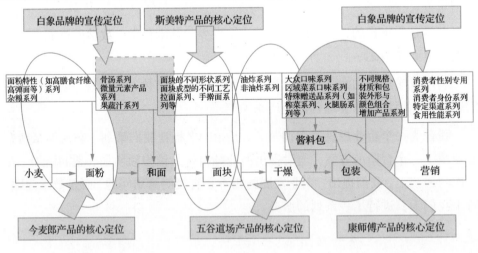

图 3-1

（2）价格带定位错位化。企业要围绕消费者的消费习惯、品牌印记和价格接受度，用错位策略设定价格带（如图 3-2 所示）。

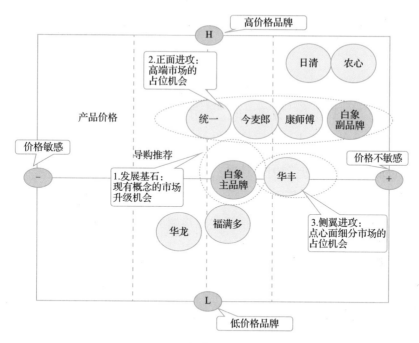

图 3-2

在确定了成长路径后，要给每个市场制定市场增长策略。首先，制定市场评定指标，对每个细分市场的每个小区域、每个渠道，甚至每个终端进行评估，将其分为领先市场、竞争市场和新进入市场。其次，根据竞争状况和企业资源制定市场增长策略，分别在品牌力、销售力、产品力、陈列力、推介力、服务力、管理力等方面设计策略库，按照市场特点进行匹配。图 3-3 为市场发展路径图。

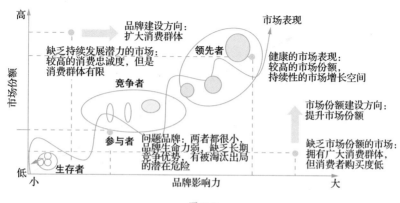

图 3-3

最后，根据路径进行分区划片精耕细作。渠道精耕细作主要包括以下几个方面。

① 对终端分级并优化。按照终端的店面力、形象力、传播力、影响力、产品力、推介力、服务力、管理力的"八力"模型进行分级，制定相应的政策，参照酒水"盘中盘"模式进行有针对性的优化。

② 打造城市市场的"101"体系。对城市市场实施"五一工程"和"0空白战略"。"五一工程"是指一个目标、一辆车、一个人员配备、一套激励政策、一套动销方案。"0空白战略"是指要实现终端的全覆盖。这样就形成了"一个市场、0空白、一套体系"的"101"精益化市场运作体系。

③ 打造"201"体系。对于县级城市的乡镇，在每个地方招募一个大二批分销商，在区域内的乡镇和农村进行精细化铺货和服务，要求厂家和经销商共同制定激励政策，每个乡镇均有大二批分销商铺货和服务，共同开发客户，共同承担市场支持费用。

④ 制定"10+5"终端策略。对于成熟市场，每个业务员负责10家终端的维护和新订单，另外负责5家空白或薄弱终端的公关、跟进和开发；对于弱势市场，则为"5+10"终端策略。

⑤ 制订车辆激励计划。对全国2300多家经销商进行分类分级。对有希望成长和有愿景的经销商进行车辆激励，即集团拟集体采购1000辆铺货车，由经销商先行垫资，在经销商完成任务指标后，该车的购货款全部或按比例由厂家承担，铺货车的产权转移给经销商。因为快消品的毛利较低，虽然许多经销商的年度销售额为几千万元，但是毛利可能只有一二十万元，所以给一辆价值为5万元的辅货车还是很有激励作用的。

⑥ 进行全面的铺货指导。为了保障"101"体系、"201"体系、"10+5"终端策略等的落地，公司派出专员根据区域市场的实际情况，特别是终端分布，制订分线路的送货计划、终端开发和维护计划等，以此进行市场的精细化管理。

图 3-4 所示为区域市场渠道精耕示意图。

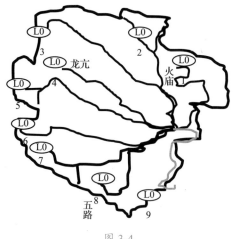

图 3-4

3）以数字作为业绩增长仪表盘

我们在对该企业实施帮扶的过程中，除了改变产品策略、价格策略，更多的是实施了"101"体系、"201"体系、"10+5"终端策略等的帮扶，重点在于路演和实地辅导。我们将业务人员拜访八步骤、"10+5"终端策略、"101"体系、"201"体系等与产品-市场匹配策略、终端策略、经销商升级策略、新市场开发策略等结合起来，形成广告牌管理。后来，用手机 App 实现了全面的数字化技术管理，让管理咨询的数字化思维和方案得以全面实施和落地。

上述的协同形成了业务人员和管理人员的绩效指标考核体系，我们将其在全国范围内推广。

后续的成果非常令人欣慰。一年之后，该企业仅在山东省的销售额就从 5 亿元增长到了 11 亿元，全国市场的销售额从 26 亿元增长到 43 亿元。

从发现战略机遇到路径设计，再到运营管理体的透明化和激励化，数字化成为企业价值成长的新动能！

3.2 解构企业价值体系

企业只有获取价值，才能对外输出价值，所以企业数字化转型要先从解构企业价值体系出发。

参照《数字化转型　参考架构》（T/AIITRE 10001—2020），企业数字化转型的第一个视角为发展战略/价值主张。其中主要有三个维度，即竞争合作优势、业务场景、价值模式。

下面从静态角度来看这三个维度。

（1）竞争合作优势。随着外界环境变化的不确定性，蝴蝶效应层出不穷。企业要适应未来，就必须战略性地思考同利益相关者的关系，从过去的零和竞争向竞合共生进行转型，获取更大的生态化空间。

（2）业务场景。组织应该打破传统的基于技术专业化职能分工形成的垂直业务体系，以用户日益动态和个性化的需求为牵引构建基于赋能服务的新型业务架构，根据竞争合作优势和业务架构设计端到端的业务场景，以形成支撑柔性战略的灵活业务。

（3）价值模式。组织应该顺应新一代信息技术引发的变革趋势，改变传统工业化时期基于技术创新的长周期性获得稳定的预期市场收益的价值模式，构建基于资源共享和赋能服务实现业务快速迭代与协同发展的开放价值生态，以最大化获取数字化转型的价值效益。

下面从战略管理咨询的视角来理解这三个维度。

（1）竞争合作优势建设，可以被看作企业环境分析，当然包括宏观、中观和微观，既是从供应链角度来思考的竞合关系，也是从生态链的维度来思考的更多社会资源整合。

（2）价值场景，是企业价值获取的具体载体。

（3）价值模式，应该作为企业价值输出的方式。

3.2.1 企业价值主张架构

企业价值主张是企业同利益相关者进行价值交换的价值观，企业应该同利益相关者在价值交换模式上达成共识，以此形成企业经营从物质到精神和文化层次提升的多重驱动力。

企业存在的目的就是价值最大化，我们还是回归价值链系统来寻找企业的价值来源。

1. 企业价值架构

企业价值链包括主价值链、辅助价值链和支撑价值链，每个价值环节都有其存在的必要性，有着其价值彰显。我们还是围绕企业经营架构进行价值体系建设的梳理，以此作为企业价值框架（如图 3-5 所示）。

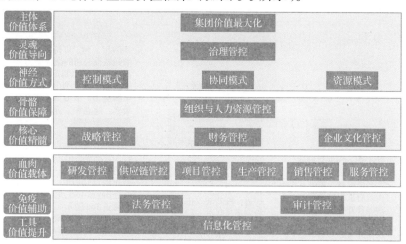

图 3-5

2. 确定企业的价值主张

在正常情况下，一个企业对外都有一个印记，这就是企业 IP。这关联到企业的战略定位，即在利益相关者心目中企业是干什么的。该定位也是企业未来的坐标，就是企业会成为什么样的企业。

（1）企业在利益相关者心目中的使命是什么？——企业定位

定位方法主要有资源能力归纳法、企业使命定位法、战略愿景聚焦法等。具体做法以案例进行说明。

例1. 武汉城投集团的资源能力归纳法

武汉城投集团在"十一五"和"十二五"期间的发展历程如下。

武汉城投集团在过去的十多年中，紧抓"中部崛起"和"两型社会"建设的历史机遇，以相关多元化发展为导向，形成了水务、基建、置业、燃气和城市资源五大核心板块，同时不断强化自身的融资能力，推动武汉城建投资发展。

未来，武汉城投集团还需把握国家发展新动力（长江经济带、国资国企改革等），从顶层优化集团战略、创新模式，强化产业内协同，打造新的集团利润增长点。

武汉城投集团的发展历程如图 3-6 所示。

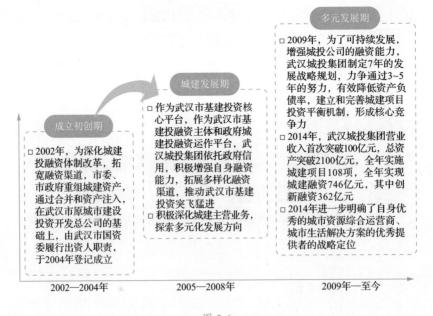

图 3-6

可以发现，武汉城投集团的工作核心在于武汉城市的发展，而业务的核心在于城市建设、城市服务、城市经营。所以，武汉城投集团的战略定位为"优秀的城市资源综合运营商、城市生活解决方案的优秀提供者"，具体释意为"建设武汉、服务武汉、经营武汉"，兼顾了企业的国家和政府使命、组织愿景、产业内涵，以及市场需求等。

例 2. 天津物产集团有限公司的企业使命定位法

属于国资国企的天津物产集团有限公司，是天津市大型国有生产资料流通企业，位于京津冀经济圈、环渤海经济圈的中心位置，是承担区域经济发展的服务商，定位于"世界级产业链集成服务商"，助力区域性产业链升级，其旗下的"天物大宗"线上平台为具有国际影响力的大宗商品交易平台。"天物大宗"线上平台的企业使命定位法如图 3-7 所示。

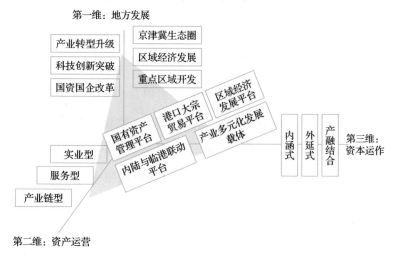

图 3-7

例 3. 北大荒九三集团的战略愿景聚焦法

北大荒九三集团为北大荒集团下属企业，目前已经成为以大豆产业链为核心的全面运营商，非转基因大豆油的市场占比国内第一，有着全球的影响力，承担着国家"非转基因大豆"的安全保障，其战略定位为"以大豆产业链为基础的国际粮油食品综合运营商"。

（2）企业还能为哪些客户提供什么样的服务？——客户价值定位

价值是支撑企业角色定位的载体，而价值交换是基本的商业逻辑。商业价值要为客户服务，只有锁定了客户才能彰显企业的存在价值。

对客户进行画像后，企业要进行 3C 分析，主要包括以下内容。

① 消费者分析。对消费者分析主要包括对消费群体的基本界定，包括男女老幼等特征、区域特征、消费层次、购买模式，以及购买的动机和决策行为等。

② 竞争者分析。对竞争者的价值创造能力、价值输出方式、满足消费者的满意度等进行分析，以便进行差异化的价值定位。

③ 自身独特性分析。对自身独特性分析是指对企业自身的资源、能力等进行分析，找出自己的核心竞争力。

在 3C 分析后，企业要结合消费者需求、竞争者能力，组合自己的供给能力，进行价值定位（如图 3-8 所示）。

（3）企业通过什么通路为客户提供目标价值？——营销定位

价值定位确定了企业的目标对象、客户需求、价值主张、资源匹配等，如何传递价值呢？这就是营销策略的定位了，主要包括以下内容。

① 分销模式，更多的是指渠道模式，是通过网络平台、直接销售，还是通过渠道商进行分销？这需要根据客户的分布状态、消费行为进行设计。

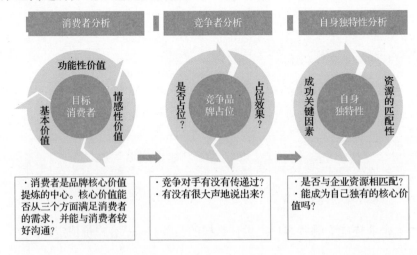

图 3-8

② 终端模式，就是消费者能够购买到商品和服务的末梢场景在哪里。

③ 促销模式，是刺激分销商、终端和消费者的购买动因，促进购买动机的行为模式。客户关系管理是促销模式最重要的一部分，可以形成重复性购买。

④ 公关模式，是指通过公共关系模式的建设，与消费者形成更好的关系。危机公关也属于此范畴。

⑤ 服务模式。对于工业产品，主要表现为售后服务模式，如安装、运营等的运作模式；对于服务业，更多表现为消费者体验和产生互动关系的运作模式。

⑥ 传播模式，是指通过什么样的信息手段，将信息准确传递给分销商和消费者等利益相关者，包括音频、视频、地面活动等多种广告形式。

⑦ 价格模式，可以根据价格战略进行制定。需要说明的是，价格应该根据竞争和品牌进行制定，包括产品价格、订单价格和品牌价格，初始价格的设定可以参考撇脂定价模式或成本加成定价模式等。

⑧ 产品架构模式。产品形态需要根据消费者的需求，进行物质层面、精神层面和文化层面的不同展现。产品架构则根据城市和农村、成熟市场和新开发市场等进行高中低档、不同规格等的匹配。

⑨ 品牌模式。品牌是企业在利益相关者心目中的印记，不仅包括消费者印记的产品品牌、服务品牌、分销商品牌，还包括运营管理体系中的企业家品牌、雇主品牌和运营品牌等。

⑩ 组织模式。营销的组织管理体系应该根据价值链模式进行设计，具体的职能和职责需要具化到企业内组织的每个成员，需要具化到渠道客户组织的每个人员甚至消费者。

除了上述模式，营销体系中还应该包括拓展模式和供应链模式。拓展模式主要是指营销业务的区域扩张、分销商拓展、终端开发和消费者聚集模式。供应链模式主要是指"销地产、产地销"的产销协同，"分采联销、联采分销"的仓储物流模式。

上述模式共同构成营销的核心竞争力，所以关于营销竞争力的十大要素形成了操作模式，也就形成了具有竞争的营销竞争力模型，如图 3-9 所示。

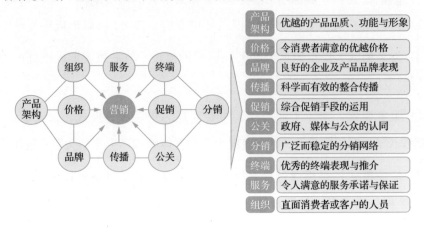

产品架构	优越的产品品质、功能与形象
价格	令消费者满意的优越价格
品牌	良好的企业及产品品牌表现
传播	科学而有效的整合传播
促销	综合促销手段的运用
公关	政府、媒体与公众的认同
分销	广泛而稳定的分销网络
终端	优秀的终端表现与推介
服务	令人满意的服务承诺与保证
组织	直面消费者或客户的人员

图 3-9

（4）企业通过什么实现价值目标？——业务定位

战略定位确定了业务的结构策略。将各个业务按照战略响应维度、财务贡献维度、集团化品牌支持维度、内部协同关系维度、外部生态环境建设维度，以及预期的成长能力评估、集团化品牌响应度等进行贡献值评估后，给予每个业务一定的价值定位，由此形成业务的结构策略。

每个业务在集团业务架构中的位置目标，就是每个业务的定位。

3.2.2　打造高价值总部

高价值总部是企业的大脑，数字化企业的高价值总部是企业获取可持续高质量价值的中央枢纽，对价值体系本身的提质增效和模式创新起到顶层引领作用。

兵无将不能行，鸟无头不能飞。集团公司的可持续高质量发展必须有集团总部的顶层引领和各职能部门的枢纽驱动，所以集团公司必须建设高价值总部。数字化带来了敏捷、高效、精准和创新，驱动各业务发展的功能价值毋庸置疑，所以集团高价值总部建设需要数字化支撑，以此形成价值体系引领数字化转型。

1. 集团高价值总部的体系建设

集团公司以股权为纽带，集整个集团公司的资源和能力为利益相关者提供高价值贡献。对高质量发展的标杆性集团公司研究后发现，高价值总部特征已经从内生态循环升级到了外生态循环、内外双生态循环共振，如图 3-10所示。

图 3-10

内生态循环就是让集团公司内部的技术、人才、资金、信息、知识资产等动能要素形成自生态成长的过程；外生态循环就是将供应商资源系统、客户资源系统、投资人资源系统和其他社会资源系统集成，并让其互动的过程。

数字化的 SOA 理念和 TOGAF 架构思维能够将高价值总部的价值体系指标化和细分化，集成后形成集团总体能力指标体系，从而对各种资源和要素形成密切的闭环管理。

第一步，按照利益相关者维度进行需求画像。例如，政府关注自然生态、产业生态；投资人关注持续的高价值回报；行业机构关注对产业发展环境的改善和产业发展驱动；下游渠道商和客户关注性价比更高的产品和高质量服务；供应商关注高质量回报和共享产业发展红利；内部员工团队关注成长环境和收益。利益相关者架构如图 3-11 所示。

第二步，让需求画像形成业务化、流程化内容。让需求画像形成业务流程，把颗粒度具化到流程动作，分解到组织的部门层级、职能组层级和岗位层级，细化到不能再细分的程度。

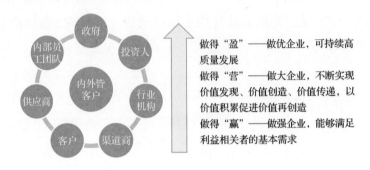

做得"盈"——做优企业，可持续高质量发展

做得"营"——做大企业，不断实现价值发现、价值创造、价值传递，以价值积累促进价值再创造

做得"赢"——做强企业，能够满足利益相关者的基本需求

图 3-11

第三步，把业务和流程内容落地到相应的组织系统中。这和组织架构的层级相关，对于不同的组织层级（如三会[①]、高管、部门、职能组、岗位，甚至人员），落实到具体的价值动作、匹配的环境、权利、责任和业务，以及协同、配合、监控、考核、绩效、存档等主动作上，要做出流程图并编制流程说明。

在流程的编制说明中，要有风险评估和风险预防策略矩阵，以及和数字化标识解析标准相应的报表与工具系统。

第四步，把创新纳入流程优化和流程再造中。高价值总部的建设一定是存量业务的优化（如节能降耗、提高效率）、增量业务的流程再造、全新的组织责任体系的建设。

业务流程重组（Business Process Reengineering，BPR）最早由美国的 Michael Hammer 和 James Champy 提出，是在 20 世纪 90 年代达到全盛的一种管理思想。其强调以业务流程为改造对象和中心、以关心客户的需求和满意度为目标，对现有的业务流程进行根本的再思考和彻底的再设计，利用先进的制造技术、信息技术及现代的管理手段，最大限度地实现技术上的功能集成和管理上的职

---

① 三会是指董事会、监事会、总经理办公会（国资国企的三会为党委会、董事会、总经理办公会，也叫新三会）。

能集成，以打破传统的职能型组织结构，建立全新的过程型组织结构，从而实现企业经营在成本、质量、服务和速度等方面的系统性改善。

自从业务流程重组思想诞生以来，对于"重组"的理解就存在不同的看法。且不说由 Reengineering 衍生而来的 Redesign（再设计）、Reorganization（再组织）、Reposition（再定位）、Revitalization（再生）等分支观点，以及由此激发的人们 Re-Everything（再造一切）的激情。单是能用来矫正或丰富 BPR 的定义就有 BPI（Business Process Improvement，业务流程改进）、BMR（Business Model Reengineering，业务模式再造）、BPM（Business Process Management，业务流程管理）和 IPR（Industrial Process Reengineering，工业过程再造）。

第五步，整合集团总部能力。对各项运作能力进行整合（如图 3-12 所示）。

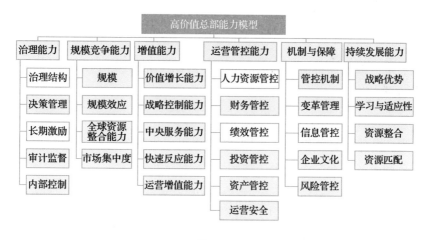

图 3-12

第六步，制定高价值总部的角色定位。图 3-13 中的五大发展理念、六型总部打造、升级七大业务系统、提升八大能力，共同构成高价值总部的角色定位。

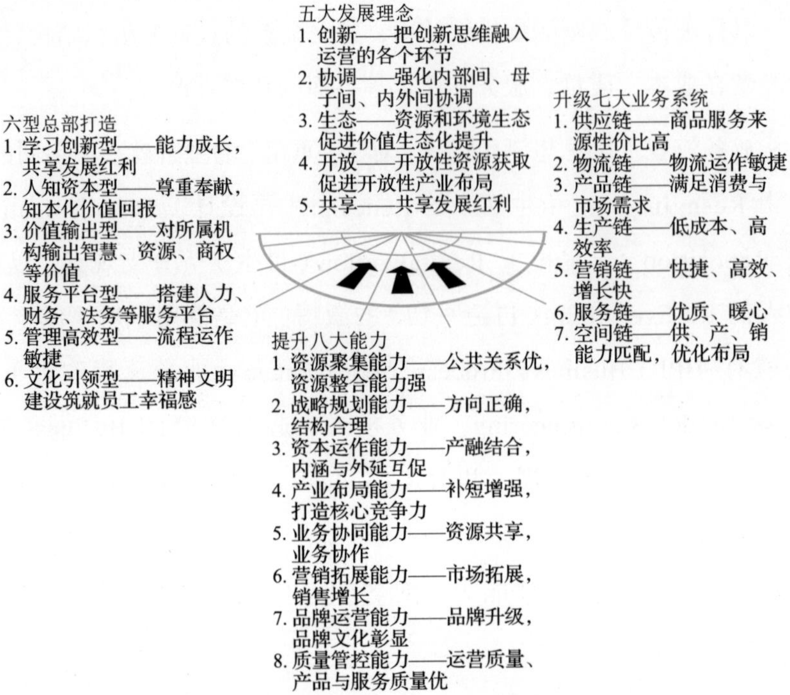

五大发展理念
1. 创新——把创新思维融入运营的各个环节
2. 协调——强化内部间、母子间、内外间协调
3. 生态——资源和环境生态促进价值生态化提升
4. 开放——开放性资源获取促进开放性产业布局
5. 共享——共享发展红利

六型总部打造
1. 学习创新型——能力成长，共享发展红利
2. 人知资本型——尊重奉献，知本化价值回报
3. 价值输出型——对所属机构输出智慧、资源、商权等价值
4. 服务平台型——搭建人力、财务、法务等服务平台
5. 管理高效型——流程运作敏捷
6. 文化引领型——精神文明建设筑就员工幸福感

升级七大业务系统
1. 供应链——商品服务来源性价比高
2. 物流链——物流运作敏捷
3. 产品链——满足消费与市场需求
4. 生产链——低成本、高效率
5. 营销链——快捷、高效、增长快
6. 服务链——优质、暖心
7. 空间链——供、产、销能力匹配，优化布局

提升八大能力
1. 资源聚集能力——公共关系优，资源整合能力强
2. 战略规划能力——方向正确，结构合理
3. 资本运作能力——产融结合，内涵与外延互促
4. 产业布局能力——补短增强，打造核心竞争力
5. 业务协同能力——资源共享，业务协作
6. 营销拓展能力——市场拓展，销售增长
7. 品牌运营能力——品牌升级，品牌文化彰显
8. 质量管控能力——运营质量、产品与服务质量优

图 3-13

第七步，编制高价值总部的能力发展战略（如图 3-14 所示）。

2. 以数字化中台思维支撑高价值总部建设

中台，相对于前台和后台，是业务流程集成化的节点概念，包括数据中台、技术中台和业务中台三个概念（如图 3-15 所示）。

（1）业务中台。部门和职能组的关键业务都可以作为业务中台来看待，如人员的招聘、培训、员工学习等不同职能组负责的业务均可以作为业务中台来看。当然，人力资源管理是更大的一个中台。

（2）技术中台。技术中台是相对于数字化技术层级的一个概念，我们可以将 A（AI）、B（区块链）、C（云计算）、D（大数据）、I（物联网）、G（5G）等技术模块都作为技术中台。技术的应用是纵向和横向的，可以横向到边、纵向到底和向上通天。

类别	分项	规划组建期 （2018年）	孵化拓展期 （2018—2020年）	成熟发展期 （2020年以后）
治理能力	集团治理结构	董事会、党委会建设	新三会议事规则完善	现代企业管理体系建设完善
	二级公司治理结构	董监高完善	议事规则完善	现代企业管理体系建设完善
	决策管理	程序规范，决策科学，专家委员会完善	程序规范，决策科学，专家委员会完善、外部董事补充到位	程序规范，决策科学，专家委员会完善、外部董事和独立董事到位
	产权代表派驻	为全资公司派驻董事长	为全资公司派驻董事长 为合资公司派驻董事	为全资公司派驻董事长 为合资公司派驻董事 为混合所有制公司派驻监事
	关键岗位人员派驻	财务负责人派驻	财务负责人统一派驻和管理	财务人员统一派驻和管理
	审计监督	社会审计	建设内部审计团队	内外部审计结合
	内部控制	完成集团流程与制度汇编	完成二级公司基本制度汇编	再造集团流程与制度体系
规模竞争能力	规模	百亿元规模	500亿元规模	千亿元规模
	规模效应	完成新区任务	对各组团平台公司形成协同机制	并购、重组各组团平台公司
	资源整合（增量类）	规划全球化招商引资引智渠道	实施全球化招商引资引智规模项目	实施全球化招商引资引智优秀项目
	融资能力	区域资本	全国资本	全球资本
	市场集中度	建设任务聚集	对市场化业务在区域内引领	让市场化业务走出去

图 3-14

图 3-15

（3）数据中台。数据中台是以数字化集成为节点的模块，如基于设备的边缘计算、基于知识经验积累的机器学习，以及进行某事项智能决策的数字孪生等。

我们常说的 3D 打印，是技术中台和数据中台的集成。

三者的关系如下：业务中台，或者说组织中台，提供保障和支撑；技术中台是软件和硬件，是实现路径；数据中台则是数据采集包、数据传输包、决策模型包、输出数据包、应用数据包。

怎么用数字化中台思维支撑集团高价值总部建设呢？

第一步，根据集团公司的战略和高价值总部建设规划进行部门和职能组的发展规划，从而构建以组织中台为载体的业务中台。规划设计要以新型能力为目标进行角色定位、能力标准建设，兼顾价值体系优化、创新和重构。要让价值的指标体系能够分解到职能组和个人，让相关的管理要素能够数字化输入，让相应的决策有数据模型支撑。

第二步，重构数据模型，包括数据采集模式、传输模式、决策模式、应用模式等，对算法进行构建，对算力进行测算。

第三步，设计技术中台，基于算法使用 A、B、C、D、I、G 技术，以及进行软件和硬件的匹配，在云端实现包括安全体系的技术架构设计。

第四步，进行数字模拟和仿生。基于构建的新模型，用历史数据验证现实场景，基于趋势对未来场景进行预设。

第五步，形成支撑高价值的数据中台，如资产管理、知识管理、机器学习等的数据中台。

3. 高价值总部的数字化建设路径

高价值总部的数字化建设路径主要有以下两条。

路径一：对有一定信息化或数字化基础的集团，适宜采取传承之上再创新的路径实现：坚持原有的核心系统不间断运行+分模块升级核心系统+构建数字化转型平台，之后协同运行、持续投入和持续获取价值。

路径二：对于没有数字化基础又想实现弯道超车的企业，比较适合采用路径二，即参照标杆企业的做法构建数字化转型平台，之后从核心系统引入各系统模块，再协同升级。

但总体均需要做到以下几点。

（1）树立数字化转型思维。数字化转型不是使用信息化软件，不是使用

ERP 系统，而是新一代数字化技术在经营管理中的应用。企业要充分意识到数字价值链对业务的驱动、管理和服务功能与价值。

（2）重构业务价值体系。只有围绕高价值总部的建设目标和实现路径、实现机制进行业务价值体系的重构，对创新管理模式进行情景式设计，才能保障整个体系的前瞻性、科学性和规范性，以此形成分层级分类别的业务中台架构。

（3）把流程体系数字化。把业务流程实现过程中的各项信息形成不同的数据包，分群分类进行解析系统的定义，确保纵向传导、横向协同的准确性和即时性，以此形成不同的数据中台架构。

（4）构建技术中台。围绕业务中台和数据中台，以云原生架构、微服务为两端进行管理和应用场景的设计，匹配相应的技术实现路径。

（5）持续优化论证形成企业文化。总部升级、价值重构、组织变革、流程再造、数字化实现都是企业变革管理的重要组成部分。部分环节的风险分析和预防、总体的价值评估和认证等，都是数字化环境的重要组成部分。数字化治理更是企业治理的孪生映射。保持持续优化、循环提升也是企业高价值总部建设的构成，机制的先进性反映了总部组织的高价值能力。

3.2.3　搭建协同价值体系

协同，是让企业内部各要素和外部相关要素进行紧密耦合的过程，让企业价值在更多维度溢出。

数字化转型让企业的商业体系发生了革命性的变化，使沟通对象从内部转向外部生态，沟通方式、交易方式、价值分配等要求企业必须更加关注协同。协同价值是企业价值体系的重要构成部分。要想解决跨企业间协同，就需要从协同层级、协同要素、协同运营三个维度进行体系化的设计（如图 3-16 所示），也需要体制保障、机制促进。

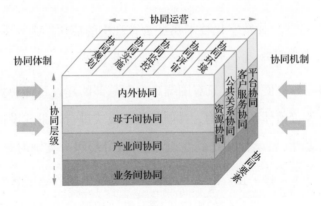

图 3-16

1. 协同体系

1）协同层级维度

数字化转型的企业通常为集团化的公司，母子孙、母事子、总分子的三层级架构是常态的。从企业主体的视角来看，跨企业间协同有以下几种。

（1）业务间协同。从三级机构的视角来看，跨企业间协同主要包括同一投资主体内的跨企业间协同、与上级机构的协同、跨投资主体的企业间协同。

（2）产业间协同。从二级机构的视角来看，跨企业间协同主要包括同一投资主体内的跨企业间协同、与投资主体之间的协同、与投资下属机构的协同、跨投资主体的企业间协同。

（3）母子间协同。从一级机构的视角来看，跨企业间协同主要包括与下属机构的跨企业间协同、与外部非关联投资的企业间协同。

（4）内外协同。从独立机构的视角来看，如非集团化的独立运营主体性企业，跨企业间协同指与外部企业的协同。

2）协同要素维度

企业数字化转型让企业的业务进行无边界延伸，跨企业间协同的价值在于生产运营全要素的互联互通，借此完成价值发现、价值创造和价值传递过程。

（1）从资源协同来看，企业要想进行价值获取，首先需要各种生产要素，包括但不限于土地资源、资金资源、人力资源、管理资源、信息科技资源等。

（2）从公共关系协同来看，从价值实现的过程来看，水平化的扩张生产运营能力是价值最大化的主要路径，协同研发、协同生产、协同供应链、协同营销等将使企业获得更好的公共关系，优化行业环境和产业链生态，强化企业业务能力。与零和博弈的企业协同进行政务关系的优化，将促进政府营商环境改善、政府服务能力的提升，会反哺企业的运营能力提升。

（3）从客户服务协同来看，企业数字化转型应以更加开放的新经营方式为客户提供商品和服务、系统解决方案等，需要跨企业间协同充分满足客户的需求，包括但不限于协同商务、协同销售和协同服务。

（4）从平台协同来看，对进行研发、供应、生产、销售、服务等业务的平台化企业，进行跨区域平台之间、跨业务平台之间的协同，不但有利于资源获取、升级客户服务能力、提升运营能力，而且在扩大行业影响力、提高行业知名度的同时还可以反哺企业的新型能力打造。

3）协同运营维度

在明确了协同层级，确定了协同要素后，闭环式的协同运营是企业实现协同价值的过程。

（1）协同规划。协同规划的目标在于企业新价值发现，协同规划的内容主要有协同价值取向、协同需求发现、协同要素确定、协同对象选定、协同体系建设、协同组织建设、协同机制策划，以及协同风险的管控等，还应包括协同各方的权利、责任、义务，并要具体化到协同组织中的角色、职责、工作绩效目标和考核体系、激励体系等。

（2）协同实施。协同实施是协同价值实现的全过程，需要按照协同规划的内容稳步实施。"全面统筹、分段实施；项目驱动、单点突破"将是可行的原则。

（3）协同监控。因为协同关联到跨价值主体的企业，针对协同要素维度的不同特点，企业应该用数字化技术帮助其实现协同的全过程管理，规避风险，节本降耗，提高效率。

（4）协同评审。在协同取得阶段性成果后，应进行评审。评审的内容包括规划科学性、过程高效性、结果达成性等，要从人力资源、财务管理、关键事项、重要资产、商权等不同维度进行，总结经验曲线，形成知识资产。

（5）协同环境。在协同过程中，企业要随时从宏观、中观到微观环境中进行法律法规、行业规范、金融政策、数字化升级、人口流动、科技发展等信息积累和趋势洞察，通过协同环境的变化找到价值的新创造点、商业模式的创新点，为后续优化协同运营、打造企业新型能力奠定基础。

2. 协同体制保障

跨企业间协同是数字化企业的基本特征，而且在整体的经营活动中占据着较大的工作量份额。企业数字化转型必须将之纳入企业价值体系的构成之中，并且给予体制上的保障。体制保障主要分为组织体制保障和数字化治理体制保障两大类。

1）组织体制保障

组织体制保障需要根据协同价值的产生是否常态化，以及协同层级维度、协同要素维度、协同运营维度的不同特点进行设置。

（1）第三层级业务机构的协同组织主要包括专案项目组、职能部门等。例如，上市公司对常态化的重大事项管理设立的专业委员会是协同组织。企业和非投资主体相关的外部企业共同设立的新业务公司，也属于协同组织的范围。

（2）第二层级业务机构的协同组织主要包括专案项目组、职能部门等。若第二层级业务机构为上市公司，则需要对常态化的重大事项管理设立专业委员会。若第二层级业务机构为产业集团，则其和非投资主体相关的外部企业共同设立的新业务公司，属于协同组织的范围。生态化程度较高的企业还可以设立协同项目办公室，其正常由公共关系部门和业务部门联合成立。

（3）第一层级业务机构的主要的协同组织包括专案项目组、职能部门、专业委员会，以及与非投资主体相关的外部企业共同设立的新业务公司等。生态化程度较高的企业还可以设立协同项目办公室，其正常由公共关系部门和业务部门联合成立；内部协同业务量大的企业需要对下属机构实现协同运作模式的辅导，以及风险控制、全程监控等。协同组织可以作为数字化后台建设的重要组成部分。

2）数字化治理体制保障

企业数字化转型应该将跨企业协同作为其中的组成部分，充分利用数字化的记录清晰、深度学习、智能决策效率高的特性。数字化治理的主要内容如下。

（1）建设数据底层标准。企业应该以工业互联网、产业互联网思维为指导，以国际通用规则、国家行业标准为基本要求进行数据底层的建设。数据底层的标准化将减少沟通障碍。

（2）规范流程模型和决策模型。协同是企业价值的重要组成部分，将协同对象进行规范化管理是价值目标实现的最佳保障。

（3）低代码、云原生、云网络，不仅可以在设施上保障沟通无障碍，还可以在技术上保障。

（4）配置企业数据总线。企业数据总线的配置在保障跨企业间协同互联互通的同时，也进行连通数据的清洗和集成，在技术上保障企业数字化安全。

（5）与协同企业进行充分的沟通、协调和共享。就相关的数字化治理体系与协同企业进行充分的沟通、协调和共享，协同共建工业互联网、产业互联网是企业价值的战略机遇之一，同时互相交流经验也是对企业数字化转型的促进。

3. 协同机制促进

协同是业务，是价值发现、价值创造和价值传递的实现过程。约束和激励机制是价值过程的促进，必须建立投资机制、经营机制、监控机制和利益分配机制。

1）投资机制

通常由发起投资的企业进行投资，投资的标的物包括人力资源、资本实物、智慧资产、商权等。组建新型业务单元的，可采取股份合作模式进行。

2）经营机制

经营机制主要包含两个方面，即关键岗位人员的派驻和对重大事项的决策权。

（1）关键岗位人员的派驻。协同组织里的决策者、管理者、业务者、服务者等不同角色的人员应该由协同企业分别按照协同组织的运营规则进行派驻和组建。

（2）对重大事项的决策权。投资人关联的协同，按照上级投资机构的协同管控体系执行。外部跨企业间的协同，可采取合同协议或参照股份公司的运营机制进行。

3）监控机制

监控机制主要分为自监控、他监控和三方监控。

（1）自监控。在协同取得阶段成果后，协同组织内的评审可作为自监控措施。对协同业务复杂、协同组织多元化的，可进行内部审计等监管岗位或部门的设置。

（2）他监控。归属于同一投资主体的跨企业间协同，正常由上级投资主体进行协同业务的质量监控。

（3）三方监控。企业化运营的协同组织，可由协同方以出资人的知情权方式进行审计履责监控，也可由协同组织聘请第三方监理公司、尽调机构、财务/法律事务所等提供第三方的结果评审和过程监控。

4）利益分配机制

协同价值与利益分配的激励息息相关。利益分配机制主要分为项目制利益分配机制和企业运营型利益分配机制。

（1）项目制利益分配机制。对于项目化的协同、直接创造价值的业务协同来说，按照价值贡献进行分成是不错的模式；对于管理协同、资源协同等来说，可以进行磋商议价，也可以由各协同企业方让渡价值或进行内部绩效考核而给相关人员以激励。

（2）企业运营型利益分配机制。可参照股份公司的运作和利益分配机制进行。

3.2.4　构建股权治理价值

多层次经营的企业的总体价值首先是多层次机构的价值累计之和。在基层企业通过数字化转型获取价值后，上级企业对其通过投资权、重大事项决策权等的权益管理，对其获取价值进行聚合。

集团化的公司获取价值，最简单的算法是将各个业务单元的价值进行相加，将三级公司的价值加成到二级公司，将二级公司的价值再加成到一级公司，我们将此价值加成模式称为治理价值模式。

所谓治理价值，就是以股权为纽带的法人机构所贡献的价值。根据相关法律法规，围绕股权，治理价值包括公司通过出资权、重大事项决策权而获取的价值。

1. 出资权价值

出资权价值是指投资人对企业投资所获得的收益。当然，许多人认为投资取得回报是很简单的事情。下面举个例子。

某国营能源企业起家于化工产业。在 2010 年左右，该企业的固定资产不多，但由于之前十年积累，已经打通了石油采购、储运、冶炼、化工生产、化工品贸易等产业链运作体系，下属机构有石油原油贸易公司、供应链金融公司、化工品贸易公司等。该企业在 2008 年成立供应链子公司，并购了一家化工品贸易公司，主要业务为对国内众多日化产品企业进行化工产品的 REACH 认证和贸易运作。在 2008 年金融危机后，国内化工企业的经营非常惨淡，许多化工厂没有钱购买原材料，缺少产品出口订单和通道，关闭、停办、合并、转产等现象比比皆是。从 2011 年开始，该企业全面进行产业链运营，为国内的炼油企业供应原油，将冶炼产品供应给化工企业，然后制造化工产品，待其通过 REACH 认证后销售到全世界，全程以供应链金融和产业链金融服务促成。具体做法如下。

（1）用之前的运营积累构建生态圈平台，打造产业链互联网平台。

（2）用期货、现货相结合的模式为冶炼企业提供原油，主要模式为利用冶炼企业的信用进行周转，冶炼企业的支付方式为信用担保、现金支付和产成品抵账等。

（3）把冶炼产品作为原辅材料向国内众多的化工企业进行供应。

（4）帮助化工企业进行产品的 REACH 认证，同时帮助其出口。

具体的关键举措如下：

（1）以现金流为基础，以供应链金融为主体打通产业链。

（2）对化工企业以输出经营文化、供应原辅材料和代销产品为抓手进行产业链运营，对优质的企业进行部分资金投资而实现控股和参股，但以财务合并报表作为前提。

（3）因合并报表形成了巨额的财务资产，与银行置换信用额度，以信用进行国际贸易的信托，以此打通国际贸易产业链和国内化工产品生产链。

2015 年，该企业对国内超过 400 家化工企业进行投资和整合，实现了合并报表。两年内，其名下的资产积累到了 3000 亿元。2018 年，该企业合并报表下的贸易额超过 3500 亿元，按营业规模计算，位居世界第 300 名左右。

在其整合过程中，数字化体系建设功不可没。该企业以内部协同运营管理提升为核心，构建产业互联网平台作为数字化体系的基础，主要功能模块包括原油国际贸易交易系统、化工企业供应链系统、化工产品出口贸易通等。

该企业实现了对国内超过 400 家化工企业的合并报表，主要依靠输出两种出资内容：一是按照信用提供原辅材料；二是企业聘请管理咨询公司和高管人员，输出文化和制度体系等，保障合并报表的化工企业的经营业绩和利润额，因为采用的是利润分成制，所以许多企业愿意合并报表，而且合并报表后不影响收益。例如，有的企业虽然固定资产占 90%，但是进行股权并购后，即使股权在 49% 以下，收益权也可以在 90% 以上。

所以，许多企业愿意合并报表和接受统一化的管理约束。事实证明，该做法挽救了许多濒临倒闭的企业。

经过逐步积累，该企业能够在全球范围内进行产业链延伸，逐步开采能源、在更大的区域设立加油站和加气站，业绩得到更大的提高。

其实该企业的核心竞争力就是以产业链运营为载体，为盟内企业输出企业文化、管理制度、高管团队、产品销售，输入原辅材料，将这些软性资产作为投资权，将知识资产和无形资产作为实体资产进行投资。

2. 重大事项决策权价值

股东身份的出资人总是通过对企业重大决策的干预而确保价值利益的获取。按照强度，干预模式可以分为合规型、价值型和进取型三种。

（1）合规型干预，即按章办事，按照规程行使出资人权利，能保障自己出资部分的投资安全和收益回报即可。

（2）价值型干预，即通过派出干部的管理行使企业重大经营事项的决策干预。对于参股和控股型企业，这种模式最多。如上述的某能源企业，即可算作此类。

（3）进取型干预，即将企业作为自己的全资子公司来进行全面管控。该种类型较多，下面举例说明。

某国资国企性质的集团公司全面推进混合所有制改革，对旗下组织进行了全面改造，有 40% 的股权，其他股权都是通过吸纳战略投资人和财务投资人进行的，但保持着最大股东身份。因为企业是国资国企，随着国资国企对国有资产和资本的强监管，所有企业必须实现以下几点：

（1）国有资产保值增值，严禁国有资产损失，所以企业必须对重大经营活动进行全程管理，特别是"三重一大"事项，以保证国有资产的高收益回报。

（2）充分利用下级机构的各项资源与集团形成高效协同。例如，集中财务报表形成更大的信用额度。

（3）利用混合所有制企业的现金流保障集团内各业务单元的经营秩序。

（4）集约使用混合所有制企业的市场影响力，提高品牌价值估值。

（5）与混合所有制企业共享财务管理和人力资源等，反哺企业运营质量提升。

实现路径是什么呢？在刚开始实行混合所有制时，与投资人约定按照《中华人民共和国公司法》进行，然后为了实现进取型价值获取，就采取母子公司的管控模式，但其他投资人不同意，该企业采取了以下做法：

（1）强化公司对混合所有制企业法人治理的提前干预。在公司章程上，该企业约定其他投资人的权利、责任和义务，以公司的原有业务为主体，只吸纳战略投资人和财务投资人进行存量业务的激活，也就是我只需要你的资金。

（2）强化集团外控。对于国资监管部分的安全生产、环境管理、质量体系管理等企业必须守规的工作，集团建立统一的部门进行公益性的统管。

（3）建立市场化机制的现金池，统收统支。企业若有资金余额则可获取高于银行利息的收益，若有资金缺口则可快速补充现金，独立核算。这对于其他投资人来说是划算的，所以其他投资人很愿意接受。

（4）强化人力资源共享。公司对混合所有制企业更多的是进行管理干部、财务人员等统一培训，采用统一晋升机制和与集团的人力资源共享。

（5）加强对派出干部的管理。对于归属集团公司派出的混合所有制企业的"董监高"[①]人员，制定派出干部管理条例，以信息化手段实现任何董事会决议前的提前申请、预先审批和事后监控，让这些干部定期述职，对不能很好履职的及时更换。

（6）强化集团的控制体系建设。加强制度体系的建设，以制度优越性建议投资企业参照执行，投资企业有了归属感，弱化了独立感。

---

① 董监高是指董事、监事和高管。

（7）通过对派出干部的强管理，干预出资企业的管理组织业务化，减弱职能化。把出资企业的管控职能下沉到业务部门，将职能部门尽可能简约化，合并大部制，让所有的职能实行集团共享。例如，法务部门的合同管理，下属机构均没有专业的法务部门，甚至法务人员配置都不健全，而在集团进行职能强化和人员统一配置。所以，出资企业的合同管理在集团，集团统一为出资企业进行服务，通过这些服务获取了对经营事务的掌控权。

3.3 构建企业价值蓝图

企业价值蓝图包括企业内外两大场景部分，即企业外部与上下游客户和消费者价值传递相关的"价值共生"场景部分和企业内部与价值发现、价值创造相关的"价值内生"场景部分，两者相辅相成，共同引领企业具体价值发现、价值创造和价值传递。

在清楚了企业价值系统的业务价值、总部价值、协同价值、治理价值后，数字化平台体系的建设必须以客户为核心，按照 TOGAF 架构完善数字化技术。

3.3.1 获取企业竞合新优势

"价值共生"让企业占据到新的道德高地，在精神和文化上引领价值观的新金融导向，但资本和财富的物质积累是存在的基础，所以企业应该建立起从物质到精神，再到文化的竞合新优势。

企业与所有的利益相关者的关系都是博弈关系。数字化企业总是通过与利益相关者的关系优化来实现生产、分配、交易和消费的经济活动价值最大化。

企业竞合新优势的建立可以包括以下几种形式。

1. 用数字化优化社会关系

据新华网报道，MSCI 发布的 2021 年 ESG（环境、社会责任和公司治理）

趋势发展报告显示，随着对 ESG 和气候相关投资产品的需求上升，可持续投资的市场将进一步扩大。据联合国责任投资原则组织统计，2017 年签署 ESG 投资原则的企业在 10 家以下，而 2020 年年底已经达到 40 家以上。企业与环境、社会、投资人的关系可持续优化吸引了更多投资机构的青睐。

近年来，国家各部委办相继发布关于碳排放的相关管理规范和评价指标体系，拉开了 ESG 从绿色金融投资向企业具体落地实施的转型序幕，而数字化转型在其中既是重点建设的部分，也是评估的依据。

上海证券交易所早就要求上市公司执行 CSR（Corporate-Social-Responsibility，企业社会责任）的年度报告制度。许多企业在其官方网站上，将 CSR 发布在"投资者关系"栏目里，年度和半年度的财务报表也披露在该位置。事实证明，编制了 CSR 报告、接受证券交易所审查和消费者认可的企业的股价与市值的增幅远远高于没有编制 CSR 报告的企业。

区块链技术在推动企业 ESG、CSR 中起到不可篡改记录、评估身份鉴印和评估结果确认等关键作用，在企业可持续发展中起到不可或缺的作用。

2. 用数字化优化投资人管理

股东在商业投资后，对企业的经营管理有知情权，对投资资产的经营权有广泛的需求。企业必须改善与股东之间的关系。

某农商行根据利益相关者需求，围绕"股东投资"进行了数字化转型，取得了不错的成绩。

（1）需求理解。国家监管机构要确保国有资产安全并掌握农商行履责情况；投资人要对经营和资产交易进行便利性洞察；上级农商行机构对下属机构的经营管理要即时在线控制；战略合作伙伴，特别是金融投资机构希望保持与该农商行即时了解通道的畅通等。

（2）技术解决。首先，要将业务架构体系进行信息流程化和业务数字化；其次，技术系统要进行分布式布局，农商行数据中心与外部投资人、国家监管机构用企业数据总线和云网络平台进行数据对接；再次，用区块链技术实现对投资人身份识别、不可篡改交易记录等功能。

最后，形成的结果如下：投资人放心投资，同时投资人的资金作为理财的一部分，使得农商行的现金流充足；投资人对农商行下属的各农信社具有监控权，促进了农信社的服务水平和经营效益大幅提升；国家监管透明，减少了现场审计监察的频率，在确保合规经营的同时减少了工作量，提高了工作效率。

3. 用数字化优化供需关系

无论是 20 世纪 90 年代的慧聪和 2000 年后的 51job、淘宝等，还是许多企业自建的网上商城、第三方支付平台等，其实都是供应链平台。这些平台通过商品+服务的形式为企业的生产、分配和交易，为消费者的交易、体验和消费都提供了便利。数字化的信息接收、信息获取、体验感知、金融交易便利性等大大改善了供需之间的关系。

4. 用数字化优化运营商关系

红孩子、红领一直是个性化定制业务类型中数字化转型的企业代表。其通过数字化转型将企业与消费者、原辅材料供应商、生产制造商、物流商和服务商等利益相关者的关系大大改善，推动了业务发展。

在生产制造领域，共享设备、共享车间、共享工厂更是供给侧结构性改革的先锋军，利用数字化技术将闲置设备、闲置车间、闲置工厂信息向需求者发布，采取租赁、使用者付费等方式融洽了人与设备设施之间的关系，大幅提高了资产使用效率，淘工厂就是典型的代表。生产企业之间的关系本来是竞争关系，但以数字化技术将闲置资源作为纽带，使竞争者变成了合作者。

最后，形成企业的竞合优势，表 3-1 为竞合优势获取设计表。

表 3-1

利益相关者	竞合现状	竞合目标	关键路径	核心举措
政府				
行业管理者（学会/商会/协会、媒体）				
社会				

（续表）

利益相关者	竞合现状	竞合目标	关键路径	核心举措
环境				
投资者				
合作伙伴				
供应商				
渠道商				
分销商				
终端				
消费者				

3.3.2　数字化价值新场景构建

企业价值内生基于业务新场景，数字化的业务新场景构建必须以企业组织架构为基础，用数据驱动来进行。

企业价值的实现是以企业自身价值为目标，为了满足利益相关者需求而进行的设计—实践—评估—优化—再设计的闭环过程。与利益相关者相关的竞合关系优化、价值满足既是过程，也是企业存在哲学。这些价值的实现均需要通过端到端的业务场景。

1. 构建组织——价值架构逻辑图

如图 3-17 所示，某集团公司在集团管控框架下，各层级和各部门在分权、授权下分别与相应的利益相关者构建了不同的竞合关系。

（1）三级执行单元是价值创造中心，通过企业价值链创造价值，直接与上下游业务方发生竞合关系。

（2）二级运营机构是价值整合中心，通过内外协同产生价值，在总部分权和授权下分别与区域/业务板块内的大型供应商进行大额与集中采购，与大型客户进行交易。

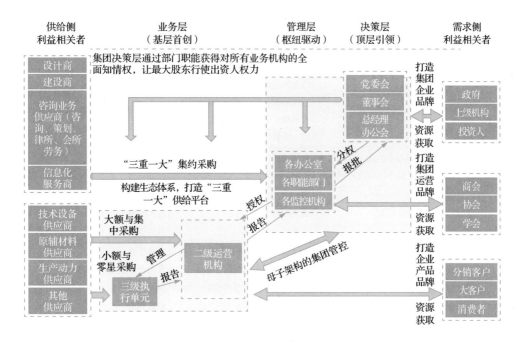

图 3-17

（3）作为企业决策层和管理层的集团部分，则通过生态价值链创造价值，所以在集团统筹的供应链维度，以及政府、上级机构、投资人等影响企业经营环境的维度上与利益相关者建立竞合关系。

企业价值新场景构成了企业价值框架，见表 3-2。

表 3-2

类型		总分子	母子孙	总事子
机构		总集团-区域分公司-子公司	母集团-业务子集团-孙子公司	总集团-管理事业部-子公司
角色	一级	**投资权**：管资本投资； **运营权**：管重大事项决策、重要人事任免、重大项目安排和大额资金使用等"三重一大"事项； **监控权**：可全面监控，贯穿决策层到业务层； **利益分配权**：统管通抓	**投资权**：管资本投资； **运营权**：管"三重一大"事项，会进行分层，子集团再管理孙子公司的"三重一大"事项，特别重大的由母集团统管； **监控权**：由集团监控到子集团，子集团对下属孙子公司监控； **利益分配权**：母集团管子集团，子集团管孙子公司	**投资权**：管资本投资 **运营权**：管"三重一大"事项，在正常情况下会分权到事业部（等同于到职能部门）； **监控权**：可全面监控，贯穿决策层到业务层； **利益分配权**：统管通抓

（续表）

类型		总分子	母子孙	总事子
角色	二级	在所管辖区域内行使总集团的管理职能，更多的是产业协同和内部管理	作为独立的法人机构对下属机构进行投资，对下属机构行使最终控制权、经营决策权、经营建议权、监督权	在业务条线内行使总集团的管理职能，更多的是产业协同和内部管理
	三级	集团价值的基本单元，通过成本控制、客户服务、创造利润等实现	集团价值的基本单元，通过成本控制、客户服务、创造利润等实现	集团价值的基本单元，通过成本控制、客户服务、创造利润等实现
核心价值	一级	获得战略投资利润；获得资本运作利润；获得资产经营利润；获得产业链协同利润；服务下级机构，提升效率，间接获取利润；监控/风控/内控提高运营质量，规避风险，间接获取利润	获得战略投资利润；获得资本运作利润；获得资产经营利润；获得产业链协同利润；服务下级机构，提升效率，间接获取利润；监控/风控/内控提高运营质量，规避风险，间接获取利润	获得战略投资利润；获得资本运作利润；获得资产经营利润；获得产业链协同利润；服务下级机构，提升效率，间接获取利润；监控/风控/内控提高运营质量，规避风险，间接获取利润
	二级	协同上下游获取产业利润；专业化 PDCA 经营提升效率；创新价值链提升商业模式能级	协同产业链获取产业投资利润；专业化 PDCA 经营提升效率；创新价值链提升商业模式能级	协同上下游获取产业利润；专业化 PDCA 经营提升效率；创新价值链提升商业模式能级；内部资源协同使总成本降低
	三级	精益生产管理降低成本；高效管理提升运营效率；开发产品增加利润来源；优化服务提升盈利空间；提升质量优化品牌价值	精益生产管理降低成本；高效管理提升运营效率；开发产品增加利润来源；优化服务提升盈利空间；提升质量优化品牌价值	精益生产管理降低成本；高效管理提升运营效率；开发产品增加利润来源；优化服务提升盈利空间；提升质量优化品牌价值

2. 价值场景的构建

1）工位级数字化价值场景构建

基层的业务机构是企业价值链的基本结构。设计工位级数字化价值场景架构可以采用以下步骤。

第一步，将价值链细化到具体的业务，形成业务链。例如，营销的价值链为整合传播—渠道开发—网络拓展—销售—客户关系管理，再深一步，整合传播的运营链为传播方案设计—传播媒介选择—传播工具包设计—传播—传播跟踪—传播效能评估。其中，传播效能评估又可以再细分为具体的操作链，即评估方案设计—评估方法确定—评估数据采集—效能评估—评估结果应用。

第二步，将操作链进行最优化改进。例如，热电厂的燃机运转时需要脱硫脱硝同步运转，而煤炭可能有无烟煤、含硫煤等。为了使脱硫脱硝既不浪费材料，同时也达到空气排放标准，热电厂就需要将多个煤场的煤炭进行配比。

第三步，对操作链需要的数据进行架构设计。仍以煤炭配比为例，热电厂需要整体工艺中每个煤场煤炭的全水分、挥发分、灰分、硫分、发热量，以及氯、氟、砷、汞、铅等的含量数据，以便在后续选择最佳配方后，调节各煤场煤炭的最佳配比。

第四步，基于大数据积累，形成最佳的经验曲线。例如，基于大数据积累，热电厂获得了最佳的煤炭配比方案和后续的生产工艺方案，形成了运营机制，也就最终形成了最佳的经验曲线。

第五步，用数字化运营提高生产效率。例如，在最佳的经验曲线形成后，热电厂可以基于现有的煤炭资源，调整后续生产工艺，如改善脱硫脱硝工艺，节约耗材，在达到空气污染指标控制的同时，使生产成本最低。热电厂可以根据最佳实践采购煤炭，使得节能环保最优化。

表3-3为工位级数字化价值场景架构表。

2）班组/职能组级数字化应用架构

班组/职能组级数字化应用架构，按照工作对象有五个方面的应用需求。

（1）通过数字化强化工作效能。通过对现场的人员、机器设备、物料、工艺方法、环境的过程数据进行集成，对质量、数量（进度）、成本、效益和安全的结果数据进行记录，找到过程数据和结果数据之间的逻辑关系，找到最佳的工作经验曲线，以此不断修正班组/职能组的工作。

（2）对上一道工序提出新要求。根据工作班组/职能组的工作目标，对上一道工序提出新的工作目标。

表 3-3

数据架构			价值目标					需求数据			数据管理				数据应用		
架构内容			质量	数量	成本	效率	安全	记录数据	集成数据	创新数据	输入方式	计算逻辑	基本应用	输出方式	驱动业务	管理业务	服务业务
价值链 1	业务链 1	操作链 1															
		……															
价值链 2																	
……																	

（3）响应下一道工序的新要求。通过最佳的工作经验曲线，根据下一道工序的新要求制定技术方案，再不断积累新的工作经验曲线。

（4）响应上级机构的指令。首先论证上级机构指令的可行性，然后将其嵌入人机交互工作台，通过前面的步骤予以高效完成，按需要形成专项或统计的数据进行反馈。

（5）形成自生态工作效能提升机制。不断重复上述步骤，形成自生态提升机制，这就是智慧工作法。

班组/职能组级数字化应用架构见表 3-4。

表 3-4

序号	分类	数据项	数据名称	表现方式	数据来源	数据算法	表现形式	数据输出对象	数据输出模式
1									
2									
3									
……									

3）企业级数字化应用架构

企业级数字化应用场景是指企业层面总体的价值场景，其关键职能是协同公司的整体运营，以流程为纽带将企业业务形成环环相扣和互相关联的业务体系。例如，某装备定制型企业的数字化应用场景和流程化业务体系如下。

（1）企业完善了流程、制度和操作规范，让每道工序、每个岗位、每个人员都有清晰的数据模型和决策模型，以及数据的传导方式。

（2）业务人员按照规范与客户签订合同，合同中的经济数据经过财务部门、技术数据经过研究人员、交易模式经过法务部门、交付经过售后服务部门的认证和放行。

（3）在首付款到位后，该合同就形成指令链。公司的研究院据此统筹工厂的研发、供应、生产、销售、服务等，形成了细化的工作计划流，内容包括研发方案、供应方案、生产方案、质量方案、交付方案、售后服务方案等，具化到每个部门、每道工序、每个工位。

（4）方案在得到各个部门、工序、工位确认后，形成了绩效考核体系。

（5）各部门、工序、工位严格执行，严格反馈结果，公证考评。

4）集团级数字化应用架构

许多企业需要建立自己的数据中心，集团化企业会进行数据中心共享。例如，某热电公司为总分子架构的热电集团的分公司，虽然其下属的各电厂的业务有所区别，但总体上业务形态是一致的。集团公司的数字化应用场景应该包含以下几个。

（1）数字化在线系统。各企业价值链、业务链、操作链全面数字化在线，热电公司据此进行纵向评估和横向评估，在业务上进行技术指导提升每个电厂、班组/职能组和工位的效能，同时可以将该数字化在线系统作为绩效考评依据，提升整体的发展。

（2）煤炭调运系统。电力系统的核心在于对价格的控制，而煤炭来源对价格影响巨大，所以热电公司应该对煤炭系统进行调度，内容包括但不限于集中采购、物流调运、电厂计划调节等。

（3）销售与服务系统。销售与服务系统负责电力上网、电厂负荷控制、供热系统服务能力在线监测等。

（4）企业资源管理系统。企业资源管理系统负责管理资产、人力资源等。

（5）安全与环境管理系统。安全与环境管理系统负责全面的安全管理、排放系统的在线监控，以及参与炭交易、脱硝脱硫，特别要关注汽轮机和进行关键压力容器的在线监控。

（6）电厂布局系统。每个电厂都要根据物理布局，满足区域的电力需求，所以电厂布局系统需要在线展示电厂周边的电力需求变化表。

（7）重大事项工作表。热电公司要将热电集团下达的战略任务和与公司发展相关的战略性任务列成报表，把责任分配到人，并列出具体的时间节点，以此作为公司总体的调度表。

第 4 章

数字化商业模式重构

在企业蓝图（"价值共生"竞合新优势、"价值内生"业务新场景、"价值永生"价值新主张）和数字化转型战略引领下，用数字化驱动，以客户为中心，建立企业分层级的新商业模式是实现企业价值的路径，可用于指导企业的具体业务行为。

数字化商业模式重构包括业务数字化、业务集成融合、业务模式创新和数字业务培育四个方面。在数字化之前，保证商业模式的先进性是数字化转型的基础。

4.1 数字化商业模式转型

企业是商业的，世界是数字化的，用数字化驱动商业模式重构要充分发挥数字化的工具功能、要素功能和逻辑应用功能，以及数字化平台作为商业模式的载体功能。

企业在商业模式创新后叠加数字化，可以让商业体系更进一步，所以本书先从价值架构体系下的商业模式创新开始介绍。

4.1.1 三层的新商业架构

科学的商业模式设计应该为回归商业本源设计商业模式，从用数字化优化商业模式到商业模式的数字化实现和数字化商业模式的构建。

商业模式的本质是什么？

下面先看两个例子。第一个例子：假设你的钱从左口袋出去，在外面经过各个环节，回到你的右口袋时多出了1元。这1元是怎么多出来的呢？这里是否存在一定的逻辑？这个逻辑就是你的商业模式。

第二个例子：你的产品在制造出来后，经过经销商、分销商及最终的用户得以销售，你的制造成本是10元，但得到的却是12元，那多出来的2元又是怎么来的呢？

这个逻辑是不是你采取了一定的策略、方法、技巧，找到了客户，找到了与客户打交道的方式，然后将产品销售给他们，从而赚到了钱呢？这就是钱多出来的逻辑。

由此可见，商业模式的内涵就是你通过一定的逻辑赚到了钱。

1. 商业模式的基本特征

从上面的两个简单的例子中不难发现，这两个例子都有以下三个基本特征。

（1）一定要有针对客户的价值需求，不然他们不会接受你的逻辑，这就是价值主张。

（2）你有能力提供价值，即你有能力提供产品和服务，不然你没有资格实施商业行为，这就是资源整合与运营能力。

（3）一定要盈利，否则你也不愿意这样做，这就是盈利能力。

所以，商业模式包含三个部分：作为核心主轴的价值主张、企业生产和运营体系的资源整合与运营能力，以及面向消费者与渠道客户的盈利能力。其分别对应于企业价值链的价值发现、价值创造和价值传递三个阶段。

根据企业管理原理，企业要想拥有核心竞争力，要想得到长久的发展，需要力争在三个方面做到最好，也就是成功的商业模式的三大特征：在价值主张方面要有差异性；在资源整合与运营能力方面要有难以复制性，提高行业的进入门槛；在盈利能力方面应该具有难以超越的优势。

商业模式的三个部分与商业模式特征的定义、成功的商业模式特征的对应关系见表 4-1。

表 4-1

商业模式的三个部分	商业模式特征的定义	成功的商业模式特征
价值主张	指在一个既定价格上企业向其客户或消费者提供服务或产品时需要完成的任务	独特、有差异化
资源整合与运营能力	支持客户价值主张和盈利模式的具体经营模式	其他企业难以模仿
盈利能力	企业为股东实现经济价值的过程	实现价值或者达成预期目标

对于一个集团型企业来说，不管是否通过数字化转型，其价值架构都是通过业务单元层面的创新、管理层面的创新、集团层面的创新而形成的不同层级的新商业架构。

2. 业务层级的商业模式

业务层级的商业模式包括以下九个方面的要素。

（1）价值主张。价值主张是指企业能够为客户提供的核心价值，该价值主张应该满足以下条件：首先，客户需要；其次，能够实现客户满足自我价值的需求；再次，企业依靠产品和技术能够实现。在通常情况下，企业会用自己的经营理念、产品卖点、利益性价值点等来体现价值主张。

（2）客户细分。客户细分是指描述最终的客户群体。客户群体是指企业的产品的最终价值受益者。

（3）渠道通路。渠道通路是指找到这些细分化的客户群体的路径，通常采用渠道模式的规划路径来描述。

（4）客户关系。客户关系是指与这些客户以什么样的关系维持生意的进行。

（5）收入来源。收入来源是指通过哪些方法获取收入。

（6）关键业务。关键业务是指为了体现价值主张，企业都有哪些核心的业务。

（7）核心资源。核心资源是指企业有哪些核心或者关键的资源来支撑关键业务。

（8）重要伙伴。重要伙伴是指有哪些重要的供应伙伴或核心资源与能力供应商。

（9）成本结构。成本结构是指在运营过程中企业需要支付哪些成本。

业务层级的商业模式与企业的三大基本战略息息相关，如图 4-1 所示。

为了保持商业模式的先进性和科学性，为经营实体带来更多的价值和增值空间，我们还要用"聚焦和延伸法"进一步思考。

产品/服务领先的企业，不但要将价值主张提炼得更加让人难以模仿，还要以此推动客户范畴的收入来源增加，并以此带动运营管理能力提升。

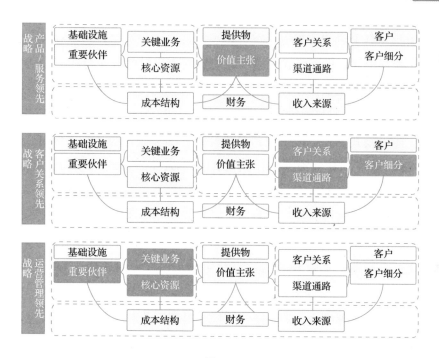

图 4-1

客户关系领先的企业，要从对客户深层需求的挖潜延伸到价值主张的差异化上，进而推动运营管理能力提升。

运营管理领先的企业，在夯实运营管理的优势下，要从价值主张的提炼和客户管理系统的提升上入手，这是价值最大化的做法，同时也是获取品牌溢价能力提升的睿智抉择。

3. 产业层级的商业模式

业务层级的商业模式创新能够让企业在业务的层次上做得赢，而要支持规模大，企业就必须产业化发展，实现水平一体化或纵向一体化。此时，企业需要进行大物理空间的布局，所以极点模式的打造成为企业做大的基础。这些极点模式如下。

（1）融资模式。企业要进行多途径、低成本的融资，为业务拓展获取现金流。运作模式主要包括内涵式和外延式资本运作模式。内涵式资本运作模式包括经理人和员工持股、内部项目跟投等。外延式资本运作模式包括供应链金融、产业链金融和资本市场融资等。

（2）投资模式。投资模式是指与投资意向方之间的运作模式，包括战略投资、财务投资、风险投资、天使投资、IPO（Initial Public Offering，首次公开募股），以及债权和股权投资等方式。

（3）建设模式。建设模式包括自建自营、参与他方的 PPP（Public-Private Partnership，政府和社会资本合作）、TBT［TOT（Transfer-Operate-Transfer，移交—运营—移交）+BOT（Build-Operate-Transfer，建设—运营—移交）］合作、BT（Build-Transfer，建设—移交）合作等模式。建设商可以将建设后的资产所有权和经营权设计成其他模式进行广泛合作。

（4）研发模式。研发模式包括自行研发、第三方研发成果购买、联合研发等。

（5）供应链管理模式。供应链管理模式是指企业与生产要素供应方形成采购和交易等关系的模式。企业可以作为供应链金融和产业链金融的输入方，也可以作为甲方进行集约采购等。

（6）生产模式。生产模式是指内部的生产运营方式（如人单合一、固定成本法等生产管理机制）和与其他生产制造企业的合作模式，如原始委托生产、原始设计生产等。

（7）整合传播模式。整合传播模式包括网络传播、自媒体传播、广告传播、地面推广、社区活动等模式。

（8）销售模式。销售模式包括网络营销、电商加盟、精细化渠道运营等模式。

在极点模式打造完成后，企业要进行 1 对 1 裂变式扩张或洋葱卷式扩张。1 对 1 裂变式扩张为点对点的复制扩张模式；洋葱卷式扩张为体系化扩张模式，进行全面化的极点范式复制。

4. 生态层级的商业模式

生态层级的商业模式主要包括生态圈模式和数字经济新模式。

（1）生态圈模式。生态圈是行业建设的生态系统，例如为融资建设的融资圈，学会、商会、协会等组织状态都属于生态圈范畴。从广义维度上来看，各级各类实行市场化运作的园区类企业（如自贸区、国家级新区、综合保税区、经济开发区、产业园区、孵化器、特色小镇、田园综合体等的运营商）都属于此类。

生态圈模式的内容主要有以下几项。

① 利润新发现，即通过商业模式的架构分析和业务细节内容的破碎、扭曲、重叠、重组等发现新的利润区。

② 新业务再造，即将原有的商业架构进行破碎、重叠、重组等后，新业务与原有业务在生产、分配、交易、消费等经济行为方面会出现形态上和内涵上的差异而无法在原有组织体系中进行运作，需要成立新的组织进行运作，此时的业务可以称为创新业务。

③ 构建生态圈，即围绕供需而建立的利益相关者联盟组织。

④ 掌控生态链，在生态圈形成后，生态圈链主会利用生态圈资源进行商权的霸权式控制，从而掌握产业链话语权，形成价值链优势。

（2）数字经济新模式。作为经济学概念的数字经济是人类通过大数据（数字化的知识与信息）的识别—选择—过滤—存储—使用，引导资源快速优化配置，实现资源再生，实现经济高质量发展的经济形态。其主要的形式包括以下两类。

① 互联网产业。以数字化网络平台为载体进行的经济生态体系的建设，各种网上商城、购物平台和工业互联网服务平台等均属于该概念范畴。

② 互联网数据服务业。以数据为资产的经营性产业，如数据资产交易、数据服务、数据咨询等都属于互联网数据服务业的新型业务形态。

因为要聚焦于企业的商业模式重构，所以我们将 AI+、物联网等技术行业新基建中的具有研发、生产、建设和运营服务功能的企业作为业务型公司，而不是作为数字经济新模式状态来界定和研究。

4.1.2 用数字化赋能商业模式重构

用数字化赋能商业模式重构的核心有以下两个：一是数据本身就是一种资产和要素，而且是更加具有生产力的资产和要素；二是数字化技术系统性地提高了沟通效率，提升了企业发现价值规律的能力，使得商业价值得以高效流转。

为什么说数字化能够赋能商业模式重构呢？

商业模式重构包括原有商业模式的优化升级和新商业机遇创新。数字化过程包括数据采集、数据传输、数据集成、数据决策和数据应用，用数字化赋能生产制造、平台企业的商业模式重构的机制分别见表 4-2 和表 4-3。用数字化赋能企业管理和决策的机制见表 4-4。

表 4-2

场景	数据采集	数据传输	数据集成	数据决策	数据应用
研发	需求画像、软件使用	标准治理	项目管理	仿真论证	生产协同
供应	供应商信息、物流	信息流	统计	分析、调度	供应链优化
生产	工作规范	边缘计算	生产计划	生产协同	质量管理
销售	客户信息	指令	统计、分析	策略优化	实施
服务	需求	形成计划	协同	调度	实施

表 4-3

场景	数据采集	数据传输	数据集成	数据决策	数据应用
融资	外部信息、需求信息	数据甄别	项目管理	综合评估	融资决策
投资	需求信息	—	统筹	决策	投资
建设	工程信息	边缘计算	项目管理	建设调度	建设调整
招商	外部信息、内部信息	—	信息汇总	决策	招商合作
运营	资本信息	报表	统计、分析	资本调度	资本运营
管理	资产信息	报表	统筹	资产决策	资产经营
控制	HSE 信息[①]	边缘计算	监控	风险发现	ESG 运营
服务	需求信息	指令	统计、监控	服务改进	新指令

---

① HSE 是 Health（健康）、Safety（安全）和 Environment（环境）的缩写。

表 4-4

场景	数据采集	数据传输	数据集成	数据决策	数据应用
战略管理	战略情报信息	信息遴选	统计分析	战略调整、新机遇	战略控制
财务管理	财务信息	边缘计算	统计分析	预算与控制	管理优化
人力资源管理	人力资源信息	边缘计算	统计分析	规划调整	优化实施
企业文化管理	企业文化信息	边缘计算	统计分析	创新设计	实施

4.2 数字化业务模式转型

数字化的研发、供应、生产、销售和服务等业务场景是企业价值的核心载体，支撑企业的能力体系构建，是企业价值本源。

4.2.1 数字化研发模式转型

研发包括理论研发和应用研发。对于生产制造企业来说，研发主要指应用研发。数字化企业的研发包括研发技术数字化、研发成果应用数字化和研发平台数字化。

1. 研发技术数字化

从过程到成果，研发主要包括概念研发、功能研发、产品研发、工艺研发、应用研发。

（1）概念研发。概念研发是指根据市场和客户的新需求而进行的概念性研发，主要包括需求画像、理论总结、项目设想和项目论证，形成的是《项目可行性研究报告》。例如，当前许多国家研究的六代机、激光武器和中子武器等，现在大多处于理论性概念研发阶段。概念研发大多先通过对客户的需求进行统计和分析，再找到未来的产品定位。

（2）功能研发。从严格意义上来说，产品的功能研发也属于概念研发，但比狭义的概念研发多出了因产品功能所需元器件或原辅材料的内容论证。例如，开发某保健产品可以选择很多种中草药，对其中需要确定的原辅材料范围则需要进行原辅材料供应市场、企业采购能力、消费者接受能力、生产可行性等论证。论证方法包括敏感性分析法、线性分析法、压力测试法等。这些方法通过软件测试，特别是仿真技术是可以实现的。例如，笔者在刚参加工作时从事的是食品研发工作，对在食品中添加"钙"功能强化剂就进行了多次数字模拟，对选择碳酸钙和乳酸钙等根据物料损失影响度、人体吸收度、成本影响度等维度进行数据模型搭建并测试。

（3）产品研发。产品研发的范围包括产品功能、产品物理形态、产品功能价值、产品包装等一系列的有关产品从生产到消费的全过程，最终形成的是《产品方案》。例如，笔者曾研发牛奶产品，需要进行全程的数字化分析，内容包括产品的全程要素分析，然后根据差异化、低成本等原则确定产品的最后方案，如图4-2所示。

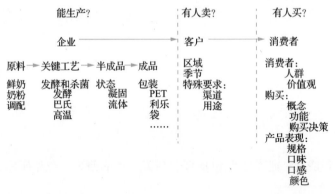

图 4-2

（4）工艺研发。工艺研发是指对产品的生产工艺流程和过程环节的设计。工艺研发需要根据人员、机器设备、物料、工艺方法、环境等要素进行流程化设计。在离散型制造企业中，工艺研发工程师非常重要。现在的设计软件非常成熟，可以直接完成模块化设计和仿真测试。

（5）应用研发。应用研发主要是对产品应用的仿真过程。对于大型装备和设备制造企业来说，这是必须进行的，该部分也是售后服务的重要部分。

在研发领域中，目前的工业软件很多。CAD（Computer Aided Design，计算机辅助设计）、CAE（Computer Aided Engineering，计算机辅助工程）、CAM（Computer Aided Manufacturing，计算机辅助制造）、PDM（Product Data Management，产品数据管理）、PLM（Product Lifecycle Management，产品生命周期管理），以及建设领域的 BIM（Building Information Modeling，建筑信息模型）等软件，都属于研发类设计软件产品，而具体应用的技术则主要是虚拟现实的数字孪生和大数据分析、人工智能等。

2. 研发成果应用数字化

2011 年，笔者服务于一家变压器定制生产制造企业，研发紧跟销售合同框架进行。研发成果应用平台是企业运营智慧指挥中心。

（1）企业研究院负责的工作。

① 政策研究。由于非标变压器受到电网公司和电力局的双向管理，相关的政策研究需要专业化，这样才能有助于打通营销链和服务链。

② 产品研发。企业研究院要根据客户的工厂设计进行电力配置核算，再进行产品研发，对供应商供应的非标元器配件等原辅材料和半成品进行设计。

③ 工艺设计。企业研究院要对离散型订单进行工艺设计，包括生产顺序、元器配件生产计划、组装计划等。

④ 质量把控。企业研究院要进行产品生产过程中的质量管理和成品的质量检测、出厂放行。

⑤ 应用和服务指南。应用和服务指南关联到基础建设、安装、检测、维修等服务指导与现场施工指导等。

（2）研发成果的输出。

① 确认订单，然后根据订单进行研发计划的项目制管理。

② 研发产品，输出整套方案，包括产品技术标准、元器配件、基础建设要求等，输出形式包括文件和图纸等。

③ 输出元器配件采购单，包含相关的技术要求、质量标准和尺寸规格、型号等。

④ 输出生产工艺单，对生产工艺流程进行规定。

⑤ 输出质量策划单，对特殊要求的质量管理过程、检测和结果进行全程策划。

⑥ 编制安装、测试、服务说明书，对一台设备编制一套方案。

为了强化智慧指挥中心的功能，该企业将研究院提升到总指挥部的领导地位，以技术研发为龙头，将其作为企业的大脑。2015 年，该企业的数据中心也设置在研究院中。

该企业的整体研发体系的运营架构如图 4-3 所示。

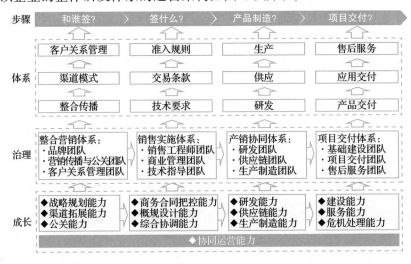

图 4-3

3. 研发平台数字化

2010 年，笔者服务于一家机床企业。当时，该企业的研究机构有 500 多人，但销售业绩不理想，如何实现快速发展呢？我们做了以下变革。

（1）将全国各地的销售进行 4S 店化。

（2）建设共享设备平台，提供大型机床的融资租赁、按揭、租售一体化等服务。

（3）建设工程师服务团队，在 4S 店提供技术营销，在设备现场提供作业指导。

（4）抽调精英型研发人员组建高端技术攻关团队，抽调复合型研发人员组建专家组，同时把较多的研发人员、冗余技师经过营销和商务等培训充实到一线。

（5）建设技术生态圈，鼓励客户的技师、车间主任等加入研发平台，帮助客户方人员进行生产工艺变革、对机床改进等，帮助其实现专利化；同时，对这些专利进行评估，把能够进行产品标准化的独立立项，然后把生产产品向全国推广和应用，与专利发明人共享获取的收益。

研发平台数字化，使企业形成了高精尖研发和民间改进型研发的高低搭配，用技术夯实了一线服务能力。在"十二五"末，该企业成为国内首屈一指、在国际上也具有影响力的企业。

随着社会分工的精细化，产学研用一体化得以快速发展，国内涌现了一大批数字化研发平台，如医药界的药明康德等。

4.2.2 数字化供应链模式转型

数字化企业的供应链（Supply Chain）不仅是"采购"行为，还是企业在生产及流通过程中，涉及将产品或服务提供给最终用户的上游与下游企业所形成的分配、交易、仓储、物流等活动的网链结构。

供应链虽然起源于生产，但是现在许多人将其理解为前后端不同交易对象之间的"连接"。

供应链可以分为以下四个能级。

（1）物流管理能级。供应链仅被视为企业内部的一个业务过程，所涉及的职能主要包括物料采购、运输、仓储、生产线物料配送、半成品传送、成品库存、销售及至消费者的物流等。此时的物流管理的目的在于优化业务流程、降低物流成本，从而提高经营效率。对于物流管理能级阶段的供应链管理来说，企业使用的软件系统大多为 ERP（Enterprise Resource Planning，企业资源计划）中的 SCM（Supply Chain Management，供应链管理）系统。

对物流管理能级的供应链可以进行许多创新。例如，笔者在 2005—2007 年于某食品企业担任运营副总时做了以下创新。

① 在原料基地布局初加工厂。当时的原料主要在"三北"地区，所以在原料集散地布局生产厂，将产品加工为半成品，可以轻易运送到全国各地的分装厂。

② 产销协同布局物流链。快消品的毛利率很低，物流费用占据着成本的重大份额。所以，"销地产、产地销"的布局机制非常关键，要在有分装厂的区域强化市场操作，同时在销售需求大的市场区域内布局分装厂。

③ 对高价值、大宗原辅材料实行集中采购。例如，对于大宗包装材料来说，因关联到品牌，塑料包装需要进行统一印制和供给。对与产品质量密切相关的调味料也要实行集中采购。对于小批量、易控制的原辅材料和设备配件等来说，需要在集团统一管理供应商的前提下，由各分装厂自行采购，但由集团统一支付。

④ 联动经销商对集团直营终端就地配送。当时，许多大型 KA（重要客户）卖场的业务模式多样化，"联采、联供、联结"和"地采、地供、地结"交叉结合，有着九种不同的模式。对承担 KA 终端当地供应职能的经销商，厂家给予其物流服务费用。

经过核算，在战略布局调整后，在销售量大幅上升的前提下，KA 终端的营销费用率下降了 15%，经销商的供货时效也从半个月缩短为 1 周。

（2）服务价值能级。如果把 1.0 物流定义为企业内部物流，把 2.0 物流定义为对企业的物流服务，那么 3.0 物流可以定义为为企业提供阳光采购和分销的物流，4.0 物流则可以被理解为给企业提供更多服务（如提供半成品加工、供应链金融服务等）的物流。2.0、3.0、4.0 物流都可以作为服务价值能级的评价。例如，以深圳怡亚通供应链股份有限公司（简称怡亚通）为代表，我们可以详细地看出中国物流产业的服务价值能级逐步提升。怡亚通现在已经发展为"供应链+互联网+供应链金融+智能零售+营销联盟+品牌孵化+科技服务"的生态型物流商，持续的创新促进了该企业高质量发展。其既是深圳的代表，也是中国物流业的名片。

（3）信息网联能级。信息网联能级的案例很多，各种电商平台、工业互联网/产业互联网平台均属于该范围，我们所说的"新零售"也在此列。信息网联能级可以对应信息化时代的不同阶段。

① PC 阶段。计算机作为物流管理的关键工具和平台，进行记录、统计和分析等，然后出现了 ERP 管理系统。

② 移动阶段。ERP 管理系统的终端移动化，此时互联网系统升级为物联网。

③ 泛社交阶段。在以客户为核心的理念引导下，服务个性化需求越来越强烈，区块链技术得以充分应用，客户价值实现模式也从供应链交易模式转变为数据资产经营模式，如供应链金融、产业链金融、股权通证、外汇理财等。

④ 算法阶段。企业在内部运营管理上高度数字化，在经营模式上对数据资产的经营成为主流，指数交易会成为新常态。

（4）生态网联能级。生态网联能级的供应链以新一代数字化技术应用为载体，全链贯穿利益相关者（如原料供货商、生产商、仓储商、运输商、分销商、零售商、消费者等）和多个价值链业务主体（如服务商等），以对人、财、物、价值进行映射的数据为关键要素，对生产、供应、销售环节进行精益化管理，而且通过金融、科技等赋能供应链参与者。

例如，怡亚通打造科技平台，整合产业资源，拓展系统集成、计算机、人工智能、智能停车、云计算、大数据、行业解决方案等领域业务，孵化高科技分子公司，推进科技创新本土化和科技创新企业的成长，现在已经成为非常优秀的系统服务商。

再如，厦门象屿集团以数字化技术为平台，努力实现"构筑产融领先的生态金融版图"，同时与知名券商、上市公司、头部 PE（Private Equity，私募股权）公司共同发起并设立多支基金，主要投资智能制造、军民融合、新材料等新兴战略产业，以供应链为载体，在"十三五"期间快速成为"世界五百强"之一。

4.2.3　数字化生产模式转型

生产模式是指企业体制、经营、管理、生产组织、技术系统的形态和运作方式。数字化企业的生产模式主要包括利用信息技术进行的生产改进模式和对人员、厂房、设备等的共享模式。

随着现代通信工具的发展，人们接收的外界信息越来越庞杂，对新产品信息的接收路径越来越多，接收路径的增加促进了需求多样化和个性化。同时，由于科技快速迭代和生产技术提升，企业能够进行多品种、小批量、多批次、短周期的生产，并且随着知识经济的快速发展和管理技能大幅提升，生产方式更加柔性化，生产效率更高。

1. 生产模式的概念理解

按照从需求到生产转换或设备-设备组-车间的维度划分，生产模式主要有成组技术、独立制造岛、计算机集成制造系统、智能制造系统、敏捷制造等。

（1）成组技术（Group Technology，GT）。

案例：某沙发企业的成组技术应用。某沙发生产制造企业一直致力于沙发定制生产。在 2012 年之前，由于沙发的规格、面料、色彩等不同，该企业的销售品种多达 1000 多种，所以人工效率一直不高，制作沙发平均需要 3.9 人天/套。在对整体工艺流程进行考察后，笔者发现该企业最常用的木架只有五六种尺寸规格，之前该企业是根据每套沙发的规格进行木架加工的，而每套沙发所需要的木架部件在 15 种以上，工人每加工一个部件，就需要调整一次尺寸，所以一个工人每天只能加工 400 个部件左右。经过统计分析后，该企业将班组内人员进行分工，让大部分人每天只加工一个常规尺寸的木架部件，让小部分人进行少量的特殊尺寸的木架部件加工。调整后，平均每天每人的木架部件加工量增加到了 750 个左右，大大提高了效率。同时，海绵车间、缝纫车间也进行了类似的改造，人工效率提高到了 2.5 人天/套。

成组技术是用系统分析方法将具有某些相似信息的事物集合成组进行处理的一种高效率的生产技术和管理技术。在生产制造方面，成组技术是以零件结构和工艺相似性为基础，合理进行生产技术准备和产品制造加工的方法。它从零件的特性中找共性，以成组化为手段，进行分类编码，扩大零件的加工量，以实现大批量生产，节约更多的时间进行多品种、中小批量的生产，从而提高整体的经济效益。

在该案例中，该企业就是利用统计分析方法，围绕着木架尺寸进行统计分析，从而组织和安排生产的，这就是成组技术的典型应用。

（2）独立制造岛（Alone Manufacturing Island，AMI）。

案例：某企业数字车间的改造。某企业是加工热电厂和核电厂汽轮机设备的企业。每个汽轮机的部件多达几百个，生产调度系统非常复杂。多年来为了提高效率，该企业进行了大量的工艺改进，建立以设备为载体的独立制造岛模式是重点之一。

首先，按照生产工艺流程要求，该企业将众多的机床按照加工品的特点进行分类别、分区域装备，形成多类别的粗加工、元器配件、半成品、成品组装的流水线。

其次，该企业把所有设备都进行智能化改造，所有设备的数控编程、作业计划、物料管理等都能够通过边缘端口接入制造执行系统（Manufacturing Execution System，MES）。

再次，研发和设计部门将设计图纸、工艺流程、工单计划等直接传送给每台设备和每个人员，为每件在线产品赋予规则化的分类和编码，并进行全程跟踪记录。

最后，该企业对人员、机器设备、物料、工艺方法、环境的管理全部进行机器学习，形成设计任务、工艺方案、工作排程、制造资源、设备日历等数据库，提取经验曲线，形成知识资产。

（3）计算机集成制造系统（Computer Intergrated Manufacturing System，CIMS）。计算机集成制造系统基于信息物理系统（Cyber-Physical Systems，CPS）、物联网、计算机可视化等技术，实时分析生产大数据，监控生产状态，动态调整生产排程，以达到精益生产、智能制造的目标。

计算机集成制造系统有以下几个功能。

① 管理功能，主要包括根据生产计划进行的供应链管理资源协同和围绕生产工艺排程进行的人力资源匹配等。该功能通过 AI+ERP 实现。

② 设计功能，包括以下三个方面：一是联动 CRM 系统对客户需求进行画像，定位产品的概念系统，然后根据客户的订单要求进行具体的产品定位；二是运用计算机辅助设计、计算机辅助工程、计算机辅助工艺过程设计（Computer Aided Process Planning，CAPP）等完成产品的全程设计（包括对产品的功能、材料、工艺、应用等的设计）；三是利用数控编程（Numerical Control Programming，NCP）等技术手段进行工艺设计。

③ 制造功能，按照设计的工艺要求，自动组织和协调生产设备、辅助设备、储运设备等完成精益制造。

④ 质量控制功能，利用计算机辅助质量管理（Computer Aided Quality，CAQ）系统完成全程的质量管理，包括设计时的质量标准管理体系、生产前的物料准入检验、生产过程中的质量监控、生产过程中和成品后的检测，以及入库产品的质量放行。

⑤ 集成控制与网络功能，采用多层数据库管理模式和联盟式数据库模式，分别进行工厂级、车间级、班组级、制造岛级、设备级控制平台的建设。各级平台分工明确，责权利清晰，依靠互联网、物联网、5G 等数字化技术实现资源共享（包括在线监控质量、物料传递、设备共享、人员共享等）。

（4）智能制造系统（Intelligent Manufacturing System，IMS）。智能制造系

统是在计算机集成制造系统的基础上，利用互联网连接供应商的信息管理系统和分销商的 CRM 系统，可以形成订单、供应、生产、分销、服务的全面智能制造系统。

（5）敏捷制造（Agile Manufacturing，AM）。对于复杂产品（如飞机、轮船等）来说，企业需要通过互联网将多个企业的生产单元连接起来，以实现对订单高效分解、快速制造和集成组装的敏捷式的指导。

案例：某企业持续进行两化融合，铸就大国重器。该企业通过多年的信息化建设，各主要单位基本上已经建成了部门级信息化管理系统，现已涵盖研发设计、生产制造、经营管理等方面，主要包括 TeamCenter 设计系统、TH-CAPP 集成系统、作业成本管理控制系统（Activity Based Cost Management Control System）、办公自动化（Office Automation，OA）系统、SAP（System Applications and Products）系统等，涉及研发、工艺、采购、生产、质量、仓储、物流、服务等各部门对应的业务环节。

在智能管理方面，该企业建设了 SAP/ERP 企业制造资源管理系统，覆盖销售管理、物料管理、项目管理、生产管理、设备管理、质量管理，以及人力资源管理、财务成本管理等全业务流程的一体化管控平台，实现了物流、资金流、信息流和业务流的有机整合，提高了信息资源集成共享和利用能力。

在智能设计方面，该企业的研发向全三维基于模型的定义（Model Based Definition，MBD）设计转变，选择汽轮机的核心部件（叶片）作为试点实施"基于 MBD 的三维参数化设计和三维工艺一体化"项目，成功地打通了设计、工艺、制造、质检一体化工作流，大幅缩短了设计周期与制造周期，保证了设计质量与制造质量，同时叶片的设计效率提高了 300%。

在智能制造方面，该企业通过叶片分厂数字化示范车间建设，建立了产品数字化研发设计、制造协同新模式。该企业通过 MES、TeamCenter 设计系统、CAPP 工艺系统、资源管理系统集群建设，应用终端智能设备、数据采集技术、标签技术、机器人技术、在线检测等，开展无纸化的生产资源管理、详细生产计划、作业执行与调度、生产数据采集、完工情况分析、质量管理等工作，细化了生产管理的颗粒度，实现了单件质量溯源，提高了合同履约率，提高了产品质量。

在智能产品方面，该企业以用户需求为导向进行技术创新，开展了机组状态监测与故障诊断，实施预防性维修，将先进的传感技术、自动控制技术、计算机软件技术集成到汽轮机产品中，使产品具有感知、分析、推理、决策、控制功能，通过并入物联网，实现了远程诊断、远程服务，让汽轮机更智能化。同时，该企业帮助用户实现现场运行数据的采集、存储与分析，为用户提供了更好的增值服务，实现了企业与用户的双赢。

该企业经过多年网络建设，已经实现了局域网的全覆盖，为信息化铺好了道路。该企业约有 90 台交换机，为了保证信息系统和网络安全、稳定运行，按照等级保护要求，部署了入侵防御、防火墙等安全产品。

未来，该企业将深化系统应用，通过对各业务系统运行数据的实时采集分析，为领导决策提供准确、及时的参考依据，利用门户集成系统实现对内部管理工作的全面覆盖，全面实行无纸化、网上协同办公，利用信息安全和系统运维平台，实现对制度、流程、人员、技术、资源的一体化管控。该企业实施信息门户统一化管理，以 SAP 系统为核心，集成 MES 等所有业务系统，实现企业基础信息、生产经营信息的实时可见，为管理和决策提供数据参考，推进企业整体的信息化建设。该企业的系统应用详情见表 4-5。

表 4-5

上线时间（年）	系统名称	主要功能及说明
1998	用友财务	财务管理
2002	仓储供应平台	原材料库存、采购、发料等的管理
2003	TeamCenter（简称 TC）	产品设计数据和工装管理
2003	质检系列系统	质报单、检验数据、各种报表管理
2003	TH-CAPP（简称 CAPP）	产品工艺数据管理
2003	生产管理系统	车间计划和工时管理
2003	人力资源管理系统	人力资源管理
2004	档案和技术准备	产品图纸托晒发放及技术准备计划、图纸更改单登记管理
2004	notes	办公自动化、邮件管理
2005	生产经营计划	经营计划信息管理

（续表）

上线时间（年）	系统名称	主要功能及说明
2005	生产部网站	生产信息发布
2005	工具工装生产管理系统	工具、工装管理
2006	仓储中心型材部业务平台	型材下料管理
2006	ABCS 成本管理	成本管理
2010	核电不符合项管理系统	核电质量保证管理
2011	储运信息平台	产品发货管理
2014	集成信息系统	特采、用户服务管理
2016	中间数据库	存放数据管理
2017	生产管理系统升级	车间计划和工时管理
2017	MES、MDC、DNC 系统一期过程	叶片计划管理和派工管理、产品追溯、设备状态监控管理
2018	OA 办公系统	办公自动化、邮件管理
2018	TeamCenter 优化	新增 TCM 模块
2018	LOA 插件系统	采购业务审批管理
2020	MES 系统二期工程	计划管理、派工管理、产品追溯、质量管理、设备管理等

精益制造，要从战略着眼、从点线入手、从数字建模开始！对于企业经营者来说，了解必要的概念，是探索精益制造的数字化转型的开始。

2. 安全生产的数字化转型

安全生产、绿色生产，是企业在生产管理中除了产品制造之外必须关注的两大焦点，两者的数字化转型有着共同的特征。笔者根据多年的经验，以数字化安全生产为例说明必须建设的"七张网"。

（1）法制网。企业要通过新一代数字化技术对员工进行国家相关安全生产法律法规和地方政府相关规范的培训，必要时需要与员工进行互动（如考试等），让员工明白安全的相关规范。

（2）标准网。企业要把安全规范、要求等形成标准，制定员工操作规则。

（3）宣播网。企业要通过数字化技术进行规则、准则等的宣传，形成班前、班中、班后等的操作规范，形成关于人员、机器设备、物料、工艺方法、环境等的管理规范，包括策略、方法和工具等，借此建立传播和推广网络。

（4）责任网。企业要按照工厂、车间、班组、制造岛、设备控制层，逐级签订安全生产责任状，把责任逐步具化到具体岗位。

（5）预案网。企业要对可能出现的安全事故形成预防方案，进行边缘计算和机器学习，积累知识资产。

（6）应急网。企业要对发生的安全事故，分层级、分权重、分轻重等进行处理，形成预演—实操—评审—改进的闭环管理系统。

（7）信息网。企业要建设安全生产系统的情报、预报和警报系统，进行模拟仿真、边缘计算、机器学习等的应用和具体实践。

数字化安全生产平台体系的建设，必能将安全隐患抹杀在萌芽之中，为安全生产、高效生产提供保障！

4.2.4　数字化营销模式转型

数字化企业的营销模式，是指企业利用现代信息技术完成商品和服务向客户与消费者价值传递的运作模式，主要包括营销部分数字化的整合传播模式，销售部分的客户细分模式、渠道商和终端的客户关系管理模式，以及内部的数字化精益管理模式等。

营销，是企业的出口端，是企业的生命源泉。在供给侧结构性改革大潮下，企业改革必须先从营销开始，所以企业的数字化大多选择从"营销"开始。

本书中关于数字化营销的案例很多，工业互联网/产业互联网、电商等都是数字化营销的范围。为了方便理解，本节从快消品"终端"视角解析数字化营销转型的方法和步骤。

谈营销，就离不开"终端"，数字化营销就更加离不开数字化终端。快消品有着周期短、交易快捷、对品牌要求高的特征，所以其营销系统相对复杂多变。下面从我们熟悉的袋装品牌大米开启数字化"终端"历程。

1. 第一步,认识终端的分类

在市场销售理论中,终端常被称为市场销售的最后一环。如果把产品从厂家到消费者手中的过程视为渠道,那么消费者的购买场所(通常为零售批发店面)则可以称为"终端"。终端是消费者和经销者之间完成交换的环节。

笔者根据20多年在快消品领域中的销售、销售管理和新零售经验,把"终端"分为以下几类。

(1)即食即用类终端,大多按照圆桌数量进行细分。

A类:有20个圆桌及以上,正常为星级酒店和大型餐饮机构。

B类:有10~19个圆桌,为中型酒店和餐饮机构。

C类:有5~9个圆桌,为小型酒店和餐饮机构。

D类:有1~4个圆桌,为微型酒店和餐饮机构。

E类:没有圆桌的餐饮机构,如大排档。

一些提供餐饮服务的机构,没有大圆桌进行参照,在正常情况下是按照接待能力细分的,如寺庙庵堂、机关食堂、私人会所、中央厨房等。A类、B类、C类、D类、E类可以分别对应200人及以上、100~199人、50~99人、20~49人、19人及以下。

(2)非即食即用类终端,多指百货、超市、便利终端等,大多按照占地面积进行细分。

A类:KA终端,面积在3000平方米及以上。按照出资人和经营范围划分,KA终端又可以分为GKA、NKA和LKA,分别代表国际性KA、全国性KA和地方性KA。

B类:面积在1000~3000平方米(含1000平方米)的终端。

C类:面积在300~1000平方米(含300平方米)的终端。

D类:面积在100~300平方米(含100平方米)的终端。

E类：面积在 100 平方米以下的终端，更多为便利店、批发部和夫妻店。

2. 第二步，认识终端的内和外

任何一个终端的内部都有物理空间，产品销售得好坏，首先要看产品是否放在消费者最易于获取的位置。对于即食即用类终端来说，主要看使用者是否最容易获取，如放在易于拿取的仓储位置、厨师可以快速拿到等；对于非即食即用类终端来说，主要看产品所在的区域是否处在消费者主动线上、货架是否处在消费者主动线上。

终端具有区域性特征，企业利用终端销售产品除了考虑销售量之外，还要考虑品牌展示的作用，此时就要看终端所在的位置是不是消费群体的主目的地，这主要是因为终端的影响力。城市或区域的高、中、低影响力商圈，分别对应目标消费群体的采购高、中、低目标地。

3. 第三步，管理终端五件事：采购、供应、销售、结算、服务

终端是与消费者沟通的"场"，厂家和供应商必须围绕"终端"做好全程的价值链管理。

单体经营的终端管理模式相对简单，采购、供应、销售、结算、服务等行为都在单一的店面中进行。连锁型的终端则相对复杂一些。

（1）采购。按照商品分类，连锁型终端的采购模式是不一样的，有的是统一采购，有的是区域采购，有的是单店直接采购。

（2）供应。按照商品分类，连锁型终端的供应模式也是不一样的，总仓和分仓配送的需要供货到指定仓库，而直配供货的则需要直接送货到终端。

（3）销售。对销售过程的管理是最麻烦的事情。首先，要管理供应商和终端的合作模式（代理、代销、经销、联营、租赁自营等模式）；其次，要管理与终端的客情关系，特别是连锁型终端，可能会有开户费、条码费、货架费（即陈列费，包括端架陈列费、堆头陈列费）、货位费（专场地堆费）、特定促销费、宣传费等，以及春节、元旦、七夕节、劳动节、妇女节等的节庆费，还有新店

开业费、老店装修费等；再次，要管理现场的销售，包括人员（如促销员、导购员、巡店员）、软件（如宣传页、吊旗、围栏等）、硬件（如专柜、专架、冰箱、冰柜，以及促销品等）。

（4）结算。包括账务结算和资金结算两个环节。在正常的情况下，财务结算是指先由单店对账，然后把结算信息汇总到区域或总部对账。资金结算正常分为区域结算和总部结算。

（5）服务。除了配合好终端完成对消费者的服务，企业对终端的服务主要的就是逆向物流事项，即超过保质期的商品和残次品的退货事项。

4. 第四步，管理终端七类人

终端的采购、供应、销售、结算、服务管理是通过与"人"打交道来完成的，价值链的五个环节分别需要与采购人员（在许多时候也负责促销）、仓储物流人员、销售人员（专柜/专区主管和营业员，即食即用类终端的大堂经理、点菜员、厨师等）、财务人员、服务人员打交道。大型的终端还应该有店长和店长助理。这七类人均有基本特征、需求特征、性格特征和行为特征。

（1）基本特征，即性别和年龄、来源地域（区域文化会影响其特征）。

（2）需求特征，特别是职场人员，也同样有着"情名利命"的需求特征。情：感情，对某事物的钟爱和偏好；名：名誉，如傍名牌；利：利益，价值让渡，如便宜、实惠等；命：发展命运，职业帮助。

（3）性格特征，是指对待现实的态度，以及与这种态度相应的行为方式带来的人格特征。性格特征主要分为态度特征、意志特征、情绪特征和理智特征。态度特征是一种价值观，对人对事担当和负责的态度；意志特征是对自己的行为进行意志性调节的特征，是驾驭业务，还是甘受影响；情绪特征是指对情绪的控制能力，如外向和内向；理智特征，就是对事物认知的性格特征，如谨小慎微。这些性格特征都可以分为正向和负向两个方面。

（4）行为特征，是性格特征的外在表现，主要分为诱因特征（如固执己见和毫无主见）、目标特征（如目的至上和随遇而安）、过程特征（如敏捷反馈和无关痛痒）和影响特征（如积极进取和无所作为）。

5. 第五步，智能决策

将终端数字化的前四步完成后，我们就进入了最关键的一环——"智能决策"环节。我们可以做出以下决策管理系统，见表4-6。

表4-6

内容	项目	智能决策终端		
		驱动业务	管理业务	服务业务
终端分类	（填写具体的分类）	锁定细分终端	确定终端策略	配置资源计划；创新终端业态
终端内外	外部	提高品牌达到率、产品铺货率	聚焦高价值终端	通过终端联动品牌
	内部	优化位置	增加产品陈列量、牌面占有率	使终端内陈列生动化
管理终端	采购	确定采购商务策略	优化商务策略	提供供应链金融服务
	供应	统计销售量、需求频率、需求批量等	管理订单	优化营销供应链
	销售	管理软件、硬件	提升单店营业力	整合营销
	结算	统计回款额	评估终端信用	进行风险管理
	服务	间接评估品牌力	提高产品和服务质量	完善风险管理体系
管理终端的"人"	决策者（店长）	—	建设终端联盟，开展社会营销	构建生态圈
	影响者（店长助理）	获取市场的第一手信息，了解需求	—	—
	采购人员	推动采购进度，让采购到位，增加销售机会	进行销售策划	制定销售战略
	仓储物流人员	—	降低货损	—
	销售人员	促进销售	了解市场信息	以服务促销售
	财务人员	提高回款周转效率	—	—
	服务人员	收集消费者反馈信息	—	建设危机公关体系

6. 第六步，升级销售管理系统

将区域内多个终端系统进行集成，据此制定相应的策略，可以形成区域市场管理方案，如统计每个终端的情况，可以实现区域性销售管理系统的升级，下面举例说明。

2005 年，某快消品企业根据国内某大型连锁超市的运营特点，以保兑仓模式将该超市经营企业从代理零售商转换成了经销商，实现了预付款交易，有效地预防了财务风险。该企业联合连锁超市策划市场活动，充分利用"店长推荐产品"的促销活动，使其产品长期占据着终端的最佳位置，实现了品牌知名度和销售的双增长。

2006 年，某瓜子企业根据大学生的特点和学校超市终端的特点，开发了"瓜子+方便面+火腿肠+饮料"的联合产品，满足了大学生旅游出行和往返家庭时的旅途需求，大幅提高了销售量，在大学生心目中赢得了品牌信赖，仅在北京，就获得了 300 多万个学生的喜爱。

2007 年，某啤酒企业根据各餐饮企业的特点、竞争态势，分别制定独家供应、专场促销、联合促销、自然销售等不同策略，同时进行了导购员培训，提升其推荐力。该企业将每个村的村支书作为终端，在村民聚会前供货，然后收款，除了给予其差价激励，对业绩优秀的村支书还给予工资、养老保险等的激励。事实上，该企业的市场占有率能够在一年内从不到 30%上涨为 40%，关键得益于终端精细化运营。

这类案例还有很多。

基于产业互联网一物一码的全生命周期可追溯管理系统、客户关系管理系统、整合传播中的过程监控等，都属于数字化的初级阶段，记录了营销中的操作过程。要想对这些信息进行分析，为决策提供依据，就会用到更多的算法，形成人工智能和机器学习，这时就进入了数字化营销阶段。

4.2.5　数字化服务模式转型

服务创造价值。数字化服务为客户和消费者提供了数字化的体验，是通过"体验"将商品和服务从物理层向精神层与文化层升级的过程。

随着网络信息时代的到来，线上销售业绩的增长速度超过了传统的线下渠道的业绩增长速度。但很多商品仍需要消费者"体验"后才能够更好地销售，所以有了零售"新体验"。快消品企业也必须与时俱进，快速将终端运营用数字化武装起来，把服务做好、单一终端做赢，整体效率才能提高。

营销服务是体系课题，终端运营质量全面提升是服务全面提升的保障。下面围绕终端营业力的八力模型来进行数字化服务系统的构建。终端八力模型如图 4-4 所示。

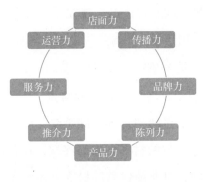

图 4-4

1. 店面力打造

产品应不应该进入某终端销售，首先需要从终端的角度来评估和判断。不论店面处于城市/区域的焦点、商圈、消费者动线的什么位置，客流量都是决定店面选择结果的关键依据。同时，客流量还受到终端或终端临近区域是否有停车位、餐饮店、娱乐项目等目标消费者所关注业态的影响。建立店面力的数据模型，可以评估该终端的预期销售能力。表 4-7 为终端进店决策信息系统。

将多个终端的数据录入，就能够得到各参数对终端销售的影响值，通过

AI+的应用，可以评估终端是否具有销售力。

将终端的数据持续录入，就可以持续修正各参数对终端销售的影响值，然后对终端的数据评估将更适用。

打造终端店面力，能让终端处于不败之地！

表4-7

销售预估	销售额	（填数据）	毛利额	（填数据）
终端影响力	城市/区域焦点	影响一般	影响较小	（填选择）
商圈位置	商圈中心	商圈边缘	非商圈位置	（填选择）
消费者动线	人流量较大	人流量一般	人流量较少	（填选择）
交通便利性	非常便利	相对便利	一般	（填选择）
同行购买量	……	……	……	（填选择）
购买频率	……	……	……	（填选择）
客单价	……	……	……	（填选择）
成本预估	销售费用	（填数据）	销售毛利	（填数据）
进场费用	开户费	进场费	条码费	陈列费
	（填数据）	（填数据）	（填数据）	（填数据）
销售促进	节庆费	宣传费	促销费	公关费
	（填数据）	（填数据）	（填数据）	（填数据）
进店决策	进/不进	（填选项）	进店策略	（填具体策略）

2. 传播力打造

终端的传播力不同于媒体广告的传播力，主要是指通过地面活动进行传播推广的能力。推广的内容包括终端服务内容介绍、终端促销产品信息等。

终端传播的主要手段包括微信传播、宣传页传播、报纸或其他媒体传播。

评估终端传播力的主要数据有以下几个。

（1）常规性微信传播购买力。通过微信传播，企业可以进行转介绍促销和常规信息推送促销。常规信息推送不需要产生费用，后续通过某段时间内的购买数量进行效益评估。

（2）促销性微信传播购买力。企业可以通过促销活动促进微信传播力向消费者购买力的转移，如发放转介绍红包、微信折扣等。除了统计销售量，企业还需要计算产品的销售毛利，以评估效益。

（3）宣传页传播购买力。企业发送宣传页，然后统计消费者凭借宣传页进行的购买，最后评估整体效益。

（4）报纸推广购买力。与上述三种非常类似。

当然，如果推广活动需要其他的费用（如人工费、公关费、终端要收取的费用等），那么都需要计算在内。

通过数据分析，企业能够得到最佳的传播路径，有计划地进行传播推广，特别是对新产品开发新市场非常有指导意义。

打造终端传播力，能让终端更有发展空间！

3. 品牌力打造

终端的品牌需要终端去打造，对其评估可以使用品牌知名度、品牌认知度、品牌信任度、品牌忠诚度、品牌联想度，这些数据可以通过调研获取。

（1）品牌知名度，即有多少人知道该终端。

（2）品牌认知度，即有多少人知道该终端是做什么的、怎么样。

（3）品牌信任度，即对该终端的商品和服务是否比较信任，不担心质量问题。

（4）品牌忠诚度，即是否首选该终端的商品和服务。

（5）品牌联想度，即对该终端是否有深刻的印象。

当然，如果做深入调研，确实很费功夫，需要大量的街头拦访、入户调研或专题访谈。

如果该终端是直营的，那么可以通过以下五个方面获取这些数据。

（1）经营理念认可度。在正常情况下，经营理念认可度是指在终端输入服务理念后消费者的总体意见，有完全认同、认同、一般、不认同、抵制五种。

（2）经营活动认可度。在正常情况下，经营活动认可度是指对终端人员行为的认可度，有完全接受、接受、一般、不接受、抵制五种。

（3）视觉表现认可度。在正常情况下，视觉表现认可度是指对终端内外形象展示的印象，有非常好、很好、一般、不好、抵制五种。

（4）听觉表现认可度。在正常情况下，听觉表现认可度是指对终端声音系统的认可度，有非常舒服、很舒服、一般、不舒服、抵制五种。

（5）服务满意认可度。在正常情况下，服务满意认可度是指对终端体验的感觉，有非常舒服、舒服、一般、不舒服、抵制五种。

企业经过一段时间的摸排后，了解了消费者对终端的认知情况和认可度，要对其不满意的地方进行改进，用数据引导终端服务改善！

对于不属于自己企业的终端，企业要了解终端的状态，扬长避短。这也是让终端业绩提升的路径和方法。

打造终端品牌力，能让终端盈利更有面子！

4. 陈列力打造

终端是消费者完成消费的场所。以大型超市为例，首先，大型超市从区域上分为广场区、门禁区、购物车周转区（大堂）、收银区、货架区、后台服务区、收货区、办公区等。如果按照采购、供应、销售、结算、服务的价值链，以 5 分制进行评估，那么会得到表 4-8 所示的常规评估。

表 4-8

区域	采购	供应	销售	结算	服务
广场区	2	0	3	0	1
门禁区	0	0	1	0	0
购物车周转区（大堂）	0	0	1	0	0
收银区	0	0	3	0	4
货架区	4	1	5	2	3

（续表）

区域	采购	供应	销售	结算	服务
后台服务区	0	1	2	0	3
收货区	0	5	0	0	3
办公区	4	3	0	5	2

对于销售产出最高的货架区，按照位置可以将其细分为主动线处、消费者游动区、拐角旮旯。在这些位置可以进行不同的形象展示、销售、服务组合，当然也会产生相关的费用。

将产品的陈列位置、陈列形式和需要的费用进行数据列表，统计分析，企业就会知道如何利用终端的这些场所，让自己的销售坪效最大化。当然，通过这些数据，企业能够告诉终端进行产品陈列位置的优化，获取相应工作的配合，能够得到更佳的销售配合。

如果再细化一些，即对于一个陈列货架来说，我们都知道随处可见、伸手可取是最好的，但陈列面的位置也非常关键。如果终端需要费用，那么专架销售不一定最合适，陈列面也不一定越多越好，这需要根据自己的产品特点来确定。

对于自己经营的店面，我们需要根据消费者的购买习惯、购买要求进行相应陈列货架的重组性配置，但这些都需要大数据支撑。

将终端的产品按照类别与区位、货架陈列进行匹配后，产品陈列力的体现关键在于生动化陈列，在此需要用以下几个数据进行描述。

（1）品项齐全率，即终端品项的 SKU 数量/该终端适宜销售的产品数量，特别是对于连锁终端，企业应该尽可能地让 SKU 全品项进入，从而获取更多的产品陈列机会。

（2）排面占有率，即产品呈现排面/总排面。该数据体现产品在终端的竞争态势。

（3）生动化呈现率，即满足生动化陈列标准的占有概率。

上述数据是能够进行统计分析的，而对展现产品陈列风格的各项道具（如空中的吊旗、指示牌，地面的指引路线图，端架和堆头等中间位置的促销牌、围挡等），则需要通过视频或照片进行灰度分析和判断。

打造终端陈列力，能让终端盈利有道！

5. 产品力打造

归根到底，消费者在终端购买的是商品，是商品的物理功能、精神感受和文化体验。产品力的体现不在于终端，而在于企业的营销策划和生产制造。企业可以根据终端的大数据分析来指导研发和生产。

下面以最常见的牛奶为例来说明此事。

牛奶现在已经广为消费者喜爱，那消费者喜欢它的什么呢？牛奶的卖点可以提炼为以下几个：概念（传统与现代）、区域（代表着健康、无污染）、功能因子（特殊营养成分）、生产工艺 [超高温瞬时灭菌（Ultra-High Temperature Instantaneous Sterilization）、巴氏灭菌等代表蛋白质的不同的变性程度]、关键设备（高精尖设备代表工艺先进）、包装材料（利乐包装、塑料瓶、玻璃瓶、易拉罐等）、消费人群（区域、职业、收入层次、老人、小孩、特定人群等）、消费场所（家庭、休闲场所、运动场所等）、消费习惯（动感环境、音乐场景等的环境习惯）、消费规格（大规格、小规格等）等。

将消费者进行基本特征、需求特征、性格特征和行为特征描述后，结合消费者实际购买的产品，能总结出相应的规律。

该规律的应用主要有以下两个方面。

一是评估产品卖点体现率，以评估产品卖点吸引消费者的能力。

产品卖点体现率——产品经过较长时间陈列后，其卖点能够被消费者熟知，从而形成产品的核心竞争力。该数据可以通过调研发现，也可以通过统计产品的被重复购买率发现。

二是为提炼终端销售人员的导购话术提供依据。

通过持续的产品力数据积累，企业可以判断出消费者对产品的需求概率，以此指导生产，并根据竞争环境制定相应的营销策略。

打造终端产品力，能让终端的客户盈门！

6. 推介力打造

有专业的导购人员的终端，销售量会增加 1/3，主要原因在于导购人员引领了消费者的需求。

首先，导购人员会观察消费者是不是意向购买者。如果消费者不是意向购买者，那么导购人员可以不用过多关注，但可以打招呼，以良好的形体语言获得其好感；如果消费者是意向购买者，那么在其关注产品时，建议导购人员先询问其购买产品的用处，然后据此引导。

其次，导购人员要了解消费者的购买目的，如是自己使用还是送礼等。如果购买目的是送礼，那么是送给什么人？如此追问下去，导购人员就能够找出消费者最关心的价值点，如是品牌、好看，还是实用等，然后据此可以引导消费者到其最喜爱的产品上来。

再次，导购人员要打消消费者的顾虑，需要根据消费者的性格特征、行为特征，使用比拟法、类比法、激将法等不同策略的话术进行推介。

企业需要应用好大数据，才能提炼推介话术，首先要根据规律和产品卖点进行提炼，其次要聘请专业人士为终端销售人员讲解行为学、心理学等知识，最后，终端销售人员要进行经验话术和推销技能的修正性提炼，锻炼不同场景下的推介能力。

把推介力数字化，不仅可以让终端销售人员提高成交率，而且随着终端销售人员对话术的提炼和总结，可以丰富企业的消费者资源库，为精准消费者直销创造条件。

打造终端推介力，能让终端成为消费者心中首选！

7. 服务力打造

中国的消费者可能已经产生了"客户是上帝"的服务理念，但对于企业经营者来说，加强服务，可以增加终端盈利的机会。基于该思考，终端服务力可分为以下两类。

一是对消费者的服务力，主要表现在以下几个方面：

（1）对消费者问询问题的响应，如响应时间、响应质量、响应态度等。

（2）对消费者退货、换货的处理，如是否妥当处理、处理后消费者的满意度等。

（3）对消费者纠纷问题的处理，如妥当、正当维权等。

（4）对消费者的咨询服务。这是终端营销能力的重要组成部分，是确定其能否可持续经营的"土壤"。

二是对上游供货商的服务力，主要表现在以下几个方面：

（1）既定合同的履约情况，包括合同的签订、合同条款的公平性、合同条款的执行性、款项支付的及时性和准确性等。

（2）对市场活动的支持力度，在服务引导下，上游供应商是被协同支持还是被强制执行，双方的合作是公平的还是终端给予上游供应商霸权式的要求等。

（3）对退货、换货的支持，是以上游供货商的利益为出发点，还是纯粹的利己主义等。

（4）对上游供应商的咨询服务，反映该终端经营者的为人处世哲学。周到的服务是终端可持续发展的关键支撑。

8. 运营力打造

终端运营的基础在于后台的运作管理体系，包括采购、供应、物流、订单、传播、推广、销售、服务的整体价值链体系，以及过程管理的质量、安全、风险控制等。

数字化终端一定有以下表现：

（1）在采购方面，通过数字化采购，企业和终端经营者可以发现终端能够影响消费者的状态，从而可以发现高价值点和差异点，有意识地主动遴选产品和优化产品结构。采购的数字化指标主要有新品占比率、新品贡献率等。

（2）在供应方面，通过对订单的供应满足率和及时性分析，企业和终端经营者可以评估供应商的资质和能力。

（3）在物流方面，终端的物流至少包括三个方面，一是到货物流，二是从货场到销售位置的物流、三是对消费者的送货物流。另外，终端的物流还可能有退货、换货的逆向物流。物流的数字化指标主要有准确性、及时性、便捷性的服务对象满意度等。

（4）在订单方面，通过数字化订单管理，企业和终端经营者可以适时掌握终端商品的库存状况，让订单得到更加准确的供货满足。

（5）在传播、推广、销售、服务方面，数字化的传播、推广、销售、服务，都是终端运营力的重要构成部分，团队建设和管理的数字化也是提高运营力的关键内容。

4.3 数字化管理模式转型

提升管理效率，主要表现在通过数字集成进行集约化管理或通过数字化平台建设进行业务协同管理，优化资源配置，促进企业提质增效。

企业做得赢是基础，有作为的企业会考虑做大，而要做大，则需要将存量业务提质增效、增量业务管理到位，所以管理模式必须进行数字化转型。

4.3.1 数字化战略管理转型

企业是组织，是整体的。数字化企业必须通过新一代信息技术将企业总体的战略、各职能部门和业务单元的战略发展集合在一起，确保方向一致性、结构合理性、运营高效性和创新协同性。

战略对企业发展有着三大功能：指示牌、路线图和施工图。企业应该如何进行管理？根据战略制定—战略执行—战略评审的流程化管理，战略管理转型均需要分层管理和协同管理，然后进行全程数字化以提高决策前瞻性、资源配置科学性、执行规范性。战略体系架构如图 4-5 所示。

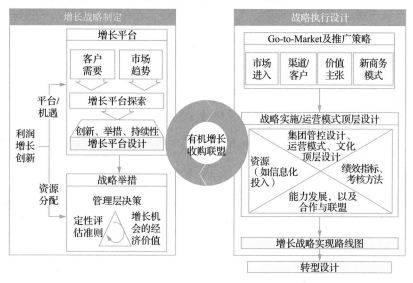

图 4-5

1. 战略体系建设

战略是体系化的，如前文介绍，可以分为企业总体层面的战略定位、发展模式、发展路径、资本战略、业务战略、区域战略、资源战略、生态战略和能力战略，以及总部层面的组织战略、部门职能战略。业务战略则包括具体业务单元的战略定位、发展模式和发展路径、商业模式和职能战略。在战略体系中，数字化战略既可以作为企业总体层面的战略子项，也可以作为职能战略进行，此时主要看企业对数字化企业塑造需求的迫切度。

战略分层管理是指企业层、部门层和业务层需要分别对战略洞察、战略制定、战略执行、战略评审进行不同的分工。

1）战略洞察全面化

因为战略关联到企业的各个方面，而制定战略的主要目的就是把小概率的战略机遇大概率实现。所以，企业的每个人都有为战略提供资讯的权利和责任，都应该以自身工作所关联的利益相关者为出发点进行相应的资讯收集和积累。企业高层要重点关注宏观环境要素和中观环境要素；企业中层要根据部门职能关注新型管理模式；业务层要重点关注与业务相关的前沿发展趋势、竞争信息等。

数字化的企业会将战略情报系统进行层级化、架构化，以确保对企业内部资源盘整明晰、对企业业务能力全面洞察、对企业内部的组织意志力全盘掌控，从而对外部的经济社会发展趋势全面了解、对行业发展趋势深刻把握、对标杆经验能够学习和借鉴。同时，企业要把收集信息情报工作作为基础工作之一予以考评和激励。前瞻性制定战略是结果，但过程管理不可或缺。

2）战略制定分层化

战略制定应分角色进行。总体战略由企业高管或企业高管协同关键岗位人员制定，然后由企业决策层进行集体决策。总部职能战略由各职能部门制定。业务战略由业务单元制定。

企业总部制定各业务单元的战略定位和发展模式，其余内容由各业务单元根据实际情况在框架原则下进行制定。各业务单元制定的内容更多的是将举措和行动落实到行动之中。因为各业务单元必须服从企业总部的战略意图，否则会造成各业务不协同，从而导致"集而不团、团而不集"，使企业的治理价值、协同价值得不到彰显。同时，由于本位主义思想和绩效考核体系的导向，下级机构难以进行上级机构的战略制定，主要受权限、能力、视野等的限制。

3）战略执行协同化

战略执行需要资源配置，而资源是由企业总部掌控的，所以战略的执行需要企业总部发起协同。

战略执行协同主要包括三个方面，即战略事项主导、战略资源配置和战略执行监控。

（1）战略事项主导。完善的战略设计包括战略事项的规划设计，而且重大事项要被列为企业层面的重点工作，以此形成年度经营计划，作为工作的主轴。将项目作为重大工程进行建设是战略实现的重要保证。

（2）战略资源配置。资源配置是战略实现的基础保障，根据 SCP（Structure-Conduct-Performance，结构-行为-绩效）战略管理方法论，企业可以建立周期性的目标及资源的定向调整、动态调整和微调提升机制。

（3）战略执行监控。企业可以按年度或半年度对战略方向、结构、目标，以及资源配置的多少、类别、投资等进行定向调整，以优化战略设计；企业可以按半年度或季度对战略和资源进行动态调整，以控制战略的执行质量，优化资源配置以提升效率；企业可以建立月度的微调机制保证战略节点的完成，形成严谨的战略执行细则。

4）战略评审交叉化

战略评审分为方案评审、过程审查和结果审计。

（1）方案评审。战略方案的制定者需要先自己进行风险分析，然后与战略的决策者、执行者、工作配合者充分研讨，在战略实施前完成充分论证。

（2）过程审查。企业可以周期性评估，建立月度总结、季度回顾、半年度审查、年度总结，以及重大事项的监察制度。这些都构成了过程审查。过程审查要与战略资源配置结合起来。

（3）结果审计。企业在正常情况下采用的策略是战略执行者提供总结和评议报告，由上级机构或第三方进行评审。评审的内容包括战略目标的达成情况、路径、体系、资源等多个方面。结果审计的目的是企业积累变革经验，形成持续发展的动力。

2. 战略数字化

1）战略信息数字化

企业的战略构建和决策需要信息情报系统的不断累积，如前文所述的企业情景战略更需要根据因果关系建设数据库。

鱼骨图是建立数理逻辑的好方法。

鱼骨图，又称因果图（如图 4-6 所示）。我们分别从正向和反向来看鱼骨图，可以分别对应问题-原因分析方法、课题-对策分析方法，均可对接战略目标体系制定、战略资源构因和战略路径设计。

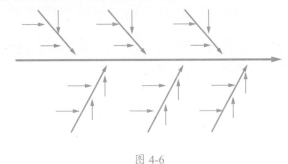

图 4-6

战略制定部门和人员利用鱼骨图建设信息情报系统的步骤如下。

（1）确定战略课题。

（2）找到战略要素，从大分类到小分类，再到小细节，让颗粒度最小化。

（3）按照逻辑关系分别定位到大骨、中骨和小骨。

（4）对各种信息进行定义和规范，注明来源。例如，是内部、客户，还是第三方。

（5）列明各要素之间的关系（如直接影响、间接影响、转移影响等），对相关的影响度进行系数设计。

（6）建立数据来源的治理规范和技术要求，兼顾多种数字化技术接口。

（7）建模、应用和修正。

2）战略决策智能化

人工智能是复杂战略决策常用的数字化技术，它的核心是算法。在战略决策中，利用人工智能的程序如下。

（1）采集数据，并将数据转换成能够计算的数字。

（2）根据算法进行数字集成和整合，得出结论和相应的战略路径描述。

（3）采取仿真技术对战略进行全面描述和分析。

（4）采用头脑风暴法对战略决策内容进行决策。

（5）按照 SMART 和 5W2H 原则形成战略计划。

3）战略执行可视化

使用可视化战略广告牌是比较通用的方法。使用可视化战略广告牌可以实现以下结果。

（1）了解战略事项的执行进度、质量、安全等价值目标的达成情况。

（2）审视战略执行过程中的人员、机器设备、物料、工艺方法、环境等的资源匹配状况，即战略目标实现的影响要素状态。

（3）及时发现战略扭曲、迟滞或结构不协调的状态，以便进行资源调控而达成目标。

（4）及时进行战略评审。

（5）其他。现在许多企业的广告牌管理系统不再是一张信息表。数字化的广告牌管理系统包括以下部分：图表系统，在手机 App 上、PC 端等可视和可调阅；预警和报警系统，具有提示功能；边缘计算系统，包括对进行期货或股市操作的软件自操作系统；后台的数据管理和自优化系统。

4.3.2 数字化财务管理转型

财务管理是企业经营的基础，是最容易进行数字化的。在现代信息平台下，财务管理不仅可以实现资金和资产的内外协同管理，而且供应链金融和产业链金融更是企业价值模式创新和价值创造的业务新场景体系。

企业运营的数字化在财务管理领域相对比较成熟，从电子记账、会计电算化、自动报税、银企通等 ERP 系统，到远程报销、数据安全的财务机器人，数字化在财务领域的应用一直在引领着企业的数字化转型之路。

1. 企业数字化转型从财务开始

（1）财务数据是企业价值的晴雨表。企业经营的根本目标是利润和财富的积累，财务管理是企业管理的生命线，几乎所有企业的管理水平和竞争能力的体现都以财务为核心。在生产时代，企业需要财务会计核算成本和控制成本；在扩张时代，企业在需要财务会计进行服务的同时，要控制风险；在国际化阶段，特别是中国加入世界贸易组织（World Trade Organization，WTO）后，企业频繁发生对外业务需求，更需要财务会计适应国际新秩序，从而获得资本市场的认可。

（2）从企业架构层级来看，数字化企业的财务管理有三大使命。一是在业务层面，企业需要通过财务对生产成本进行精细化核算，以找到控制成本的路径，从而达到节本降耗和规避风险的目标；二是在管理层面，企业需要财务通过数据展现价值，从而促进各部门之间协同和高价值工作；三是在战略层面，企业在进行兼并重组，或新业务单元创新时，需要财务对兼并重组对象进行尽职调研而规避风险，同时对新业务通过行业对标、上市表现、经济发展预测等进行创新业务的可行性分析，以便发现新机遇。

2. 数字化财务管理转型之路

财务是企业最关注的核心职能，是企业的生命线。数字化企业需要做好以下几个财务方面的转型。

（1）无纸化报销。随着工作量的增加、费用多元化、报销频率的增加，企业需要费用管理便捷化，而手动输入票据信息容易出错，出错就意味着浪费成本。特别是对于有复杂体系的集团公司来说，分支机构需要对差旅费用和其他费用进行管理，集团公司需要对分支机构的差旅费用和其他费用管理进行稽核，这就造成了财务人员过多，人海战术造成了管理成本的大量增加，所以许多企业采用远程无纸化报销系统解决这个问题。具体而又简单的做法就是报销人员使用手机+一个 App，对每次报销的差旅费用和其他费用，注明用途和发生时间，将票据进行扫描，或输入电子发票的票面信息，直接上传信息，在返回办公地后，按照顺序进行票据粘贴即可。同时，在报销的过程中，企业可以检验差旅费用和其他费用预算的准确性，以此提高工作效率。

（2）管理分支机构的费用。在经济全球化趋势下，企业业务的物理边界越来越大，全国性布局和国际化出海数量逐年增加。例如，跨境经营的集团化企业在进行财务管理，特别是税务管理时，除了要遵守国际通行的法律法规，还要遵守各地域和国家自行制定的法律法规，企业依靠人工很难满足不同地域和国家对财务合规性的不同要求。因此，许多企业采用智慧费用管理平台，利用区块链技术直接连接各地域和国家的财务政策法规信息，形成不可篡改的法规框架，利用人工智能对财务即时管理，对符合法规框架的直接通过，对不符合法规框架的再次评审，由此形成对财务的智慧管理。

（3）精细核算。数字化的财务管理系统能够做到全面预算管理。这里所说的全面预算管理不是指企业年度和月度的全面预算管理，而是指具体业务事项的全面预算管理。这样的全面预算管理以业务组织为边界，包含的细节可以具化到单一业务活动的计划、费用计划和使用，可以集成到经营组织的周、月、季、年的经营绩效。企业建立动态可调的全面预算管理体系，可以让财务系统调节资金用度，对其中需要关注的事项进行实时评估，对业务经营进行快速分析，从而可以有效地提高财务管理水平和经营能力，这应该是财务业务一体化的核心。

（4）智能并实时生成所需要的财务报表。从"以应用为中心"转变为"以数据为中心"，是数字化企业必走的转型之路。某房地产集团进行全国布局，把组织体系分为集团总部、区域分部、省级公司和项目公司。采取财务共享后，每个项目公司只保留 1～2 人，进行日常的财务管理（即资金支付鉴印和往来财务管理）和业务指导，从财务视角进行业务指导以节约成本、降低风险等。省级公司进行财务的中观调度和管控。区域分部进行监控。集团总部进行整体的财务管理，具体到每个月的财务报表。财务报表都可以由集团总部进行集中输出，项目公司只要打印和盖章即可进行地方协调。

财务报表智能并实时生成的意义在于：①财务职能的前置。将其前置到具体的业务指导，保障财务信息的准确性和合规性。②从总体上降低财务人员的数量。从以前2000人左右的财务队伍中分离出近千人，他们要么进行业务指导，要么转型为经营管理人员。③通过财务报表的智能并实时生成，这些报表可以作为智能审核和在线审计的构成部分，这是企业合规的标志。

（5）资金和税务统筹。随着"数字中国"的建设加速，许多政府部门日常进行的数字化管理和智慧化服务（如税收管理、银行资金管理等）都需要互联网平台实现，这就要求企业的财务管理必须实现无纸化。税法的多样化，需要企业从多维数字角度进行合理核算、规范纳税，但为了让企业价值最大化，企业又需要实现纳税合理化，而税务统筹的大量核算是人工计算难以完成的，所以数字化税务管理系统需求迫切。另外，对于多元化集团公司来说，保证每个子业务单元的现金流顺畅是系统管理工作的重点。为了避免资金冗余的机构增值空间有限、资金缺少的机构现金流短缺等现象，企业进行现金池管理、统收统支、结算中心或财务公司运作模式等的业务转型势在必行。

（6）管理协同。作为企业规范化起源最早、管理最规范的财务体系，所形成的财务数据能够为企业的业务管理、职能管理、战略管理提供基础的数据和依据，所以数字化企业必须建立以财务数据为主的源数据库，并针对管理协同进行主数据的建设。另外，财务管理是国际通则要求规范的领域，现代信息技术的发展许多是以财务数据的数字化治理为基础的，所以企业必须建立以财务数据为顶层的数字化标准体系，以此促进企业协同管理而避免信息孤岛出现。

（7）业财一体化。财务数据与业务数据不一致是普遍发生的事情，业务数据是事件驱动型的。在很多时候，企业会为了绩效而打破组织和财务框架获取相关的数据，以形成有利于决策的数据系统，如虚拟型事业部不是经营主体和法人主体，但仍然需要数字化的财务数据，这给财务管理体系造成了巨大的冲击。财务数据以法人主体为核算单元，根据国家和地域采用的会计准则进行采集、集成和核算。由于财务管理人员的经验不同，也会出现部分业务费用划分不一致的现象。上述两种情况相结合，更容易出现财务数据和业务数据难以统一的现象。

怎么办呢？上述所说的财务管理七大转型路径就是很好的解决路径。在数字化世界中，将颗粒度做到极致化，就是将会计科目的内涵细分到极致化，细分到不能再细分为止，由此进行"数据箱"体系的构建，然后建立智能化的集成和分析系统。不管财务数据和业务数据如何要求，都可以在标准化的数据底层的平台系统上建立数据仓库，进行数据钻取，继而得到财务部门和业务部门需要的报表与分析结果。

特别是在数字经济时代，许多银行和金融机构推出了很多金融产品，其中涉及保理、保兑仓、仓单质押、融资租赁、水水交易等多种供应链金融模式。这些都是传统业务难以全面掌握的业务模式，对财务风险的控制难度更大。数字化企业更会根据业务需要，将供应链金融模式开发成运营平台，不但帮助企业将既有业务做通做顺，而且可以发展成为新的业务单元。

（8）资本运作转型。企业是离不开资本的，资本战略是企业的核心战略。内涵式的资本战略需要财务进行资产价值评估、内部股权认证、收益管理和绩效分配等；外延式的资本战略（如供应链金融、产业链金融、IPO和上市等），均需要财务进行市值评估、股权交易、投资预算、收益管理等。所以，数字化企业需要财务的转型，还有着从业务型向管理型，再到资本战略型的转型要求。

（9）财务组织转型。国家和政府对企业的管理主要是通过财税进行的，制定了许多法律法规。"财务一支笔"的概念已经深入人心，企业向控制性业务机构派驻财务人员已经成为共识，主要表现在以下三个方面：一是以财务体系作为对下属机构管控的平台系统，发挥财务管控平台的功能，如重大资金的使用等；二是基于大家对财务管理的共识，进行财务业务一体化，特别是业务场景的具体支持和辅导工作；三是战略导向性的财务引领，通过全面预算管理驱动战略的实现。在财务发挥平台职能、管控职能、战略职能的需求下，财务组织还需要做好两个方面的能力转变：一是数字化能力的转型，强化学习，强化对大数据、人工智能、机器人等新一代信息工具的应用能力，以避免"数字鸿沟"的出现；二是加强对财务管理体系和机制的深刻认知，以人驾驭数字化，避免出现"数字依赖症"和"数字崇拜症"。

4.3.3 数字化人力资源管理转型

人是企业的第一生产力，人的劳动技能、知识的经验曲线化是企业新型生产力。人类在创造价值的同时，促进了数字化技术的进步，同时数字化技术升级了劳动能力，企业新型能力的提高在于人力资源的数字化。

人是企业的第一生产力，新生代人员成为企业的员工主体，由于绩效环境、价值观念、学习行为发生了新变化，企业必须进行数字化转型，才能持续走向"人知资本"时代。

1. 人力资源管理走向"人知资本"时代

（1）人力资源管理的发展历程。人力资源管理是一个外来概念，笔者经历了以下几个阶段。

在刚参加工作时，笔者进入的是国资国企，档案放在市组织部门。企业设置了人事部，其主要职责是安排分配的学生就业。

随着业务的发展，企业需要招聘大量工人，人事部就改成了人力部，其工作重心转移为社会人员的招聘和培训。

在 2000 年左右，企业引入管理咨询，将人力部改成人力资源部，要通过培训和学习，提高员工队伍的劳动能力，薪酬绩效机制也从国家职工序列模式转型为市场化模式。

到了 2002 年，企业开始职业经理人化。只要员工有能力和创造了价值，就可以与企业关于收入进行议价。现在想起来，这应该是"人力资本"阶段了。

在资本市场上，西方的市场估值方法主要包括绝对估值法、相对估值法、联合估值法等。这些都是基于"物"的要素进行的。但在中国市场上，必须叠加"人"的要素才能更加公正地评估市值。这些要素包括劳动者拥有的个人品牌带来的影响力、劳动者拥有的劳动知识（如专利等）带来的影响力、劳动者拥有的政治关系带来的影响力、劳动者拥有的供应链资源带来的影响力、劳动者拥有的营销渠道资源带来的影响力等。

不同层次的人力资源管理的主要特征见表4-9。

表4-9

层次	生产要素维度	消费市场维度	发展动力维度
人知资本	—	—	人力资源带来资源、资本、资产等要素整合和高效运营后的回报，包含治理、制度、协同、资源等顶层要素，以及运营的商业智慧，甚至资本对赌等
人力资本	对赌价值	对赌价值	对赌价值
人力资源	—	人的要素带来生产要素资源、消费市场资源	
人力	人的劳动力带来生产价值	人的劳动力带来营销价值	—
人事	人员安置	—	—

（2）何为"人知资本"？笔者为什么要提出"人知资本"的概念呢？

在许多公司成立之初，投资人包括资金提供者、技术提供者、经营管理者、社会资源提供者（如政府/行业协会资源、供应或销售网络资源等的提供者）。这些投资人有的直接参与经营，有的当成副业帮助经营，但都有股权或分红权。投资人的劳动力不是通过知识、技能体现的，可能由其影响力或者其背后的资源关系等体现。这不属于"人力资源"的概念，笔者将之命名为"人知资本"！

劳动者向企业提供以下三个方面的劳动：第一，提供体力劳动；第二，提供知识、技能等无形资产劳动；第三，提供影响力等间接劳动。资本既是基础，也是影响力。所以，笔者在为许多企业进行"十四五"情景战略规划时，将企业的人力资源管理升级为"人知资本管理"。

人知资本=人力资源+知识资产+资本投资！

人力资源，即满足生产所需要的劳动人口、劳动知识和技能等。这些通过人力资源的规划、招聘、任用、培育、留用、员工关系即可实现。现在许多企业在此基础上，又增加了能力战略和责任体系两大模块，与企业战略和业务进一步协同、衔接。

知识资产，即劳动者或组织所拥有的技术发明、专利、版权等，以及劳动者所具备的各项资质认证、组织获得的资质认证等。

资本投资，更多地表现为资金或资产方面的投资。

2. 新环境要求人力资源数字化

（1）价值观念变革。随着时代变迁，在从计划经济向市场经济变革的过程中，劳动者对价值-回报的务实性认知，导致人力资源转型变革。在人力资源时代，人力资源体系服务于组织战略，以组织战略为导向，层层分解形成部门、个人绩效任务目标，任务目标清晰，组织资源的流向取决于任务流程，通过精确的配比、严格的预算控制，发挥了资源的最大效用，组织价值产生于合理分工配合的流程。目前，组织战略的模糊化导致任务目标的碎片化、迭代化，企业无法将确定的、完整的任务目标加以分解，导致任务目标模糊化。员工直面客户，更易把控消费者需求，指导价值发现和价值创造；员工个人层面的行为将更容易产生确定的绩效价值，员工的个人创新、支持性行为的基层设计价值凸显。

（2）绩效环境改变。因为上位管控、战略转型、业务变化、生产力驱动要素变化等导致了绩效环境变化，所以企业需要进行人力资源管理的转型和变革。在人力资源时代，科层制度森严，管理层级关系明显，人服从于系统，信息传达逐层递减，在流程中创造价值，员工的工作积极性低，绩效环境由层级与制度主导；在新时代，组织更具有灵活性、创新性，企业发展以人的创造力为核心，个体员工将在创新、破坏、颠覆中创造价值，基层崛起，鼓励员工实现个人价值，组织更加注重内在激励，激发员工创新、适应性行为，提倡个人价值最大化，绩效环境已经转变成以价值激活为主导。

（3）员工的学习模式从被动向主动转变。在人力资源时代，员工缺乏主动学习意愿，缺乏创新意愿与能力，缺乏自我发展规划，员工工作是为了完成工作任务，获得外部激励，他们不关注自我价值的提升，行为较为被动，员工的学习行为是任务驱动式的；在新时代，员工的行为具有主动性，员工主动学习的意愿强烈，具有创新意识，主动规划职业发展路径，更加关注自我成长与自我价值的实现，学习行为是自我主动驱动式的。

企业为了适应新变化，数字化转型势在必行。

3. 数字化人力资源管理转型

（1）组织智商成为新体系。追求创新、价值绩效、主动学习虽然是现代企业的主流特征，但是企业要让价值最大化，就必须对企业的多样化、个性化、数字化的知识需求进行集约化管理，这就是组织智商管理。

组织智商理论的来源无从考证，但笔者坚持认为"企业是一个组织，组织智商是企业组织调动其所有智慧的能力"。这应该是组织智商的定义了。

根据笔者的经验，企业价值实现不仅是员工个人能力的集合，还实现了员工能力的叠加，聚集成企业能力，又形成了对员工能力的反哺，更多体现的是组织的力量，更应该属于组织学的概念范畴。

组织智商具有以下特征。

① 理念统一。组织智商建设必须建立在统一的愿景、使命、价值观之下，这样大家才能有共同的目标，从而愿意将个人智慧融汇成组织智慧。

② 发现问题。组织智商建设的核心意义在于发现问题，以问题为导向驱动企业的发展。

③ 不断学习。不管是个人学习，还是集体学习，都以提高能力为基础。

④ 智慧联网。通过个人绩效、组织绩效和项目绩效结合的模式，个人能力和组织能力可以有机结合，互联互通，相互转换，从而实现智慧联网。

⑤ 解决问题。员工能力和企业组织能力的目标都在于解决问题，对发展进行闭环管理，形成真实的价值。

⑥ 科学决策。企业要对组织智商的评估、应用、结果评审有一套科学的运作机制，关键是要对管理过程有科学的决策体制和机制。

⑦ 绩效激励。对学习过程有激励，对实践成果有认可，循环促进，才能将组织智商的价值彰显，才能推动企业从学习型组织向研究型组织、高价值组织进阶。

组织智商管理案例如下：

2000 年，某集团因为各种原因，经营状况不理想，积压了许多包装材料，在大市场（指全国市场）上难以销售。所以，该集团新成立了一个公司，由该公司负责积压包装材料的处理。这些包装材料都是小批量的，怎么处理呢？该公司进行了以下操作。

① 成立销售团队。该团队成员大多数都是从原来的市场部门撤回来或从生产车间中挑选出来的，可以说这些人都是分流出来的。

② 优化原有配方，打造低成本和低价格的产品，在市场上形成竞争力。

③ 改变原来的经销商分销制，直接铺货到终端。

④ 所有的销售人员只要回到公司，就需要参加公司每天一次的经验研讨会或学习会。大家共同总结经验，向聘请的专家请教。

⑤ 在一些区域销售一段时间后，该公司发展配送商（配送商的利润需求低于经销商的利润需求），随着业绩的增长，再将配送商转型为经销商。

结果怎么样呢？2001 年，该公司就处理完了所有即将废弃的包装材料。该公司只有 18 人，但销售业绩与大市场（近 200 人团队）的销售业绩基本持平！

2004 年，某日化企业原来经营大众日化产品，因老板喜好，接手了一家国外化妆品的中国市场销售权。化妆品店的连锁经营模式与之前的直营终端+经销代理制的模式完全不同。该企业通过以下路径实现了市场发展。

① 把公司内对化妆品有浓厚兴趣（特别是女士们）、对美容店经营有丰富经验的员工组建成新的团队。

② 群策群力开出一家样板店。

③ 在样板店的基础上总结经验，分别形成了品牌管理、单店运营、供应链管理、培训督导、市场开发等模式。

④ 采用直营开店+加盟连锁模式，实现市场拓展。

结果怎么样呢？该企业进行了很好的扩张，在原有业务的基础上，开辟了化妆品的新天地。

2007 年，笔者所在的企业为行业内首屈一指的企业，面对竞争激烈的市场压力巨大。怎么办呢？进行变革，不可能推倒企业的体系再造新体系，只能小步快跑，逐步优化自我。先从企业管理优化开始！在之前的月度会上，大家都把能够完成的任务列入工作计划。这对企业发展没有任何好处。笔者后来进行了以下两个方面的变革。

① 在月度会上不再陈述业绩，要至少列出三项自己部门需要改进的工作，同时对其他部门或企业提出三个优化建议或问题解决方案，而且列出的其他部门或企业的优化建议或问题解决方案不能与相应部门提出的内容相同。

② 将部门的绩效考核指标修改为业绩表现占 60%、本部门工作优化和问题解决占 20%、为企业与其他部门提出优化建议和问题解决方案占 20%。

结果怎么样呢？企业持续在行业内领先，强化了内部协同。

企业组织智商管理可以在多个业务场景中实现。然后，企业可以进行业务流程化、流程信息化，逐步积累形成经验曲线，并将经验曲线积累到企业的知识资产管理系统中。

（2）能力战略引领人力资源规划。组织智商管理能够凝结团队智慧成为企业可持续发展力，也就是以企业能力构建引导人力资源规划。企业能力=组织智商管理力×∑（员工个人能力×职位数）。

① 规划企业战略愿景。某集团的战略愿景规划如图 4-7 所示。

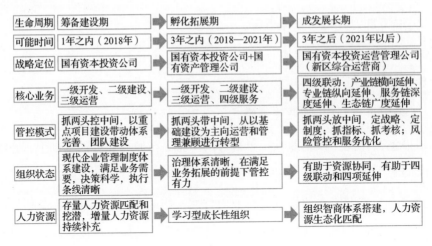

生命周期	筹备建设期	孵化拓展期	成发展长期
可能时间	1年之内（2018年）	3年之内（2018—2021年）	3年之后（2021年以后）
战略定位	国有资本投资公司	国有资本投资公司+国有资产管理公司	国有资本投资运营管理公司（新区综合运营商）
核心业务	一级开发、二级建设、三级运营	一级开发、二级建设、三级运营、四级服务	四级联动：产业链横向延伸、专业链纵向延伸、服务链深度延伸、生态链广度延伸
管控模式	抓两头控中间，以重点项目建设带动体系完善、团队建设	抓两头带中间，从以基础建设为主向运营和管理兼顾进行转型	抓两头放中间，定战略、定制度；抓指标；抓考核；风险管控和服务优化
组织状态	现代企业管理制度体系建设，满足业务需要，决策科学，执行条线清晰	治理体系清晰，在满足业务拓展的前提下管控有力	有助于资源协同，有助于四级联动和四项延伸
人力资源	存量人力资源匹配和挖潜，增量人力资源持续补充	学习型成长性组织	组织智商体系搭建，人力资源生态化匹配

图 4-7

② 规划企业能力战略，见表 4-10。

表 4-10

维度	项目	释义	现状	情景	规划
治理能力	治理结构	两个层面：一是董事、监事、高管任命或党委会、董事会、高管会决策组织设置的规范性和科学性；二是母事子/母子分/总分子集团化层级架构设计的前瞻性			
	决策管理	对管理事项的决策体制、机制、制度和流程等的系统规范性和执行合规性			
	责任体系	对组织、职能组、岗位和个人的责任体系划分的清晰度，既包括成功分享的效益性，也包括失败责任的界定清晰度			
	授权体系	价值型授权体系，分权有道、授权合理、用权有度、控权有力			
	股权激励	业务体系的股权激励，管理平台的业绩红利共享			
	法务架构	法务确保企业合规经营，指导治理决策，指导业务取得高价值			
	审计系统	全面渗透，同时指导业务改进			
	内部控制	按照最先进的理论体系进行控制，切实起到消除风险、降低成本、提高效率、挖掘潜能的作用，效果要理想			
竞争能力	资源聚合	对各项生产要素、运营要素、营销要素进行充分整合			
	业务扩张	在行业竞争中具有优势			
	规模效益	规模反映到资源资产化、资产证券化、证券资本化的三资流转效益上			
	敏捷反应	快速反应，对市场快速适应、对供应体系敏捷采购，生产高效			
	高效服务	对客户提供可持续价值，并获取价值回报，有溢价空间			

（续表）

维度	项目	释义	现状	情景	规划
盈利能力	财务管理	科学规范、资产负债优质、高效指导运营和支撑战略发展			
	投资运营	对战略机遇进行高价值投资			
	资本运营	供应链金融和产业链金融操作得当，内涵式和外延式资本运作体现高价值			
	资产经营	高效的资源资产化、资产证券化、证券资本化			
	安全管理	安全经营，打造企业经营品牌，提升员工满意度			
运营能力	战略规划	战略规划前瞻、科学、规范，举措有力，能够促进企业发展			
	研发能力	高精尖			
	供应能力	质量高、成本低，反哺推动技术进步和运营效率提升			
	生产能力	智能制造			
	销售能力	行业竞争能力强			
	服务能力	客户满意度高，反哺业绩增长和竞争力提高			
	风险控制	风险可控，无风险事项发生			
	质量管理	无质量事故，提升品牌力			
保障能力	人力资源	人知资本牵引企业发展			
	组织智商	自生态地驱动创新和管理提升			
	变革管理	变革管理科学规范，高效驱动企业发展			
	绩效激励	绩效具有竞争力，激励具有指导性			
	信息管控	上对下穿透式，下对上透明化，支撑人工智能			
	企业文化	正能量，内促战斗力，外引凝聚力			
发展能力	环境适应	对政治、经济、产业、金融环境的适应，对新工具的快速应用			
	学习能力	学习能力强，高度驱动创新和管理			
	创新能力	体制创新、机制创新、体系创新、技术创新、产品创新、应用创新等能力			
	社会责任	对国家、社会、民生、环境等的社会责任，社会组织和企业组织互动共促，支撑可持续发展			
	品牌运营	对企业品牌、雇主品牌、产品品牌、渠道品牌、经营品牌、企业文化品牌、党建品牌等运营，能够形成对利益相关者的认可、信赖、忠诚和依赖等			
	生态圈	利益相关者和社会资源不断聚集建立朋友圈，如供应链生态圈、营销链生态圈、资金链生态圈等			

企业在规划出能力战略后，需要将能力战略分解到部门，把颗粒度细化到岗位能力。

③ 设计职位数。根据工作量和未来的战略储备需求设计每个岗位的职位数。

④ 对现有人力资源状况进行盘整，找到差异性，根据人员能力和职位数做出设计方案。

企业能力战略可以使用 APS（Advanced Planning System，高级计划系统）进行仿真模拟，通过企业人力资源大数据，虚拟出人力资源蓝图，并对绩效福利等做出模拟化调整，控制人力资源成本。

（3）智慧招聘。互联网+人力资源招聘的服务平台很多，智慧招聘是企业数字化能力和水平的重要体现。

① 对需求岗位素质模型进行画像，内容包括基本特征要求、心态、素养、知识、技能等。

② 与人力资源猎聘服务商建立联网路由，当企业产生新职位时即可联通服务商进行人力资源猎聘。

③ 企业自采或使用专业猎聘服务机构的专用人力资源测评、行为测试、性格测试、能力测试、团队协同测试等数字化工具。

④ 遴选合格人员进行面试和洽谈，现在许多公司已经具备了远程视频等现代信息技术的支持条件。

企业如果积累了较大容量的数据库，那么可以同时在数据库中进行遴选。

（4）智慧培训。培训的内容可以包括很多：按照在岗状态可以分为在岗培训和脱岗培训；按照培训方式可以分为课堂培训、师傅一带一实操培训；按照培训地可以分为内训和外训；按照培训方式可以分为网络培训、现场培训等。不管采用何种方式和形态，企业组织的知识架构搭建都非常关键。

企业在构建知识架构表后，可以引导员工明确自己的学习方向，从而让其设计自己的学习方式和计划。

在整体的人力资源管理框架下，可以形成图 4-8 所示的学习和培训体系。

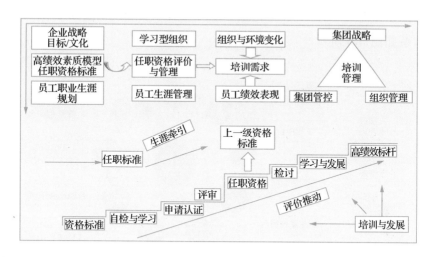

图 4-8

将区块链技术应用于学习管理是非常不错的探索。

2017 年，某集团公司进行学习体制和机制的创新。笔者给出了以下方案。

首先，对各岗位需要学习的知识和技能进行列表，鼓励在公司内部由师傅带徒弟并进行内部培训和外部培训。员工学习可以得到积分，分享知识和技能也可以得到积分。对于师傅带徒弟来说，徒弟可以得到积分，师傅也可以得到积分。员工上培训课可以得到培训课的积分。所有积分都要经过同学、分享者认证和评估，才能够被认可。在年终，企业将积分纳入绩效考核、晋升评估中。公司将管理体系塑造完成后，用计算机技术将其固化，开发了手机 App 的相应功能，这是区块链技术的典型应用场景。

（5）数字化员工关系管理。通用的 HR-ERP 系统基本上能够满足企业的需要。移动终端、云网络、机器人、人机交互的应用市场都非常红火。这里要说的是，许多数字化企业已经将员工关系管理系统转型为企业智慧管理平台，通过建设"幸福企业"平台，打造企业与员工的和谐关系。

数字化人力资源管理体系，可以将企业的能力战略和责任体系更好地与传统人力资源管理系统联动。人力资源管理数字化可以帮助企业持续升级管理系统，将人力资源管理的各专业职能模块升级为相应的"中台"，同时助力企业的人力资源管理升级到人力资本管理和人知资本管理能级。数字化人力资源管理体系如图4-9所示。

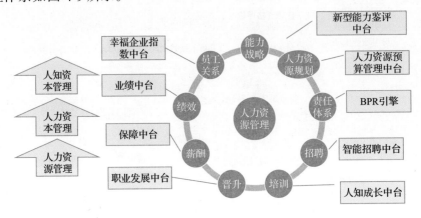

图 4-9

4.4 数字化新业态转型

数字化新业态是指在传统业务形态上叠加数字化而出现的新型经济业态，也可以说是数字经济。数字经济（Digital Economy）是一个信息和商务活动都数字化的全新社会政治和经济系统，其本身的商业模式与现有的传统经济完全不同，是一种达成了双赢的全新经济模式。

数字化对现代企业的价值如下。

（1）推动企业高质量发展。企业数字化能够不断地提高劳动生产率和资源利用率，同时推动产业融合发展。

（2）推动企业持续性发展。现代信息技术具有智能化的记忆功能，对企业经营过程中形成的数据可持续化存储和积累，而且可以多次进行深层次开发。随着认识的加深和利用的深层次，数字化的价值更能得以彰显，不像其他生产要素是损耗性的，被利用后难以再生，数据永远是再生资源。

（3）解决传统企业带来的生态环境问题。数字化与绿色化在企业发展中的关系是并行的。一方面，绿色化可以进行数字化，形成交易资产；另一方面，数字化驱动的绿色低碳循环科技促进了绿色化。

（4）构建实体经济新发展模式。数字化驱动企业多方位融合发展，不断驱动企业与社会、自然、消费者融合，不断驱动企业的发展要素与科技、金融、产业等进一步融合，这可以大大地拓展企业的生存空间，聚集更多的生产要素资源。同时，在数字化技术应用形成知识和产品时，数字化驱动的业务可以成为数字业务，成为企业新型业务和盈利单元。

4.4.1 业务数字化

数字化通过改变沟通方式促进企业的价值发现、价值创造、价值传递更加高效，业务数字化是提高业务效率的必要路径，是企业数字化转型的基础。

对业务数字化最粗浅的理解是用数字化技术描述和管理业务。业务数字化是利用数字化现代信息技术贯通企业业务的数字世界和物理世界，以此创建新的业务。

1. 业务数字化的内涵

业务数字化的过程包括经营状态数字化感识、交互连接网络化、决策智慧化和应用敏捷化四个阶段。数字化在企业经济行为中的过程和价值见表4-11。

表4-11

相关者	生产资料	生产	渠道商	终端	消费者
数字化感识	供应商管理交易记录	人员、机器设备、物料、工艺方法、环境管理	CRM	产品销售、客户体验	整合传播、市场信息、交易
交互连接网络化	供应商平台	边缘计算、MES、云边融合	B2B、VPI（Vender Pricing Invoice，卖方定价发票）	B2C	客户服务

（续表）

相关者	生产资料	生产	渠道商	终端	消费者
决策智慧化	智慧供应链	生产调度	业务和区域布局	营销策略	市场营销战略
应用敏捷化	供应链生态化	生产控制	优化布局	精耕细作	迭代产品
价值	高性价比生产要素资源聚集	精益生产、产销协同、绿色生产	扩张	增加销售	发现新需求、拓展新业务

2. 业务数字化的实现过程

下面通过案例来说明业务数字化的实现过程。

案例分享：股权网联，用数字连接起产业生态化。

案例 1：在河南省某市，塑料编织产业已经形成了产业集群，塑料编织类产品在全国市场的占有率达到了 30% 以上，该市成为全国性的产业集群地。涉及原材料供应、生产加工、营销等业务的企业有大大小小几百家，占据三五个基地，但多年来因为各个企业进行松散型管理，在应对外部市场竞争的同时，内部充满了内耗性的竞争。其中，有资本雄厚、在原材料供应和生产方面占据主导地位的几家企业，而更多的企业则处于生存边缘。该产业经济如何发展呢？笔者经过三年的服务，成功引入瓶颈管理法，用股权网联使其产业生态化。具体内容是什么呢？

首先，选出资本实力强、管理能力强，同时又为大众负责的企业，通过政府给予资金支持、土地资源支持、政策支持等，以该企业的名义建立三处工业园区，分别为原材料供应型、生产加工集聚型和运营管理驱动型基地。

其次，对基地内的各企业采取场地租赁模式、参股扶持模式，以及相对控股、控股和绝对控股模式分别形成松散型合作、半紧密型合作、紧密型合作。

再次，该企业成立管理运营集团，不再经营产品，而是运营平台，以股权合作模式实行资本化运营、平台化运营。

最后，为了激励内部员工的创业积极性、强化集团与基地内企业的纽带关系，在加强资本纽带作用的同时，推出了"互联股权制"。

另外，因为塑料编织产业为劳动力密集型产业，产品的毛利空间有限，全国性市场的运作以"销地产、产地销"的产业布局和"分采联销、联采分销"的产销协同机制为最佳的运营管理解决方案。在此情况下，集团以"股权网联"的方式将许多经营不太好，而又有优质资产的企业进行了兼并重组。

结果怎么样呢？从集团到企业，再到有意向创业的劳动者均在事业和收益上得到巨大提升，总体的营业额从初期的 20 亿元达到了 60 多亿元，市场、产品结构化层次分明，分区划片清晰，真正达到了按劳分配。

案例 2：某集团公司多年来一直进行大农业化的产业发展，业务范围覆盖有关农业的育种、基地种养、加工、营销，以及与其配套的农资生产和销售业务、农业银行业务、农机生产和销售业务，甚至还涉及饲料、畜牧、生鲜肉屠宰加工和相应的商品营销等业务，在 2000 年营业额超过 100 亿元。但是其核心高管认为各子集团公司和子分公司由于股权全部归集团公司所有，所以各业务形成的财务独立经营体的动力不足。如何改变这种状况呢？笔者在为其提供管理咨询服务的过程中，提出了以下方案。

首先，将集团公司分为总集团、事业子集团、子公司和分公司四个层级。总集团负责总体的运营体系，事业子集团按照产业集群模式或产业园区模式设立实体或者进行虚拟化运营，子公司为价值链模块运营体，分公司为具体的业务经营体。

其次，搭建网联式股权架构。

再次，该集团公司进行集团化功能转型，成立了股权管理委员会，定期对各经营公司的经营状况进行监察审计，按年度进行利润分配和股权的再次分割。该集团公司成立了供应链管理公司，主要负责原粮采购、生产质量和成本控制、仓储物流运输管理，以"比质竞价"机制为运作系统，作为服务公司参与集团化运作。该集团公司的原财务部门转型成集团财务结算中心，对信用、现金流、保险保价、借贷等实行统一的现金池管理等。

最后，该集团公司推出了"股权网联化"机制，通过个人参股的方式形成了股权多元化，而且在补充总体现金流的同时，为个人创业创造了环境；经营好的机构可以用二级法人的模式对其他机构进行股权本金注入和经营管理模式注入，在以资本为杠杆调动经营者积极性的同时，充分激发了运营管理的动力。

结果怎么样呢？公司的营业额每年增长25%，远超行业10%的增速。

通过"股权网联"进行"产业生态化"的核心是什么呢？是以股权为核心表现的资本纽带。然而，只有资本股权是不够的，关键在于将资本股权、管理股权用价值评估、贡献权重评估作为股权变动的依据进行内部的股权变更管理，这样就可以以股权为纽带发挥经营激励作用。

从上述的内容中不难发现，股权网联的核心目的是通过股权变更机制达到激励驱动。要想达到该目的，就必须完成以下管理转型。

（1）人员理念从传统思维向现代思维转型。传统思维包括经验思维、保守思维等，现代思维的主体是创业思维、开放思维。只有完成此转型，才能有更多的核心员工把资金作为股权投入到经营体的资金链中，才能形成经营体和员工的利益一体化格局。

（2）经营者从传统经营向资本经营转型。在经营体需要资金大力投入时，除了内部挖潜，在竞合思维下可以向兄弟经营体募股，也可以寻求上层经营体的投资，还可以面向社会投资者进行资本募集或股权稀释。

（3）集团从产品运营向平台化运营转型。产品运营不再是集团层级的业务范畴，而应该交由下属的各经营体进行运营。集团自身的职能应过渡到资本化运营和知本化运营，内容主体包括财务管理职能向企业结算中心转型、人力资源管理向干部管理转型、薪酬绩效激励模式向股权激励模式转型、集团管控向更加细节化的职能管控和业务管控转型等。

（4）管理体系从科层级向信息化平台转型。股权激励和股权变更管理是股权网联的核心，这需要科学的数据进行支持，所以各项经营数据和决策数据需要精准的数据仓库建立、评估，集团需要通过决策模型的建立、分析和应用，以公开性、规范性，促进股权激励机制的公平性和合理性。

（5）最关键的是数字化转型！企业首先要充分利用区块链技术完成对各经营体的财务透视和信托、信用、存贷、现金支付等的管理，其次要建立智能合约，对股权设置、身份进入、在线监控、股权交易、股权结算的数字化运营体系进行建设。

4.4.2 业务集成融合

数字最大的优势是能够进行共享。数字集成和共享可以将企业业务耦合起来，不仅可以提高效率，而且可以通过按价值体系的重组和聚合催生新的业务形态，升级原有的业务形态。

业务集成融合主要包括业务集成和数字化融合两个层级。

业务集成，是通过数字化技术将各业务单元间的生产要素的人力资源、财务、工艺事项、物料、商权等进行集成，以便为企业创造更高的价值。数字化融合则是数字化和企业的高度融合，如果理解了国内实行的"两化融合"，就可以很好地理解该概念。

下面用案例来讲解具体的概念和内涵。

1. 案例分享

某农业产业化集团公司的业务布局为有 40 多家收储厂，在主产区、临港区和主销区有物流贸易公司，有区域性的销售公司负责全渠道销售和社区专卖店经营，产业链条非常齐备，但各个公司各自为战，商业升级是集团公司的迫切需求。

商业升级的第一个阶段是商业模式的创新和整合。

首先，集团公司要进行企业价值链细分和业务创新，如客户端管理，按照客户类别和需求，分别进行客户关系管理、产品定制和基地定制等的创新，集团公司完成从原先的卖产品向卖服务和卖项目转变。

其次，集团公司要将细分职能整合成新业务，如将生产端和营销端职能分别整合为产区物流港和销区物流港。

集团公司的商业模式创新与整合路径如图 4-10 所示。

以客户为中心的价值链	供应商	采购	供应物流	生产	厂内物流	营销	销售	销售物流	客户
细分模式	理事会	联合采购	三方物流	OEM	三方物流	联合运营公司	终端连锁	三方物流	客户关系管理
	基地+农户					客户成长计划	直营		产品定制
						客户激励计划	分销		基地定制
整合模式						终端直营连锁			
	产区物流港			临港物流港		销区物流港			
	区块链粮食银行					社交+O2O			
	供应链金融+产业链金融								

图 4-10

2. 业务集成融合的实现

如何进行业务集成融合呢？笔者在进行管理咨询服务时，用资本与数字化实现整体商业模式的集成和融合，具体举措如下。

（1）全面升级和细分业务运作模式。

① 对于收储厂来说，因为区域竞争，所以每个收储厂都在与其他粮食企业进行竞争，而收储方式大多为"现金采购"。企业需要的是什么呢？是通过规模性收购提高整体的效益。采取的策略如下：充分利用企业的资本优势，为种粮大户和小型粮食商贸企业设立理事会，提供"粮食银行服务"。为了满足种粮大户对价格的预期，可以先收取保管费，为这些客户提供代收、代储、代运等服务，把粮食按照品种和质量分别存放。待理事会成员需要销售时，则采用水水+锁仓交易模式（期货市场的业务操作模式，水水交易即升贴水），将粮食作为资产进行交易。

② 对于物流来说，建设"三库一中心"新平台，即建设铁路、公路、航

运联动的物流贸易网络平台，实现业务在线，升级主产区、临港区、主销区的仓储物流系统，将商业模式进一步细化，分别对主产区、临港区、主销区的物流港打造差异化和具有竞争力的盈利点。物流港的商业模式如图 4-11 所示。

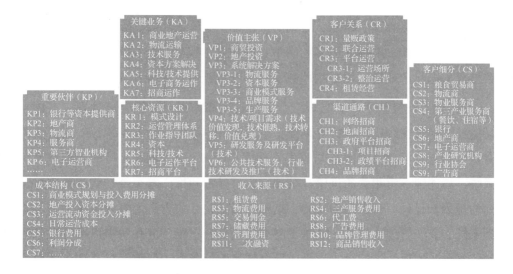

图 4-11

③ 创新区域销售公司的子公司化，以集团公司的品牌、原料、运营模式等作为投资资本，与当地最好的粮食加工厂、有最好网络的渠道运营商联动，成立股份制子公司，股权比例为 4∶3∶3，利益分配比例为 2∶4∶4，集团公司以利益分配权置换股份公司的绝对控制权。

④ 集团公司采用全渠道营销模式，构建网上商城，统一进行电商渠道的拓展，把渠道按照当时的传统渠道、特通渠道、创新渠道细分为 40 多类，分别进行渠道模式的打造，以指引全国市场的销售；集团公司统一进行产品开发和品牌推广活动，网上的、电视的、自媒体的品牌活动由集团公司负责；区域的、地面的，以及面向渠道、终端、消费者的整合传播和促销由区域销售公司负责。

⑤ 集团公司统筹社区连锁加盟，集团公司建立统一的供应链，以连锁加盟的方式进行社区连锁加盟。区域销售公司可以负责区域物货协调。全国性的

供应和协调由集团公司负责。集团公司统一产品、形象、品牌、人员培训、资金管理等。

（2）构筑数字化资本融合三大平台。

优化和升级收储、物流、区域销售公司、全渠道营销、社区连锁五大业务体系的商业模式，能够促进多利润中心的建立，但集团公司需要产业链运营，要形成生态化产业链，就必须让数字化和资本积极发挥驱动作用。

① 全面升级数字化。与理事会成员收储业务相关的供应链管理、仓储自动监控、即时在线比质竞价等系统，与三库一中心相关的无车承运、期货交割对接、物流链管理等系统，与销售管理相关的 CRM、业务人员的地理销售等系统，与连锁专卖相关的进销存管理、店长导购和推广等系统，均需要进行全面的规划和设计。为了加强协同，集团公司强化了人力资源管理系统、财务管理系统、资产管理系统等，统建了网上商城平台，统一进驻淘宝商城等互联网销售平台。值得一提的是，当时还没有区块链的概念，但数字化在许多时候采用了区块链的理念，如粮食收购，是将农户订单、过称、质检、划价、结算等全部代码制，把数据直传集团总部的数据中心，现场的收储人员只需要做好自己的工作即可，由集团统一结算，这样避免了收储厂的贪污受贿现象，避免了农户和集团公司的损失。

② 推动上云工程。由于多系统运作，但是没有数字化服务，集团公司不能够提供那么多信息技术产品和服务，集团公司的数据中心的存储容量不足，再加上开放客户服务的需要，所以集团公司要推动上云工程，把数据中心迁移到云服务器上，用互联网对系统进行集成和总体控制。用今天的话来说，这就是产业互联网。

③ 提供全程供应链和产业链金融服务。集团公司利用强大的资产背书、品牌背书、业绩背书等获取了银行的信用支持，同时开展多渠道多路径的融资和投资，为客户提供仓单质押、保理、保兑仓、水水、锁仓、掉期等服务，为上下游客户提供贷款、资金拆借、金融担保，对优质企业进行投资、参股和控股等，现金池管理和统一结算则是基础的财务服务职能。

　　该集团公司后续的发展结果毋庸置疑。现在该集团公司是全国非常知名的农业产业化集团公司，市值规模达千亿元以上，业务与数字化的融合发展成就了该集团公司。

4.4.3　业务模式创新

　　数字化可以通过对业务价值流分析，把商业模式进行深度分析、破碎之后再组合，形成新型业务形态。

　　业务数字化让企业的商业系统更加精细化，支撑企业做强；集成融合让企业快速做大；企业要做到更加生态化，经营就需要在时空维度上进一步突破。业务模式创新主要有深挖潜、横延伸两个方向。

1. 深挖潜商业模式创新

　　企业的经济形态是分工的结果。价值链是企业经营遵循的总逻辑，通过价值链分析可以评估企业选择的方案能否实现最优价值。价值链模式主要包括针对价值链分析后的分拆、挤压、修复和整合模式。

　　（1）价值链分拆模式。价值链分拆模式主要是指在商业模式优化设计过程中对价值链分析后，将企业业务锁定在价值链中的最优或高价值环节。例如，韩国著名的游戏制作公司 Actoz 在与上海盛大网络发展有限公司（简称盛大）合作初期定位于游戏设计和游戏制作。

　　在当时的网络游戏价值链中，游戏设计和游戏制作的附加价值最高，所以韩国的 Actoz 在 2001 年与盛大开展合作后，将自己定位为网络游戏价值链价值前端提供者，帮助后者快速地进入市场，从而获得大量的回报。盛大游戏的价值链分拆模式如图 4-12 所示。

　　（2）价值链挤压模式。价值链挤压模式主要是指在对价值链分析后，对增值部分较少的环节采取第三方外包的方式，降低成本。

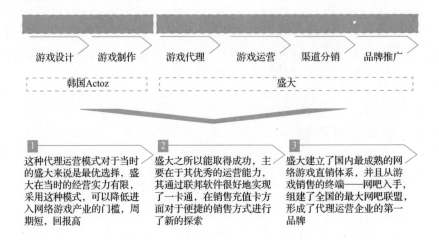

图 4-12

例如，凡客诚品专注于服装设计和品牌推广，而把面料采购、成衣制造和物流配送外包给第三方。凡客诚品的价值链挤压模式如图 4-13 所示。

图 4-13

（3）价值链修复模式。价值链修复模式是指通过改善那些阻碍企业发展的上下游客户环节，实现自己的价值增值。

例如，五粮液集团有限公司（简称五粮液）通过千万元打造"金牌经销商"EMBA 培训课程，培养大量五粮液经销商，在经销商成长后其市场份额自然扩大。杭州娃哈哈集团有限公司的"联合经销运营体"帮助经销商成长并最终成就厂商利益一体化。这些都是价值链修复模式的典范。

（4）价值链整合模式。价值链整合模式是指将价值链先进行破碎，将其细分到最小单元，再进行聚合和重组，以找到价值链中增值最大的那个环节。例如，盛大随着实力不断壮大，从代理运营环节逐步过渡到了产业链中价值增值最大的游戏设计和制作环节，推出自主研发的游戏产品，促进了企业利润最大化增长。

例如，康佳手机实现了与"操盘手"软件的捆绑，依靠销量的增加带来利润的增加。康佳手机的价值链整合模式如图4-14所示。

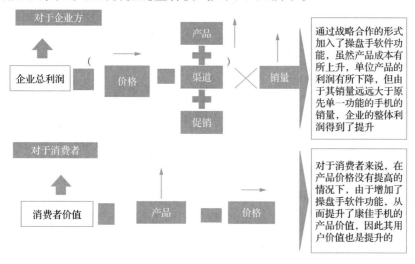

图4-14

2. 横延伸商业模式创新

发展到一定规模的企业大多是多商业模式发展的，经历的必由之路是商业模式的延伸。笔者经过多年研究，发现企业商业模式的延伸可以有以下方向。

（1）厂商的方案制定者。企业为价值链各环节的客户提供各项管理咨询服务，如创投咨询、业务顾问、广告代理等。当然，其商业模式可以延伸至价值链的任何环节，如进行原材料供应、生产制造、销售代理，甚至售后服务承包等。

（2）厂商的供应者。企业在强化自己管理经营能力的同时，通过对客户关系管理提升等途径渗透进入厂商制造环节。

（3）厂商的平台。企业可以向上游的原辅材料供应商进行价值链延伸，也可以向下游的销售服务商进行价值链延伸，同时还可以将自己的生产标准化，寻求通过行业标准盈利，可以将产业链进行挤压发挥自己的长处，专为同行进行代工、贴牌生产等。

（4）厂商的产品或服务平台商。企业定位为产品或服务平台商，提供如经纪代理、经纪人代理、配送等服务，可以向前进入销售或售后服务，向后成为产品制造商或产品制造服务商。

（5）顾客平台。目前，许多零售终端就是顾客平台，作为直接面向客户的平台，在进行采购时，可以向上游进行转型，也可以形成行业标准进行知识化盈利。

（6）顾客的售后平台。像宅配、维修、保险等业务，都可以向上游进行转型，也可以选择建立行业标准或进行品牌化运营盈利。

所有商业模式的延伸均可以在自身商业模式的基础上进行水平化的复制，通过行业标准化和品牌延伸化盈利。

如果从产业价值链的角度来看，因为上下游之间的商业模式具有资源共享性，所以商业模式的延伸最好是邻近进行的。如果是非连续性的商业模式整合，资源之间就缺乏互补性，商业模式延伸等同于商业模式的完全再造。那么如何进行商业模式的延伸呢？

首先，我们需要判断商业模式延伸的可能性。

要先分析自身拥有的资源与能力。例如，如果企业自身的管理运营能力缺乏，就不建议进行商业模式延伸，如果强制性地与别人合作，那么最终的结果只能是为他人作嫁衣，千万不要落入"为了卖化肥，自己建设几千万亩农田"的境地。

其次，我们需要判断商业模式延伸的可行性，即看是否值得延伸。

如果延伸后其独立的盈利能力，或者两者合并的盈利能力不如以前，那么不如将原有的商业模式"做精、做透"。

再次，我们需要判断另一个环节的商业模式的吸引力。

在产业价值链中，如果该环节是盈利空间最大的环节，我们就可以进行核心资源能力的转移，进行战略性再选择。

最后，我们还需要对商业模式进行全新的设计。

企业家应该从基础做起，最好从商业模式的创新设计开始，对商业模式延伸进行细致研究，进行全新的投入和全新的运营。当然，在运营的过程中，企业家如果能够借助原有商业模式的资源就更好了。只有这样，才能保证延伸后的商业模式健康和独立，这也是商业模式的本质，不能盈利的商业模式不能被称为商业模式！

4.4.4　数字业务培育

数字是新型资产，是资产就可以进行经营。围绕数字资产进行的商业体系构建是新型经济业态。数字业务主要分为产业型数字业务和服务型数字业务。

数字业务是一种新型的业务形态，是企业通过人工智能、大数据、云计算、区块链、物联网、5G 等数字化技术，把业务行为转换为数字资源、数字知识和数字能力，形成知识资产，进行资产化运营，从而服务于用户及利益相关者的业务形态。

数字业务培育主要分为两大类：一是产业型数字业务培育；二是服务型数字业务培育。

1. 产业型数字业务培育

数字产业在世界、在中国都已经形成了非常庞大的经济规模，数字经济产业园也蓬勃发展，数字业务型研发、生产制造和服务企业在独角兽企业与瞪羚企业中占据着较大比重。

企业将数字业务建设成为独立的业务单元，或公司化运作后，该数字业务即成为数字产业的一部分。

企业将产业价值链进行逐层分解，每个价值链环节都会对应相应的企业实体，如人工智能的训练层、感知层、认知层价值链的每个环节都有明确分工性的企业。

同时，对于每个价值链的细节性环节，都有着研发型、生产型、销售型和服务型机构。例如，服务中的内容营销、内容设计、传播都有企业实体在进行，就连形象代言人的代理业务也按照形象代言人的专业属性分别形成了不同类别的经纪行业。

同样，区块链、云计算、大数据、机器人、物联网和 5G 等，都有着多维度的产业细分。产业型数字企业可以按照前述方法和步骤进行数字化转型。许多产业型数字企业受限于自身的业务体系和知识，数字化转型做得仍然不够。

其实，产业型数字企业进行数字化转型也是自我开放的过程，这些企业要更加生态化的发展，首先需要把自己的业务数字化，然后才能为其他传统企业贡献更多的数字化智慧。

2. 服务型数字业务培育

传统企业即使不进入数字产业，也需要根据客户的需求个性化、生产智能化、服务延伸化等要求，打造新型的业务形态，内容主要包括以下几项。

（1）对外提供数字资源，如查询、统计分析、数据处理与交易等直接服务或中介服务。

（2）基于知识经验、数字孪生、建模方法等对外提供知识类数字服务。

（3）通过与主要业务相关的软件、硬件、云设施，以及相应的系统解决方案等，对外提供提升客户研发、供应、生产、销售、服务能力的数字服务。

随着网络信息时代的到来，企业由原来单一的实体经营逐步转向实体经营和虚拟化经营相结合，而且很多企业都依托虚拟化经营取得了非常好的业绩。虚拟化经营依托的是什么呢？是虚拟化运营的知识能力！

以客户为核心，不仅要求企业将企业外利益相关者作为客户，而且也要将各部门、下属公司作为客户看待，为其提供数字服务。所以，企业首先要将各职能部门和业务部门作为经济体来看，这也是企业成为集团公司的雏形。如图 4-15 所示，在企业各部门和业务进行升级，成为独立的业务经营体后，集团公司也就成立了，商业模式的升级路线图就是集团公司的成立路线图。

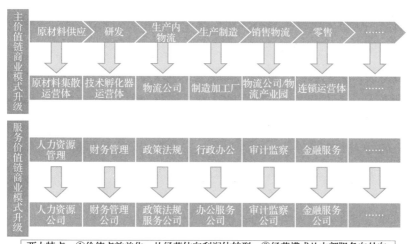

图 4-15

在组织理念和行为准则改造完成后，数字业务培育有以下四条路径。

（1）经验曲线知识化路径。此路径是指将经验转化为知识化模式，并成为企业商业重组的路径。

许多企业通过对运营体系的数据仓库诊断和智能化分析，得出了许多经验，并以此作为管理决策和员工管理的标准，如通用电气（GE）的六西格玛管理模式，通过对生产制造工艺的每个环节的质量、成本、运转效率控制，在确保产品的制造精度领先的同时，让生产成本最小化，并以此形成了生产运营管理的标准化模式。

许多企业应用的绩效管理体系也是经验曲线对商业模式的质量优化。

绩效管理目标的设定一般有以下几个参考依据：一是行业标杆的参考数据；二是历史的经验数据；三是根据前两者制定的发展目标。该经验曲线形成后就有了对组织、部门和员工的操作要求，在这些都完成后，就完成了企业运营商业模式的质量优化，包括成本节约、质量控制、市场拓展等。

（2）从产品知识到客户知识路径。此路径是指从利用产品知识到利用客户知识并进行商业模式优化的路径。

市场的发展经历了产品推销、产品销售、产品营销阶段，现在到了客户的云营销阶段，在每个阶段均有不同的要求，对企业的商业模式运营也提出了更加精细化的要求。

在客户的云营销阶段，客户在满足基本需求后，为了满足自己的求异、求新等心理需求，逐步产生了各种有趣味性、超前性的需求，这就需要企业提供差异化、功能化、价值附加化和能够引起其心理共鸣的无边界营销。企业可以根据客户的心理和需求导向，顺势利导，在满足其需求的同时，以乐趣共鸣的方式引导其成为意见领袖，从而吸引更多客户关注，并以此获取更大的市场份额。云营销的实质就是无边界的营销，即客户需求无边界、企业满足和引导其需求无边界、企业发展无边界的营销。

现代营销运营已经到了云营销概念阶段，我们可以以此作为发展的前沿驱动。

7-11连锁便利店能够提供小区内居民需要的报刊，代售电子卡，甚至提供保洁、孕婴照顾等服务，这些正是基于其对客户的深刻洞察而积累起来的客户知识营销。除了上述业务，其内部的经营能够做到根据客户早上需要的早点、中午需要的食品，晚上需要的调味品等随时改变便利店内的产品结构和产品位置，而且在下雨之前在门口放置雨伞等销售物品，可见其已经深谙客户需求！

沃尔玛根据客户在终端内的购买动线研究消费者的购买习惯、购买品项、购买动因和购买动机等，研究出针对客户购买习性的货位设置、物品摆放顺序，以及特定商品架构等精准销售模式。这应该是商业模式优化设计中的从产品知识到客户知识路径的典型案例。

（3）从经验到知识路径。此路径是指，从经营有形资产到经营专业知识，并进行商业模式优化的路径。

武汉老百姓大药房运营的医药产业基地、医药连锁经营管理体系，以及与医药体系相关的产业链运营架构体系等，已经成为行业的标杆，通过其成立的管理公司将该模式作为企业的知识资产，能够为许多医药经营企业进行产业链升级、商业模式规划、运营体系优化等咨询服务，可以说这是从经验到知识路径的经典案例。

香格里拉连锁酒店享誉全球，但很少有人知道该酒店由他人投资，香格里拉管理公司只投入管理人员、管理经验、运作体系等，却获得大部分经营利润。这也是从经验到知识路径的经典案例。

（4）从知识到产品路径。此路径是指，从知识到产品，即把无形化的知识进行有形化的展现，将其作为商品运营的路径。

例如，SAP 等企业管理软件公司将企业管理的流程化、制度化和规范化等管理知识以 IT 软件体系的方式对企业进行出售，这就是从知识到产品路径的典型。

企业为了宣传自己和产品以出版书籍的形式进行记录和传播、许多培训老师将课程中的部分内容刻录成光盘进行销售，都是从知识到产品路径的商业模式优化。

如果企业能够将内部的数字化服务变为产品和服务，对外部企业进行服务，其实也就提供了产业型数字业务了！

【案例分享】某城投集团的智慧城市业务架构（如图 4-16 所示）

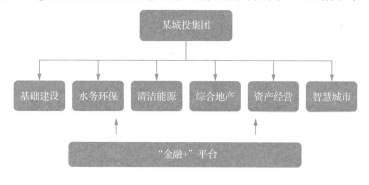

图 4-16

（1）背景：该城投集团在"十一五"和"十二五"期间主要有以下业务。

① 主要承担了当地城市的桥梁、道路、隧道等基础建设，市场业务额占80%以上。

② 承担了当地城市的自来水和燃气供应，市场份额占当地的 60%以上。

③ 为了平衡相应的建设费用，该集团将政府为平衡资产而供给的土地进行房地产开发。

④ 道路、桥梁、隧道等的建设会产生夹角地和闲置地，为了充分地利用这些资源，该集团进行地下综合管廊的建设和运营。地下综合管廊是包括自来水、民用电路、民用燃气管道、通信光纤、电话线等的一体化管廊。

⑤ 将房地产开发、道路 ETC 收费和道路桥梁维护、工程建设拆迁后的夹角地进行综合开发等。

该集团的五大业务板块，在"十二五"期间基本上实现了网络化管理，道路、桥梁、隧道运维基本实现了全程监控。五大业务板块分别连通了城市的交通管理、民生管理等信息化平台。

（2）机遇发现："十三五"正是中国开启全面信息化和智慧城市的新时期，该集团进行转型有三大必要性。

① 发展智慧城市是新时期"建设城市"的需求，建设智慧城市可以提升所在城市的竞争力，能够实现城市可持续发展。

② 有利于深度挖掘和发挥集团积累的现有数据的价值，通过搭建业务板块、发展产业，充分激活现有 ETC 业务等积累的数据的价值；数据资产具有高溢价优势，对集团融资具有促进作用［国外大数据公司的 PS（Price to Sales，市销率）估值在 25～45；国内公司（如数据堂）的 PS 约为 33］。

③ 提升集团相关产业的运营能力，运用智慧城市相关技术提高水务、燃气等产业的基础设施运维效率。

（3）转型规划。

① 战略目标：在"十三五"期间，该集团建成智能交通、智能停车、智能公共服务、智慧生活线上系统，建成集团大数据中心，实现云计算的对外服务，成立一支投资于智慧城市产业发展的投资基金，将数字业务打造成集团新的利润增长点。

② 发展思路：以发展智能交通为契机打造板块承接主体，构建"云网端"基础服务平台。择机成立智慧城市产业投资运营公司及智慧城市产业投资基金，通过控股、合资、联盟合作方式，探索"云网端"延伸服务类业务，并结合智慧城市产业园，打造"产园融"产业发展模式。

③ 具体举措：以"路桥收费中心"为核心，以发展智能交通为切入点，打造板块主体；赋予"路桥收费中心"牵头发展智能交通相关产业的职能；着力发展智能交通产业，完善智能交通系统平台建设，推出手机 App；择机成立城投集团智慧城市产业投资运营公司，打造智慧城市板块承接主体。

④ 关键业务：构建"云网端"三层面基础平台，完善智慧城市产业基础设施，包括以下三个方面的业务。

第一层面"云"：在云架构平台上，聚集智能交通数据、燃气服务数据等，投资建设城投大数据中心。

第二层面"网"：完善信息管网、智能交通物联网建设。

第三层面"端"：基于公共服务线下网点的整合，打造综合公共服务 App 终端。

⑤ 基于智慧城市产业投资运营公司的"云网端"平台优势，多层次探索智慧城市相关业务。

新成立事业部，分管智慧城市业务板块的各运营机构，除了帮助集团各板块业务智能化发展，还要根据各板块业务的特征发展相应的智慧城市业务。例如，智慧燃气、智慧工地、智慧地产。智慧燃气：打造全市统一的天然气智慧能源调度平台，基于燃气用户数据，开发新产品，如燃气安全保险产品、智能燃气器具。智慧工地：由集团本部投资建设智慧工地系统，实现相关管理的智能化。智慧地产：打造智慧小区，支撑房地产开发经营决策。

事业部采用合资合作的模式，探索具有高价值的延伸业务领域，包括智能停车系统及智能停车 App 等，同时大力延伸基于智慧终端的广告类业务。

事业部采用联盟合作的方式，打造围绕"房主"与"车主"的综合服务生态、"慧生活"综合社区服务 O2O 生态。

第 5 章

数字化企业的新型能力

数字化企业的新型能力不同于传统企业的能力，是利用数字化技术进行叠加的能力，具有应用数字化、融合数字化、开发新业务等新型特征。

随着科技和信息化的发展，消费者的需求呈现个性化、多元化，企业竞争力呈现广域化、多样化。为了适应新环境，企业需要不断优化战略导向、保障竞合优势，所以生产组织方式、经营管理方式、业务创新模式等都发生了前所未有的转变。这些均需要企业充分利用数字化技术提升各项技能，我们将此作为新型能力。

新型能力的打造是一项系统工程。企业应该根据发展战略和现状，系统性地打造、运用和优化新型能力，推动新型能力不断跃升，以支持价值的持续创造。

企业数字化转型是一个新型经济业态形成的过程，是从传统经济业态逐步升级而来的，必然经历从商业模式重构、两化融合到数字化的阶段，所以新型能力就包括商业模式重构能力、数字化应用能力和数字化融合能力三大类。

5.1 理解企业的新型能力

企业只有应用新一代信息技术，建立、提升、整合、重构组织的内外部能力，才能赋能业务，加速创新转型，构建新型竞合优势，改造旧动能，打造新动能，创造新价值，实现新的战略目标。

5.1.1 新型能力的三个维度

新型能力是物质的，是动能的，是价值过程实现的保障。

按照唯物主义观点，价值交换是推动发展的本源。不管是个人、部门，还是企业，要在周边环境中获取竞争优势，就必须具有能力和价值。

不管什么样的能力，其体系打造都是一个系统工程，所以我们要理解新型能力的内涵或构成因素是什么。

1. 新型能力的构成因素

企业满足消费市场的能力实现过程包括发现消费市场需求并精准定位、构建运营平台作为载体、整合生产要素资源，以及协同外部环境逐步改善竞合关系等。在新时代，充分利用数字化，打造和升级这些能力，就形成了企业的新型能力。

要实现企业新型能力的打造，就必须了解能力的内涵。

首先是能力打造的过程，要有识别、策划、实施和评测的全生命周期过程，不然就违背了从无到有、从弱到强的事物发展的规律。

其次是能力实现的要素，有组织、学习、实践、价值评估等。数字化转型的企业完成的是新型能力打造，需要数字管理、数字化技术、运营流程和组织保障，才能实现以数字为核心的转型。

再次就是对能力内涵的管理，要实现对能力内涵的管理，就需要管理体制、管理机制的支撑，形成企业可持续发展的运作系统，以至于形成"文化"进行传承。

新型能力的构成因素如图 5-1 所示。

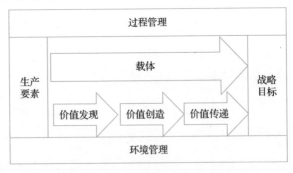

图 5-1

2. 新型能力三个维度的内涵

（1）过程维内涵。按照 PDCA 闭环管理规则，过程维包括策划、实施、测评和改进四个阶段。

① 策划，是指对新型能力打造全程和全体系的策划，其内容包括以下几项。

企业对利益相关者进行需求画像后，制定新型能力发展目标，包括但不限于政策成果、制度成果、标准成果，以及绩效成果等。

企业要把新型能力发展目标分解到最小单元。

新型能力实现的路径设计，涉及指导思想、发展原则、路径策略和实施方法等，要形成行动方案。

新型能力实现所需要的要素和结构设计，包括但不限于技术要素等。

新型能力实现过程的管理，包括组织保障、激励机制等。

新型能力实现所需要的资源匹配、预算成本和风险评估，还包括对影响要素的分析。

② 实施，即新型能力具体的实施，包括以下几项。

支持条件建设，即资源匹配。资源匹配是新型能力打造的具体环境要求，包括组织保障、激励机制、资金和人力支持、IT 的软件和硬件等，以及上述支持条件的成熟度、匹配度等，有着优先顺序和具体规则的要求。

要按照 SMART 原则实施，内容包括策划方案全生命周期的实施、协同内外环境和资源实施等，要做到行动有计划、职责分工明确、时序安排有度、过程记录留痕、结果有考评、考评有激励和奖罚等。

③ 测评，包括结果测评和过程测评。

结果测评：根据策划方案，评估目标达成的结果。

过程测评：对过程进行评审，对有助于结果达成的过程要素形成经验积累；对没有结果达成的过程要素，要找到原因和短板，马上整改。

④ 改进，分为定调、预调、微调改进。

定调改进：待得出阶段性成果后，对后续新型能力建设的方向和目标进行定向的调整。

预调改进：在中间评估后，对策划方案进行修正，在必要时进行优化和调整，包括对目标、路径、资源、过程、方法、工具等优化和调整。

微调改进：在实施过程中，当发现速度、质量、安全等与策划不一致时，通过微调资源、方法、工具等进行改进（如修偏、优化和提速等）。

（2）要素维内涵。影响新型能力打造的要素包括数据、技术、流程和组织，覆盖企业数字化转型的全程系统解决方案。

① 数据：数据是新型能力打造的关键要素，在数据全生命周期中需要数据采集过程的数据底层标准化，数据清洗、传输、集成和共享过程的规范化，数据决策过程的前瞻性和数据应用过程的科学性。

② 技术：技术特指数字化转型过程中所关联的新一代数字化技术，包括以下技术：机器学习、边缘计算、数字孪生；边缘云、共享云、公有云的架构技术；物联网和 5G 等使用的硬件技术；SaaS、PaaS、IaaS 的架构技术；云边融合、多系统融合等。

③ 流程：新型能力的流程覆盖新型能力全生命周期打造和应用领域，是企业整体流程的重要构成部分。

④ 组织：组织主要是指新型能力所关联的组织结构、职能职责分配和人力资源配置。

（3）管理维内涵。参照数字化治理的四个维度，新型能力打造的管理维要素也包括治理要素、组织机制、管理方式和组织文化四个方面。

① 治理要素：数字化的新型能力的治理要素关键是数字化治理体系，包括数据底层的标准体系和全程管理制度系统、数字化领导力的管理规范、数据人才培养、数字化资金投资管理和数据安全管理规范等内容。

② 组织机制：组织机制是指新型能力打造所需要的组织模式和运营机制，如外训和内训是组织模式，而采用目标与关键成果法（Objectives and Key Results，OKR）激励考核是运营机制。

③ 管理方式：管理方式是指对新型能力打造过程中的人力资源、财务、业务、资产、商权等的管理方式，是集约化、平台化管理，还是松散型、个性化管理等。

④ 组织文化：组织文化是指价值观和行为准则。新型能力打造文化归属于企业数字化转型的数字化治理文化，也是企业文化的构成部分。

5.1.2　从六个角度打造企业的新型能力

动能要素要创造价值，取决于动能要素成熟度和应用环境成熟度。要理解新型能力，就必须以动能要素的价值发现、价值创造、价值传递三个能力作为基本经济活动的主体，而载体支撑、环境管理和过程管理构成了应用环境成熟度要素。

企业价值是通过价值发现、价值创造和价值传递来实现的，而高效价值更加需要载体的先进性、人员的能动性和生产要素的驱动性。结合企业价值链模型，数字化新型能力有以下六种。

1. 价值发现能力

价值发现能力是指通过消费与市场洞察发现需求的能力，是企业组织研发和生产，创造产品的前提，应该是企业首要的新型能力，主要包括以下几项。

（1）客户画像能力。企业要充分利用数字化技术，对企业积累的、消费市场客户提供的、从第三方采购的数据等进行分析，对客户进行区域分布、性别分布、年龄分布、职业分布、需求特征分布、性格特征和行为特征分布等画像，为企业制定战略提供依据。

（2）竞合态势感识能力。企业通过战略信息情报系统的数字化分析，能够清晰地了解国际和国内政治、经济、科技、文化等发展趋势，了解行业和企业所处的大环境；企业通过产业链洞察，能够了解上游供应商和下游渠道商的经营状况、竞争态势，以及行业发展趋势等，厘清供需链发展现状；企业通过对资本市场、科技市场、数字化服务市场、人力资源市场等的数字化分析，能够了解供应商和投资者关系；企业通过对员工团队的面貌、状态和需求等的舆情画像，能够优化内部运营机制，打造幸福企业。

（3）从产品知识到客户知识的转化能力。企业可以通过技术变革开发新产品，不断挖掘技术层面能够带来的新需求和新消费；企业可以通过对客户的技术服务发现客户的新需求，从而采用新技术开发新产品。

2. 价值创造能力

企业应该围绕利益相关者进行价值创造，关键是通过生产制造过程进行。企业的价值创造能力主要包括以下几项。

（1）企业治理能力。企业存在的前提就是为投资人创造新价值。投资人的价值回报是通过股权治理实现的。建立数字化的投资平台、建立完善的运营管控机制、获取下属机构的效益回报是现代企业普遍采用的方式。

（2）产品研发能力。产品研发能力包括应用新技术开发新产品、新产品融合数字化的新应用、产品数字化和形成数字化产品，以及利用数字化技术完成产品从概念到功能的设计、从生产到服务的高效实现等能力，包含产品存在形态和系统方案形态，这些都是产品研发能力的有机构成部分。

（3）生产制造能力。生产制造能力是指利用新一代数字化技术进行精益生产、数字车间、智能制造等系统的打造，满足市场需求的能力，包括订单响应速度提升、产能释放、成本降低等能力。

（4）精益物流能力。精益物流能力是指利用数字化物流系统，合理分配物流动向，为渠道商、消费者提供个性化体验和便捷化购物方式，为客户提供系统化物流服务的能力。

（5）环境治理能力。环境治理能力是指通过万物互联为社会提供责任型价值输出，在运营过程中实现环保化、绿色化，保护并循环利用自然资源，形成再生资源，保护自然环境的能力。

3. 供应链管理能力

企业要充分利用互联网技术实现正向物流快捷化、高效物流服务化、逆向物流个性化，不断优化供需关系，打造新型供应链平台。供应链管理能力主要包括以下几项。

（1）供给侧资源整合能力。企业要利用自建平台、他建平台，优化供应商关系，建立高性价比、高服务效能的采购系统，满足生产运营需要；企业要建立高效协同机制，不断地从供应的原辅材料、元器配件中发现新功能，开发新产品，建立协同服务和生产的运营体系；企业要强化生产要素资源供给生态化，开发新模式，聚集资本、技术、人才、数字化服务、法务服务、咨询智力服务等新型要素资源。

（2）生产共享能力。企业要建立数字化的共享平台，建立生态化的、平台化的生产运营管理系统，拓展共享金融、共享人力资源、共享设备、共享车间、共享工厂的商业运营机会，最大化利用生产要素资源，促进社会资源高效利用。

（3）物流服务能力。企业要升级供应、生产、销售的协同能力，打造快捷、精准、高效的物流服务系统，融合供应链金融，结合无车承运、自动售货等新模式，不断提升对客户和消费者的服务能力。

4. 营销服务能力

营销服务能力是指通过分配和交易完成向消费转移的价值传递能力，目标是内容营销和渠道建设，主要内容包括以下几项。

（1）价值主张策划能力。企业要利用数字化技术联动经营载体（商品、服务、平台等）功能和利益相关者画像进行产品卖点与品牌内涵的设计，以差异化获取市场竞争优势，满足利益相关者的价值需求。

（2）整合传播能力。企业要将具有独特价值主张的营销内容，通过自媒体、网络平台、新媒体等现代信息途径高效传播，实现快速引流和精准获客。

（3）渠道网络建设能力。企业要围绕客户和消费者画像，快速布局营销网络和销售渠道，满足消费者的个性化、多元化需求。

（4）销售服务能力。企业要为消费场景提供安装、测试、使用、功能开发等系统解决方案，同时利用数字化技术进行在线监测、在线诊断、在线优化、在线的系统解决方案提供，促进产品在使用过程中的数字化知识积累和数字化能力升级。

5. 新要素融合能力

企业的发展除了涉及土地、资金、厂房、设备等基础要素，还需要数据、科技等知识类新要素。新要素融合能力包括以下几项。

（1）数据融合能力。企业要通过打造标准化的标识解析系统，按照标准化要求进行源数据建设、主数据融合，支撑数据价值挖掘和智能化升级的能力，支持发现新的战略机遇、重构商业模式和优化竞合关系。

（2）知识资源整合能力。企业要整合数据资源、信息技术，以及相关发明专利、品牌资产、使用权等，将其融入商业模式重构中。

（3）数字化技术融合能力。企业要充分利用数字化技术系统，构建开放型云架构平台，通过互联网与外部利益相关者互联互通；企业要充分利用物联网、5G、机器人等设备设施，构建企业内部万物互联世界；企业要充分利用人工智能、大数据技术，开发数据算法，不断挖掘数据价值，支持商业模式重构。

6. 运营管理能力

打造数字化的企业运营管理能力，营造企业数字化转型环境，内容主要包括以下几项。

（1）战略规划能力。企业要能够利用数字化技术洞察外部宏观环境、中观环境、微观环境，以及内部资源优劣势，通过大数据分析、人工智能、机器学习、边缘计算、数字孪生和仿真，发现战略新机遇，制定新战略，优化战略发展路径、战略实施策略和方法，并对战略绩效进行评审和优化。

（2）协同管理能力。企业要让数字化与业务体系充分融合，将企业运营的人力、财务资产、业务事项、物料物品、商权高度协同起来，上下分明、横向清晰，形成企业发展的聚合效应。

（3）数字化学习能力。企业要通过数字化不断增加人员的运营知识，提高人员的业务技能，包括对商业机制的深度认知、数字化逻辑的把控，以及数字化工具的使用能力等。

5.1.3 新型能力的五个能级

事物总是从初级向高级逐步发展的。根据《信息化和工业化融合管理体系新型能力分级要求》(T/AIITRE 10003—2020),企业的新型能力分为五个能级,分别为初始级、单元级、流程级、网络级和生态级。

五个能级的关系是从低到高、逐步扩容和兼容的,就像版本的逐步升级。为了加强对具体内涵的理解,下面以列表对比的方式介绍。

1. 五个能级的特征

初始级、单元级、流程级、网络级和生态级的新型能力分别对应具备初始基础、职能组或工作班组价值节点、流程管理价值系统、公司层面的价值体系、对上下游客户生态网络层面的数字化能力,见表 5-1。

表 5-1

能级	初始级	单元级	流程级	网络级	生态级
企业阶段	初始阶段	能力节点阶段	能力流阶段	能力网络阶段	能力生态阶段
能力覆盖	点状业务或部门	主营业务或部门	跨部门、跨业务环节,支持系统提升	全组织、全要素、全过程,全局优化	跨组织、合作伙伴、客户,支持价值共创
关键特征	完成两化融合标准要求的体系建设; 具有数字化转型的基础	职能驱动型能力建设; 实现了效率提升、成本降低、质量提高的目标	流程驱动型能力建设; 有效地拓展了延伸业务	数据驱动型能力建设; 数字化融合,有效地进行业态转变,培育数字业务	智能驱动型能力建设; 实现了对上下游客户的连接,全面赋能其发展,保持竞合优势; 建设平台,打造数字新业务,维持绿色可持续发展状态

2. 五个能级新型能力的过程维

新型能力的打造需要策划、实施、测评、改进的全过程管理,具体内容见表 5-2。

表 5-2

能级	初始级	单元级	流程级	网络级	生态级
策划	业务蓝图和实施路径策划	模块化系统方案策划	信息互联网，集成系统方案策划	物体互联网，战略性顶层构建	价值互联网，共生共赢的跨组织新架构策划
实施	模块化数据系统的实施	模块化信息系统的实施	集成系统和管控系统的实施	数据驱动型的网络系统实施	智能驱动型的内外协调系统的实施
测评	实现了功能价值测评	模块化功能价值实现过程和结果的质量、数量与速度、成本、效益、安全测评	集成效能和管控能力测评	数据模型化测评	可持续竞合优势测评
改进	寻找更多的价值点位，改进业绩体系	改进原模块，拓展新模块，改进管理系统	改进制度体系	可持续改进	自组织、自优化机制建设

3. 五个能级新型能力的要素维

新型能力的实现要素包括数据、技术、流程和组织，具体内容见表 5-3。

表 5-3

能级	初始级	单元级	流程级	网络级	生态级
数据	业务和职能管理基础数据	模块化数据标准化，模块安全	数据底层标准化，主数据共享，内网安全	标识解析体系标准化，外网安全；数据开发	生态化交互数据，泛化连接和共享、异构化网络安全
技术	记录、存储、分析和应用	软硬件、网络和平台建设	内部互联互通和共享	互联网+；可开放式平台架构系统	+互联网；组件化，智能云平台
流程	物理流程	流程优化	流程再造	流程重组	流程自生态
组织	金字塔科层级组织系统	责权利条线清晰、横向分工明确	产品型组织，流程化职能职责和人力资源配置	服务型组织，动态化调整	平台化组织，按需、协同、智能化调整

4. 五个能级新型能力的管理维

新型能力的打造需要治理要素、组织机制、管理方式和企业文化等的管理支撑，具体内容见表 5-4。

表 5-4

能级	初始级	单元级	流程级	网络级	生态级
治理要素	数字化职能管理体系建设	数字化管理体系建设	数字化管控、内控和风控体系建设	以数据驱动内外协同和联动	生态圈智能数字化生态协调治理
组织机制	科层级组织	科层级组织	矩阵式组织	网络化组织	自学习组织
管理方式	规范化	数字化辅助决策	流程标准化管理方式	数字化赋能组织	自组织管理，生态化开放
组织文化	新角色；"企业人"文化；价值被分配者	新规则；"经纪人"文化；价值生产者	新秩序；"社会人"文化；价值创造者	新精神；"知识人"文化；价值整合者	新信仰；"创业人"文化；价值放大者

5.2　用数字化培育企业的新型能力

企业是结构化组织，新型能力是组织行为结果的反应，可以分解和组合。新型能力培育包括数字化业务能力培育和利用数字化技术的能力培育。

在深度理解数字化企业三维度、六视角和五能级的新型能力内涵后，如何具体打造新型能力？不是上线了数字化运营管理系统就行，企业还需要根据发展需要进行战略性的顶层设计，并本着唯实惟先原则付诸实施。

价值交易双方的需求得以满足是推动企业发展的原动力，价值满足的能力就是企业能力，数字化的企业能力就是新型能力。企业的愿景、使命、价值观指引着企业新型能力打造，获取竞合优势是外在动能，价值主张得以彰显是企业意志和战略雄心的表达，内外双循环是企业新型能力打造之路。

5.2.1　构建新型能力的战略架构

因为利益相关者不同，企业必须进行明确的分工，所以数字化企业的新型能力是分层级的，从上而下能够层层分解，从下而上能够级级聚合，同时在横向上能够协同，由此形成了企业新型能力的架构。

我们根据企业发展的生命周期特征，可以将企业的发展阶段归纳为四个阶段，即单一业务经营阶段、集团化经营阶段、产业化集团经营阶段和多元化集团经营阶段。每个阶段都有不同的竞合优势需求，新型能力必须彰显企业的价值主张，并且落地到具体的业务场景中。这就是新型能力的发展战略！

1. 寻找新型能力的未来坐标

（1）新型能力的三维特征。企业的新型能力战略必须能够满足竞合优势、战略雄心和资源匹配三大特征。获取竞合优势既是过程，也是目标。战略雄心是企业意志和价值观。资源匹配是基础载体。表 5-5 为新型能力的三维特征要素表。

表 5-5

维度	分项	需求
竞合优势	政府	自然生态保护和社会责任
	投资人	高价值回报
	供应商	新合作、新空间
	渠道商	新合作、新空间
	消费者	个性化、多元化的需求满足
	合作伙伴	新合作、新空间、高回报
战略雄心	上位思考	管理机构的战略部署
	企业家意志	企业决策和意志
	团队价值观	团队价值认知、价值倾向和价值认可
资源匹配	体制保障	组织和人力资源保障
	管理方式	经营方式、激励机制
	运作系统	制度和流程执行
	数字化平台	数据驱动创新动能

（2）以组织为骨架设计新型能力目标。表 5-6 为逐步升级、逐步包容的新型能力目标。

表 5-6

企业的不同阶段	单一业务经营阶段	集团化经营阶段	产业化集团经营阶段	多元化集团经营阶段
基本特征	业务单一，消费与市场跨区域	跨区域经营	产业链延伸	多产业链发展
能力需求	能力单元+能力流	能力流	能力网络	能力生态
能力目标（预设）	高科技的研发能力；精益化的生产能力；高性价比的供应能力；高效率的物流能力；高拓展性的营销能力；高价值的服务能力；经营与数字化的融合能力	跨区域的协同能力；流程化运营能力；数字化的共享能力；互联网+能力；财务+业务型集团管控	产业链协同能力；能力+互联网；战略+财务型集团管控能力	跨业态协同能力；与互联网融合能力；战略型集团管控能力

（3）构建不同能级的新型能力网格。企业要建立从上而下层层分解，从下而上级级聚合、网格化协同的新型能力架构，见表 5-7。

表 5-7

能力能级	生态级	网络级	流程级	单元级	初始级
对应能力	能力生态	能力网络	能力流	能力单元	基础能力
数字化融合能力	1.标准架构	1.1 网络架构	1.1.1 平台架构	1.1.1.1 系统架构	1.1.1.1.1 模块架构
	2.应用架构	2.1** 互联网	2.1.1 生产运营平台	2.1.1.1 生产管理系统	2.1.1.1.1 计划模块
					2.1.1.1.2 生产模块
					2.1.1.1.3 质量模块
					……
				2.1.1.2 研发管理系统	
				……	
			……		
		……			
	3.数字架构				
	4.机制架构				
	5.技术机构				
学习能力					
……					

（4）解析新型能力的构成因子。新型能力不是凭空产生的，是由相关要素构成的。要素包括直接要素和间接要素，我们必须厘清其中的关联关系。例如，在精益生产过程中，一块钢板作为原材料，需要被加工成许多诸如三角形、圆形等不同的部件，如何进行统筹呢？这就需要员工掌握基础的算法知识，掌握必要的工具的使用方法，不然就会造成材料浪费。掌握工具的使用方法是直接因素，而掌握基础的算法知识是间接因素，但也是最基础的因素。

① 知识体系架构设计。员工的知识体系是员工劳动技能得以发挥必须具备的基础支撑。笔者在为一家世界五百强公司进行干部培养管理咨询时，就强调干部晋升首要考核的是知识和技能。如果你要做部门长，就要有部门长所需要的知识和技能；如果你要做集团的副总，就要有集团副总所需要的知识和技能。这是前提。

企业需要根据各个岗位的历史积累、现状要求、环境、岗位和职责变化，进行从岗位到组织的知识体系建设，如图 5-2 所示。

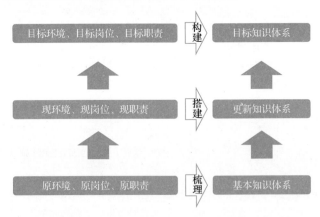

图 5-2

具体的设计过程包括以下几个步骤：整合自己具备的知识体系，评估哪些既有的知识体系能够用于现在的工作；对当前岗位评估知识体系是否够用，如果不够用，那么应该补充哪些知识；基于职业生涯规划，进行自主的知识学习。

这些知识具体是什么？建议企业根据历史数据、发展需要，针对每个岗位制定不同等级的知识体系，以指引员工自主学习。

当然，要对知识体系再次进行细分，甚至按照掌握的深度再次进行细分。

② 技能体系架构设计。与知识体系架构设计的过程一致，在此不再赘述，但企业做好以下工作将更有助于员工技能提升：基于岗位作业，形成作业实践的技能说明书或操作指导书，以此规范自己的作业，形成标准；企业每月组织技能演示会，让更多的人了解自己的专业和技能，强化沟通和协调，加强互相了解；企业组织集团层级的技能交流会，以技能培训强化集团管控；企业组织员工参加各项技能大赛，提高员工提升技能的积极性；企业组织对标学习会和专项培训，提升员工的技能。

根据岗位工作需要，企业可以把知识和技能做到岗位胜任模型中。具体的做法如下：采用工作要求分解法，即根据岗位所需要作业的价值链进行知识技能要求的分解；参考岗位价值评估模型对知识和技能分层级；为了有助于岗位价值评估，可以考虑制作一张统筹的大表，以便对比不同岗位的胜任需求。

2. 设计科学的学习路径

（1）知识学习路径。相信大家都非常清楚具体的知识学习路径，无外乎自学、企业内训、内部导师辅导、外训等，在此不再赘述。

企业如果建立以下机制，那么将更有助于员工的知识丰富：设立图书馆或者阅览室，有计划地购买各种图书，鼓励员工捐献；设立阅报栏和读书心得交流墙；创立企业内刊；让每人每月写一篇学习心得，将其纳入绩效考核中，没有的扣分，优秀的奖励分；组织部门学习会，对每个人都需要学习的知识体系进行共同研讨；每月举行一次学习会，让员工交流学习心得和新的知识体系。

（2）技能提升路径。与知识体系的建设路径雷同，在此不再赘述。

3. 新型能力组合

新型能力在经过策划（包括能力目标制定和能力分解）、实施（进行体、面、线、点的打造）后，要想发挥聚合效能，就必须经过组合。组合的路径如下：

（1）流程化组合。按照业务流程进行横向组合，具体的组合模式建议采取精益生产模式和 TOC（Theory of Constraints，瓶颈理论）管理模式，要强化过程的后续环节对前面环节的拉动作用。

（2）纵向协同。上下层级之间要进行协同，强化的是管控，上下层级要分别形成指令链和回报链。

最后，新型能力才能聚集为网络级和生态级的能力。

5.2.2　用数字化打造新型能力

企业的新型能力是企业数字化转型的结果，同时也是企业数字化转型的动能要素，所以企业的新型能力打造就是企业数字化转型的业务新场景。

数字化转型的企业的新型能力打造必然离不开数字平台的高效支撑。

1. 按照数字化转型架构进行新型能力打造

企业的数字化转型过程就是利用新一代数字化工具系统进行商业模式重构、获取竞合优势和展现价值主张的过程，正是企业数字化新型能力的打造和输出过程，所以企业的数字化转型架构同样能够对新型能力打造具有指导意义。

（1）新型能力的识别和策划。

① 按照价值链规律，企业需要集中于关键业务进行新型能力的识别和策划。不同阶段的企业需要按照战略管理和集团管控的架构分别进行五个能级的新型能力架构设计，聚焦于战略管理、运营管理和资源管理三个层面，具体体现在企业战略、研发与设计、生产与制造、营销与服务、供应链与管理、人力与财务、设备与环境，以及信息等方面。

② 按照数字业务发展趋势，企业需要聚焦于生产组织方式、经营管理方式、业务创新模式，关注协同设计和研发、协同制造或云制造、供应链协同、规模个性化定制、C2B、移动 O2O、众包、云平台、大数据服务、集成创新、工业互联网和智慧工厂等数字化新体系。

③ 抓住数字化本源，企业需要关注与数字化技术成熟度相关的新型能力（如数字化模型建设和算法设计），关注与数字化技术应用成熟度相关的新型能力（如机器学习、边缘计算、数字孪生和仿真模拟等）。

④ 抓住资源支撑要素，企业需要关注与数字化治理相关的新型能力，如数字化标识解析体系建设、数据底层标准化建设、数据采集、数据清洗、数据传输、数据决策、数据应用、暗数据开发、敏感数据隐私保密、数据安全、网络安全等。

⑤ 企业需要按照数字化新型能力建设方法论，完成新型能力的 PDCA 过程维管理体系的策划，包括投资和风险管理等。

（2）新型能力的培育实施。"群策智治，唯实惟先"应该是培育新型能力的基本原则，企业应该先设计项目群组，然后逐步落地实施。

① 以打造企业战略性的新型能力为核心，目标是获取可持续性竞合新优势，以推动企业持续创新、加速产业转型升级、实现数字化融合水平整体提升为重点，兼顾业务的个性化、多元化需求，根据资源匹配现状，按照优先顺序或重要和紧迫顺序，制定可执行的行动方案。

② 从纵向上关注企业的核心竞争力打造，利用新技术、新理念深入挖掘既有优势，力求创新（如基于大数据、云平台等对基础数据营销和研发设计能力进行强化），进而分别打造更具竞争力的精准营销、研发资源高效协同等新型能力。

③ 从横向上关注管理创新要素，进行扩展、集成，弥补短板，形成合力，如已具备数字化研发、供应、生产、销售和服务优势的企业可以进一步强化在资源管控及战略管控等管理要素方面的能力，加强内外部资源整合，从内部强化财务管理、人力资源管理等，从外部强化供应链协同、项目生命周期管理等。

④ 企业数字化的平台体系要领先一步，包括两个方面的要求：一是对数字化技术平台的要求，如云边平台、数据中心、网络中心等的建设，必须支持模块化的系统应用和开发建设；二是对企业的组织平台的要求，通过完善组织架构、优化运营流程，保持企业运营架构优先。

⑤ 强化对数字化技术的学习和应用能力，广泛开展对数字化机制的掌握和系统工具应用的技能培训，逐步形成用数字化驱动业务、管理业务、服务业务的基础形态，再打造用数字业务驱动企业技术变革和应用的新型能力。

（3）新型能力评价和改进。在新型能力培育工程的实施过程中，企业要建立科学的评价和改进机制，以便符合数字化、生态化新型能力培育的发展逻辑。

① 建立科学的评价工作机制，一方面围绕策划方案，建立前期论证、中期佐证、后期验证的组织体系和工作方法，另一方面，把过程监控和结果评审相结合，确保中间不偏、结果高精准，甚至超越既定目标。

② 建立科学的评价标准体系，可以参照 ESG 评价体系、两化融合评价体系等，建立企业的新型能力评价标准体系。

③ 关注新技术应用的发展趋势，如装备制造业的前沿产品、核心技术、产品及配套服务的差异化和高端化等的发展趋势，再如研发设计新型能力从数字化研发设计、动态仿真分析、集成化/智能化研发设计、智能产品研发等向精益研发、研产供销一体化、产品绿色研发制造、跨区/跨企业协作等的转型新趋势，以便随时对方案、目标、路径和方法等进行改进。

总之，企业数字化新型能力的培育在向更加生态化的方向前进。在日常工作中，企业员工需要与组织紧密围绕"更高、更快、更宽、更细、更深、更精、更广、更准"的工作原则，致力于"方向、结构、质量、效率、安全"的持续优化。新型能力的目标导向如图 5-3 所示。

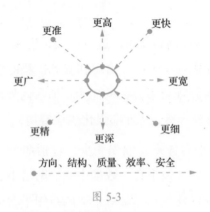

图 5-3

2. 案例分享

（1）企业背景：某产业化运营集团的营业规模近 1000 亿元，其下属企业有 40 多家，有三层架构。该集团的各级各类机构愿意利用信息技术，非常相信专业的力量，只要一遇到问题就想到用信息化来解决，所以对信息技术的投资很大，上线的系统非常多，但该集团因为系统繁多反而出现较多的孤岛，协同非常困难。

（2）在"十三五"期间数字化转型的历程。

第一年，该集团进行战略顶层设计，内容包括集团战略、职能战略、业务战略、集团管控、企业文化等，并以集团流程重组固化管理体系。

第二年，该集团从底层进行商业模式优化和再造，然后按照规划体系整合到二级机构的产业链商业模式重构，最后进行集团化生态层商业模式优化和再造。

第三年，该集团进行全体系流程重组，在集团内外、各产业集团、各业务单元之间进行跨层级和跨组织的流程重组，将流程操作规范和流程文档进行规范化，对流程输入和输出应用的标准进行统一。

第四年，该集团建立商学院，对高管层、中层和基层人员全面培训，培训的核心为流程标准化、三层级的商业模式再造，特别倾向于管理技能体系的应用，如数字推理、信息化治理等。

第五年，该集团进行新型数字化转型，对集团的数字化转型进行全面规划设计，开启全面的数字化分场景应用，重点布局供应链、生产链和消费链，构建企业标准化体系，目前参与了省级"乡村大脑"项目，旨在为上下游合作伙伴及地方政府提供智慧农业、智慧物流、智慧社区、智慧环保、普惠金融、数字政府等解决方案，通过大数据帮助城乡思考、决策，深挖基地生产、产地品控、产销对接等过程中的重点、难点和痛点，把技术体系、运营体系、产业体系并行优化和升级，推动农业产业互联网不断走向纵深。

（3）智慧学习。首先，该集团建立覆盖企业中高管的技能架构、知识架构，建立企业商学院。智慧学习架构如图 5-4 所示。

其次，该集团大力推进企业管理与数字化之间的逻辑关系研究，厘清企业管理与数字系统的算法机制，重构商业体系。

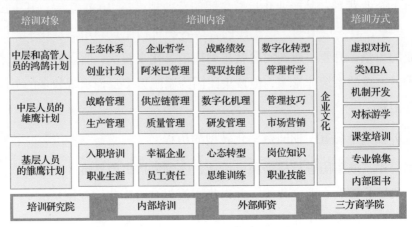

培训对象	培训内容					培训方式
中层和高管人员的鸿鹄计划	生态体系	企业哲学	战略绩效	数字化转型	企业文化	虚拟对抗
	创业计划	阿米巴管理	驾驭技能	管理哲学		类MBA
中层人员的雄鹰计划	战略管理	供应链管理	数字化机理	管理技巧		机制开发
	生产管理	质量管理	研发管理	市场营销		对标游学
基层人员的雏鹰计划	入职培训	幸福企业	心态转型	岗位知识		课堂培训
	职业生涯	员工责任	思维训练	职业技能		专业锦集
						内部图书
培训研究院	内部培训		外部师资		三方商学院	

图 5-4

再次，该集团广泛开展数字化技术应用培训，大力促进数字化和管理融合，将数字化工具体系的应用作为人员上岗和晋升的基本要求。

最后，该集团多次开展机器学习、边缘计算、数字孪生等技能大赛，将业务经验化、经验知识化、知识数字化、数字资产化。

第 6 章

数字化系统解决方案设计

企业数字化转型是以数据为核心要素，以数字化技术为载体和手段，对企业进行的从整体的价值顶层构建到具体业务场景的商业模式重构过程。单一的数据是解决不了企业发展问题的，所以必须进行系统解决方案的设计。

数字化系统解决方案包括数据、技术、流程、组织四个方面。

（1）数据。数据的全生命周期过程包括采集、传输和集成、决策和应用。数据采集是形成数据资产化的过程，有记录、有存储；数据只有根据经营需要进行必要的传输和集成，才能支持必要的分析和决策；最后，将成果应用才是数据资产价值化的过程。

（2）技术。技术主要是指新一代数字化技术，包括大数据、区块链、云计算、人工智能、物联网和 5G 等。通过这些技术，企业可以完成数据的生命周期管理。

（3）流程。流程是数据传送过程，其与业务运作流程一致，是企业价值发现、价值创造和价值传递的通路。

（4）组织。组织是企业数字化转型的保障，是运营体制和机制。只有团队和人员分工明确，协同运维，才能发挥数据资产的高效生产力。

数字化系统解决方案框架如图 6-1 所示。

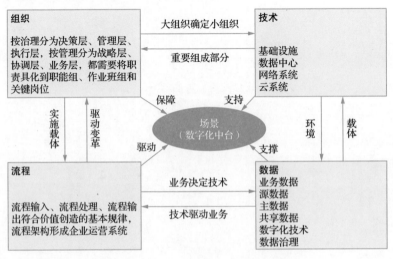

图 6-1

6.1 设计决定技术

数字化转型是一个现代概念，在此之前，企业早已存在，经过从手工到机械化、自动化、电气化阶段，随着计算机技术的发展，对新型能力有了初始级、单元级、流程级、网络级和生态级的迭代，并对数字化水平有了信息化、互联网化、数字化、智能化和智慧化的阶段性定义。

数字化属于人类生产和生活应用的工具范畴，是生产力工具，其设计、使用由人类智能产生，所以"设计决定技术"！

参照信息化规划的经验，数字化转型设计框架如图6-2所示。

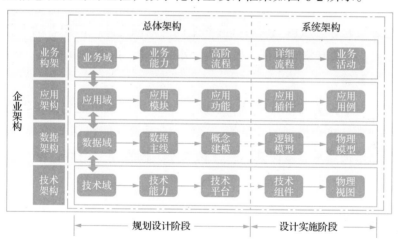

图 6-2

6.1.1 场景构建的三个视角

作为生产力工具的数字化，具有生产力工具的物理特征，即应用空间。为了发挥数字化的使用价值，首先要有应用场景。该应用场景就是企业的价值场景。

场景具有三大特征：一是能够用数字表达；二是有价值流环节；三是有明显的载体特征。

1. 场景数字化

数字化价值场景，是一个物理概念，由人、货、场三个维度的要素构成。下面以销售终端为例。

（1）"人"的概念。"人"包括终端的运营组织、人员安排，以及消费者的人员特征（基本特征、需求特征、性格特征、行为特征）及分布。

（2）"货"的概念。"货"包括产品特征和产品内涵特征。产品特征包括品类、品项、物理特征、精神特征和文化特征，产品内涵特征包括产品价格、产品交易模式、服务模式等。

（3）"场"的概念。首先，销售终端总处于一定的物理空间中，如国际与国内、南方与北方、城市与农村、商圈之内与商圈之外、消费者动线上与动线外等。其次，终端有物理特征，如面积、外部形象、内部空间格局、货品布局、销售场景布置等。

再如，对于人力资源管理培训来说，"人"的要素可能包括培训组织者、内外部培训师、接受培训的人员等，"货"的要素可能包括知识，"场"的要素可能包括培训课堂、微课堂、网络课堂等、技能等。当然，还可以将其再次细分。

2. 场景流程节点化

场景是价值流必须经过的空间载体，所以场景肯定分布在流程节点上。任何一个事物的PDCA闭环管理的某一环节均是场景的构成部分。例如，一家汽车4S店的场景分为咨询服务、汽车销售和维修服务，分别对应销售的售前、售中、售后流程，售后检测、修理、评测分别对应检修方案、检修和客户验收流程。

3. 场景组织化

业务场景是价值生产、交易、分配、消费的物理载体，所以其必须有组织予以保障，即使是在线上进行的，也必须有组织予以保障，即使在去中心化的区块链技术支撑的场景中，也必须有科层级的组织保障区块链的系统运维。所以，我们在设计场景的时候，首先要根据科层级的组织架构（如决策层、管理层、执行层）进行场景分布，甚至要将颗粒度达到工位层或某动作节点，然后再进行数字化的优化、重置等。

6.1.2 技术为设计服务

数字化技术属于劳动工具的范畴。劳动工具不会自己产生，是劳动人民的智慧结晶，所以设计决定技术。

有些人为了销售技术系统，夸大了技术的能级，所以有些企业盲目地认为技术可以解决一切问题，导致了盲目投资，虽然投资的技术系统是先进的，但是由于没有相应的设计，所以回报和投资不成正比。

1. 理顺技术和设计之间的关系

首先，我们要明确的是生产力和生产关系之间的关系。生产力决定生产关系，生产关系影响生产力，这是哲学的基本原理。生产力是什么？生产力是生产能力，是人类创造财富的能力。生产关系，是劳动者与劳动者之间、劳动者与创造的"财富"之间的关系。两者有关联，但不能混为一谈。

2. 设计和技术分别属于生产关系和生产力

不管是物质的识别器、传输器、计算机和网络机架等，还是软件产品、算法等，都是人类生产出来的，都属于工具系统，都是人类解决生产课题的劳动工具，人类借此能够更加清晰地获取对事物的认知。数字化技术是生产力的代表，代表了人类解决问题的能力。

设计包括如何部署技术系统、如何使用技术系统和如何管理这些技术系统等内容，解决的是人与这些工具系统之间的关系问题，所以其属于生产关系的范畴。

企业之所以要用数字化技术，就是为了进一步提质增效。这里有一个前提就是，企业要有一定的基础才能投资，即先有一定的生产关系，有资金保障基础，只有有了为什么要用这些数字化技术的先决条件，才会选择用哪些具体的技术系统。

所以，设计决定技术！

3. 设计包含的内容

如果将企业数字化转型的技术应用看作一个项目或一组项目，那么按照投资的基本要求，设计应该包括以下的内容或需要解决以下问题。

（1）为什么要用这些技术？这与企业要解决为什么要转型一样，就是采用这些技术做什么、有什么目的。这是解决存在的问题，即企业想在未来达到什么样的发展目标。

（2）通过技术解决什么问题？上面解决了需要的问题，下面就需要解决具体的落地事项，解决问题需要有目的，是解决人员管理、商业模式、战略方向和结构的问题，还是解决某具体的业务管理和运营的问题？这就是"场景"的问题，即要在哪些地方应用这些技术。

（3）应用技术的目标是什么？投资的基本原则就是得到回报，在做这件事情之前一定要明白要做到什么程度，得到什么结果。要想应用技术，就需要投资，所以需要设定价值目标，即能够得到什么。

（4）要用具体的什么技术？这是具体的选型问题。数字化技术包括很多，如云计算、5G、物联网等，以及多功能聚合的机器人。即便是机器人，也分为医疗机器人、水下机器人等。即便是水下机器人，也有不同场景的不同需要，如对机械臂的强度和韧性等的要求不同。只有这些都明确了，才能选对具体的技术系统。

（5）如何才能用好这些技术呢？技术是工具，是"金刚钻"。只有师傅有揽瓷器活的技术，才能保障"金刚钻"的高效配置。怎么用好技术系统，是管理系统的课题，买不对不行、用不好不行，这需要从人员、机器设备、物料、工艺方法、环境等生产要素方面解决，需要以质量、进度、成本、效益、安全等目标引导解决，需要从过程管理系统上解决。

设计决定技术，参照新型能力打造的策划内容，技术系统的设计内容就包括应用判断、效益价值、应用场景、资源条件、过程管理、运营机制等，甚至具体的操作细节。

6.2 数据全生命周期管理

数字化包括数据采集、数据传输和集成、数据决策和应用四个阶段。数据能否成为资产而被有效利用，取决于数据全生命周期管理的规范化。

数据的全生命周期管理过程紧密围绕数据进行，包括源数据管理、源数据报表管理、数据分析管理、数据应用管理，以及数据平台管理，由此循环形成源数据开发管理，同时还包括算法模型和决策模型、数据库技术等数字化技术，如图 6-3 所示。

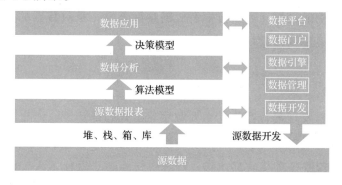

图 6-3

6.2.1 数据管理架构构建

企业数字化转型，是数字化利用的过程。数据要经过采集、集成、分析、决策、应用的过程，而要让数据发挥价值，就需要从应用、决策、分析、集成、采集方面反推，找到具有应用价值的数据。

当前，国内生产制造领域的智慧工厂、电力能源领域的智慧电厂、农业领域的智慧农业等的数字化转型风起云涌，远远超过了过去的 MES、ERP 系统、可追溯管理等的应用热潮。边缘计算、数字孪生、人工智能、机器人等都是什么呢？都是利用数字化技术管理业务的数字化系统。

从数据处理顺序来看，数据要经过采集、集成、分析、决策、应用的过程，而从企业应用价值的角度来看，必须要依次解决以下课题。

数据的价值在哪里？是检查作业的规范性，还是发现新的利润区？

怎么验证这些数据是有价值的呢？需要基于数据的决策。

怎么对数据进行决策呢？需要对数据进行分析。

只有一组数据能够进行分析吗？答案是否定的，需要大量的数据积累才能进行，这就需要数据集成。

这些数据从哪里来呢？需要采集和归整。

所以，企业数字化转型，从管理的角度来看，是对数据的采集、集成、分析、决策、应用的过程，而从价值有效的角度来看，是对数据的应用、决策、分析、集成、采集的过程！

1. 数据应用架构设计

我们首先需要理解企业为什么要数字化。我们都知道，企业过去进行运营状况分析，以手工报表为主，对其中的数据进行加、减、乘、除后得出相关的结论，这个过程既烦琐又容易出错。计算机技术逐步取代了人工操作，只要将逻辑输入，就能够快速获得答案，这就是数字化技术的应用。

根据企业的经营需要，数字化主要有以下作用。

（1）内部数字化的作用。

① 驱动业务。在 21 世纪前后，随着计算机技术的成熟，特别是以财务管理软件为代表的金蝶和用友，将过去的手工记账、核算等财务管理功能交给了

计算机进行处理，效率大幅提升，规范操作和数据核算促进了财务管理的规范性。后来，工业机器人替代工人进行搬运、安装等，使生产过程标准化，提升了产品质量层级。这些都是数字化驱动业务的典型。驱动业务，就是通过标准化的业务操作，提升业务的运营效率，驱动业务的发展。

② 管理业务。随着计算机技术的进步，计算机可以对数据报表进行扩展和商业智能（Business Intelligence，BI）分析，对其中的潜在风险进行预警和报警，对其中变化的敏感点进行提示，从而规范前端的操作，这就是管理业务。

③ 服务业务。随着大数据技术等的应用，在一个公司的后台可以同时调度多家工厂的生产，如调剂设备使用效率和人力资源使用效率、安排内部物流等，形成了总部对分部的服务职能，这就是服务业务。

企业数字化是通过组织实现的，将数字化价值与组织对应，驱动业务针对具体的工作岗位，管理业务针对管理职能组，而服务业务针对更高层级的组织体系。

（2）外部数字化的作用。企业内部数字化解决了价值创造的过程，这必须通过与外部的交互才能形成价值，所以企业数字化必须有外部数字化的协同，否则就形成了信息孤岛。

① 供应链。通过标准化的数字化记录可以驱动库存物品管理规范化，通过数据积累和经验数据的掌握可以对库存形成效益管理，通过多库存的调剂可以实现管理服务。如果想更加高效，就需要连接供应商实现"进"的价值发现、连接分销商解决"出"的价值传递。

② 营销链。商品不转移出去、不形成交换是没有价值的。数字化，特别是 CRM 系统，能够使价值实现更加快捷。

③ 服务链。服务创造价值，系统解决方案已经成为许多服务型企业的关键收益来源，对服务全程的跟踪可以提高服务质量，与客户的互动更是获得品牌共鸣和品牌价值的关键路径。

④ 价值链。把企业的研发、供应、生产、销售、服务的价值链条融合在一起，就形成了完整的企业价值链。

⑤ 产业链。通过与不同的企业进行数字化连接，企业能够融入更加广泛的产业价值链中，特别是平台型机构，如阿里巴巴通过对供应商的订单自动生成，融入更加广泛的供应链生态；规模性的生产制造企业将许多元器配件的生产厂家连接在一起，能够形成完整的生产配套系统和质量管理体系。这都是产业链数字化的典型。

⑥ 生态链。企业除了有经济职能，还有保护生态环境的责任。企业与能源、环境管理机构的数据连接可以被定义为生态链，碳汇交易是典型的数字化生态链。

⑦ 政府链。企业必须遵纪守法，政府通过对企业的经营数据进行统计和分析，即可进行宏观政策的调控。现在有许多地方政府通过大数据集成进行产业互联网平台的建设，从企业的角度来看，这就是数字化政府链。

企业通过数字化，能够与外部的利益相关者进行互联互通，提高效率。区块链数字化技术的应用更是企业数据资产积累的重要路径。

企业数字化就是通过数字化技术，通过内部能力提高和与外部利益相关者的关系优化，更好地形成价值发现、价值创造和价值传递，不断地摒除风险、降低成本、提高效率和挖掘潜能，从而实现可持续的最大化效益。

2. 数据决策架构设计

在了解了数据架构的构成后，就需要了解在某些场景下应该如何利用这些数据，这就是数据决策机制。

数据决策，也叫智能决策，是人工智能的深度应用。数据决策架构要解决两大课题：一是数字化决策的机制是什么、构成是什么，即数据决策系统。二是哪些人应该用哪些决策，即决策应用架构。

（1）数据决策系统。按照常规的思考，数据决策系统首先要有数字信息的输入或输出过程，其次要有数据决策的处理过程。

① 智能人机接口。该数据决策系统，不是使用人工进行数据的输入或输出，而是通过智能化的人机接口将数字信息输入或输出。输入的内容包括数据、文字、声音与图像、光电信号与视频等转化成的数字信息。输入的方式包括通过声、光、电信息设备等的数字转化，或软件系统直接导入数字化信息内容。

② 数据决策流程。决策处理系统处于数据决策系统的中心位置，是数据决策系统的大脑和中枢。数据决策流程应该包括以下步骤：对输入的数据进行存储；将存储的数字信息按逻辑排列或建设数据仓库；以储存的知识图谱为基准，以模型、算法逻辑和规范的过程体系对数字信息进行处理；形成决策结果进行输出。

数据决策系统的运作逻辑和流程如图 6-4 所示。

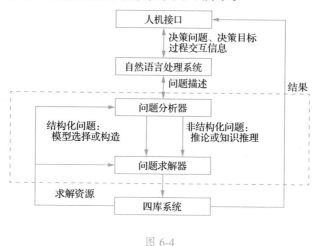

图 6-4

③ 数据决策系统架构。数据决策系统包括以下子系统。

数据处理系统：首先，数据分为结构性数据和非结构性数据。数据处理系统要根据规则进行分类，然后分别选定对应的决策系统。对结构性数据采用传统的模型进行决策求解；对非结构性数据需要触发推理机或设计新的知识图谱进行决策处理。

决策处理系统：决策处理系统包括算法模型、知识图谱形成的知识库和推理机。对于结构性数据决策，我们可以用既有的，已经形成的模型、方法和知识图谱等在内的知识库进行智能处理；对于非结构性数据决策，我们需要设定新的数理逻辑、新的算法和模型进行推理。

知识库管理系统：知识库管理系统具有两个功能，一是决策原有的知识库是否需要增减或删除等，二是进行具体的增减或删除，以形成新的知识库。

（2）决策应用架构。企业的数据决策系统架构设计首先要根据数字化功能目标进行职能化分解。对常规的企业架构，一般可以分解为工位决策、职能组决策、部门决策、企业决策，以及集团决策。该决策系统架构需要结合"管控"规则进行制定和执行。同时，我们可以根据内部数字化和外部数字化价值目标系统进行分层级的结构化分解。

① 工位决策。工位决策是具体的工位操作人员根据工作经验曲线进行的决策行为，其数字化更多的是根据具体的情景和既定规则进行预警与报警后，工位操作人员根据信息内容进行操作。其数字化的技术应用更多的是边缘计算。例如，设备操作人员在操作设备时发生操作错误，设备即停止运转；数据在时间、顺序、名称、计量单位等不符合既定规则时不能输入，在这些情况下，工位操作人员必须改变输入方式。这些都属于工位决策的范畴。根据指令效用衰减原理和效益叠加原理，企业具体岗位的工位决策在正常情况下只有"0"和"1"的决策，这种决策机制叫否决决策机制。

② 职能组决策。例如，银行或政务服务大厅的叫号服务系统。服务职能组分为A、B、C、D等组，A组可能分为a、b、c工位，而客户有多位，正常是按照顺序叫号的，即当某位客户排到序号时，系统会自动将其分配到当前有服务能力的人员处。这种决策机制为调剂决策机制。

③ 部门决策。对内的职能决策涵盖了否决决策机制和调剂决策机制，而对外的职能决策更多应用否决决策机制，此时参照的标准主要表现在决策依据的合规性、决策程序的规范性，以及决策结果的适用性，甚至表现方式的标准性。

④ 企业决策。企业决策更多表现为利用大数据的统筹决策。例如，某设备的组装工序安排，该设备需要多组件的组装，甚至部分组件除了外部供应，还需要内部加工，这需要兼顾各设备的利用效率、人员的利用效率等，从而确

定组件的加工计划。这需要通过 APS（Advanced Planning and Scheduling，高级计划与排程）等技术为企业的计划排程提供智能决策，这是典型的调剂决策机制应用场景。在智慧城市中，红绿灯的自动控制也属于该范畴。

⑤ 集团决策。集团决策是涵盖上述决策内容的决策，更多的职能表现在对外部的决策和对内部的布局决策，可能更加艺术。

回归决策的基本概念，决策是一个对数据处理后决定下一步工作实施的过程。数字化决策是基于大数据进行的决策过程，核心的内容是背后的决策规则，数据是决策依据！

企业数字化决策也属于决策的范围，其决策规则必须按照"管控"的规则进行不同层次、不同岗位，甚至不同人员的规则预埋，这是分权和授权的规则。

3. 数据集成架构设计

要想对数据进行决策应用，首先要将数据组织到一起，将许多分散、孤立的数据按照既定的规则集中在一起，形成能够被利用的数据群组。

在了解了这个原理后，我们要理解以下两个概念。

（1）数据仓库（或数据库）。打个比方，一个中医院的医生需要做以下工作。

① 仔细辨别哪些地方的中草药能够应用，具体有什么样的功效，形成基础的源数据。例如，山药有河南的铁棍山药、山东的药食同源山药，还有江苏的蔬菜山药等。它们对药与食的效应和价值是不一样的，医生需要予以辨别和分类，其数字信息包括产地、功能、外形、价格等。

② 在采购相应的中草药后，按照五行属性和更加细分的规则将其放入不同的药箱中。这些药箱有不同的位置编码，其信息包括数量、来源等。这些药箱就等于一个个小仓库。当然，整体的中医院就等于一个大仓库。

③ 当病人来看病时，医生会通过"望闻问切"等过程开出药方，然后从不同的药箱中按量抓取中草药，帮助病人粉碎或煎熬汤药。

此时，医生还会做以下几件事。

通过以前的学习，积累"望闻问切"的诊断经验，对不同的病症积累药方，形成自己的逻辑算法和知识库。

对传统病症的病人，按照既有的药方抓取药品；对之前没有学习过或没有见过的病症，需要重新设计诊疗逻辑和诊疗方法，按照新的逻辑进行药方设计。只有积累得多了，才能丰富自己的经验方法、知识库。

④ 对病人的病情持续关注，直至其痊愈，总结经验。

上述运作程序的数据架构是基于数据仓库的数据集成模式，如图 6-5 所示。我们可以将不同来源的药品作为数据源，将每个分类后的药箱作为封装器，不同的药方则是集成系统，最后形成的知识积累则是数据仓库。

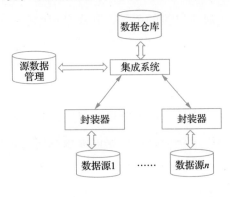

图 6-5

（2）联邦数据库模式。企业管理是一个庞杂的工程，需要全方位的协同才能彰显效益，在管理逻辑上就需要多方位的数据共享，因此建立数据共享架构非常关键。数据共享架构如图 6-6 所示。

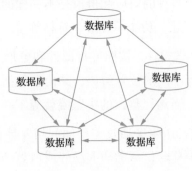

图 6-6

怎么才能建立数据共享架构呢？下面来看这样的应用场景。

人力资源部门有企业的能力战略广告牌管理系统、组织责任体系架构，进行员工生命周期管理（包括招聘、任用、培育、留任、退休、免职、降薪、辞退等）、薪酬绩效福利管理、档案管理等。其中，在员工生命周期管理中，有单一人员的档案资料和管理记录，据此可以组成分类别的管理子系统。例如，对人员的信息录入实现标准化，有人员的身份证号、政治面貌、专业、学历、工作岗位、工作业绩、重要表现、关键专利、评任职称、学习记录等信息，企业对该信息进行统计分析，可以得出整体的员工年龄结构、学历结构、职称结构、学术专利水平等。

党群工作部门在正常情况下负责党员干部的管理，需要统计和分析年龄结构、学历结构、职称结构、学术专利水平等。

如果数据底层的标准定义系统是一致的，数据字典就是各个部门所需要的信息系统的并集。部门和部门之间的并集可以共享，总体的并集可以在整体系统中共享。如果把数据的初始记录看作业务数据，那么其可以作为源数据，而这些并集的数据则为共享数据。

企业在整体层面进行统一规划，建立数据底层标准后，对共享部分在上下级机构之间进行授权，对平行机构进行分权，可以保障各系统的数据库之间有联盟契约，这样的数据库架构可以比喻为"联盟数据库架构"。

4. 中间件集成方法

如果企业的各部门、各系统的数据不在一个平台上，或者采用的不是一个标准，由不同的供应商提供，由于输入和输出模式不一致，那么即使有联盟契约，各子库之间的数据也难以共享，对于单一的数据系统来说就形成了"信息孤岛"，对于某一个系统来说就形成了"数据烟囱"。

如何解决这个问题呢？可以通过"中间件"解决！

中间件的技术概念很好理解。在国际大会上使用的语言翻译系统就是非常典型的中间件。通俗地说，中间件的作用就是"翻译"。数据信息通过中间件处理后，就成了能够应用的数据。基于中间件的数据集成模式如图6-7所示。

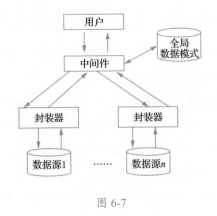

图 6-7

中间件这个"翻译"系统的构成和功能如下。

① 信息接收系统。在翻译语言时，接收的语言可能有很多种，如法语、英语、荷兰语等，只要是某个地区和国家的语言，就一定可以接收；另外，接收这些语言的载体也不一样，有直接的文字、直接的语言，也有录音和录像，甚至有一些具有密码的符号等，当然也会有过去的和现在的。翻译形式有同声翻译和随后翻译。

② 翻译系统。翻译器在接收信息后，会根据知识库中的逻辑体系进行翻译，这是执行指令的过程。

③ 翻译知识管理系统。与数据决策系统非常类似，语言和语言之间进行翻译需要数理逻辑、基于物与意表达一致性的知识沉淀，这要形成翻译知识管理系统。例如，中国人学习外语，要建立起汉语与外语之间的关系，在大脑中对同一事物进行比较，基于同一事物就建立起了两个名词之间的对应关系。

④ 翻译输出系统。语言被翻译后，还要与输入一样，按照要求进行输出。

许多企业为了破除信息孤岛和数据烟囱现象，不得不使用中间件产品和服务，其实本质是找到两套系统或两个子数据库内的数据编码原则，建立编码原则之间的逻辑关系，进行数据转换和数据集成。

5. 数据采集架构设计

为什么在这里还要介绍数据采集架构？前面已经介绍了数据应用架构、数据决策架构、数据集成架构，这些都是目标导向的，都是设计和确定技术架构的基本体现。数据采集架构决定了这些架构的质量。

数据采集，又称数据获取。数据采集架构可以按照过程分为以下几个部件。

（1）感知接口系统。根据不同的场景，应用不同的工具系统进行采集，如软件和硬件系统。根据不同的采集对象，也会有不同的数据采集工具，如非接触性采集工具（如摄像头、麦克风等）和接触性采集工具（如压力表、温度表等）。

（2）数据转换系统。声、光、电等信息被采集后，是难以被记忆的，必须被转化为数字化的记忆，如将温度、水位、风速、压力等转化为数据。

（3）数据储存系统。信息被采集后转化为数据，可以被即时传输到数字化信息处理系统中，也可以暂存于边缘存储器中进行现场的数据决策和应用。

6. 数据清洗

（1）数据清洗的原因。数据被采集后，在传输和集成之前，最好进行清洗。这就像在生产豆奶粉前，要先将大豆清洗一遍甚至多遍一样，为什么呢？

① 原辅材料残缺。可能因为采购人员没注意，本来想要生产豆奶粉，但缺少了奶粉，这就与做传统的豆奶粉需要的配方不一致，最终产品的营养和口味也会不一样。这个清洗的过程就是缺项检查的过程。

② 原辅材料错误。即使买的就是奶粉，但全脂奶粉和脱脂奶粉也是不一样的，就像之前所说的山药，入药的和做食品的有较大的区别，这是需要辨认清楚的。另外，其中的杂质是要被清理出来的。

③ 缺量或多量。以做菜为例，原辅材料买得多了用不完会造成浪费，但是买得少了就不够用了。

对应于数据清洗，就是因为有残缺数据、错误数据、重复数据等，所以才需要清洗。

（2）如何进行数据清洗？还是要从数据采集系统上下功夫。因为对于数据本身来说，数据是结果，而确定其质量的则是数据采集过程。

① 从决策系统架构上穷尽式枚举需要采集的数据信息，宁多勿少。如果多了，那么最多浪费一些资源，但如果少了，后续的分析和应用就没法进行了。

② 数据采集工具系统的配套。这与数据采集装置的先进性有关系，如果分辨率低，那么可能造成数据残缺，如果信息数字化转换不正确或不精准，那么会造成数据错误。

之所以说企业数字化转型是一个庞杂的系统工程，就是因为需要大量的、重复的数据采集工作，许多人将其当作"内卷"。但只有重复做这些"内卷"式的工作，做得多了，才能积累更多的数据，建立起这些数据之间的逻辑关系，通过前述的集成和决策，发现其中的"内生"价值！数字化转型通过现代信息技术进行数据采集和集成，通过机器学习等技术对数据进行总结、提炼并预测，通过知识图谱等技术构建企业的知识库和经验曲线。它既具化到每一种经营行为、每一道工艺、每一个流程节点、每一个应用场景，又小到量子化细节，中到协同管理，大到战略决策，这就是数字化的内生动能！

数据采集、集成、分析、决策、应用共同构成数据生命周期运作体系，通过平台化的门户管理、流程引擎、标准建模等，对企业提供全面的数据集成服务，这些内容共同构成了如图 6-8 所示的数据管理总体架构。

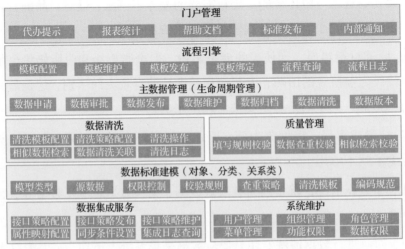

图 6-8

6.2.2 数据标准化

数据标准化是数字化的前提。数据标准化是企业或组织对数据的定义、组织、监督和保护进行标准化的过程。数据标准化分为开发、候选、批准、驳回、归档这几个过程。

根据数据的存在状态，数据可以分为结构性数据和非结构性数据。从企业管理人员的视角来看，结构性数据可以被理解为规范化业务相关的数据，此时的业务体系有着规范的组织架构、职能架构、职责架构、流程架构，流程节点有规范的命名，数据内涵有明确的定义，数据架构清晰。相对应地，非主营业务、正在调整中的业务或处在剧烈变动中的业务所产生的数据，是离散性的，该类数据称为非结构性数据。

当然，非结构性数据应用起来是较为困难的，企业可以通过数据标准化予以解决。

1. 数据架构体系的建设

数据架构体系的建设分为分析模式和构建模式。分析模式是指传统的、基于历史数据的分析和应用，是经验主义的做法，而构建模式是在总结经验的基础上发现规律，谋划未来的做法。两种模式的比较见表 6-1。

表 6-1

	分析模式	构建模式
出发点	就事论事，看表面现象	探究原理，深层认知
本源	分析问题出现的原因，解决问题	探究发展规律
表现	点对点联结	逻辑推理
状态	散点化、模块化	平台化、生态化
价值	搭建点线面结构	构建多维架构体系

企业在进行数据架构体系建设的过程中，为了保证数据架构的稳定性和开放性，通过数据的积累、穿透和挖掘应用而释放更大的效能，平台化、生态化是必然趋势，所以需要标准化。

2. 以价值链分解法溯源数据底层

首先，将企业的业务按照价值链分解法从产业链、价值链、业务链、操作链、动作链逐层分解到极小化，构建极点化的量子单元，如图 6-9 所示[①]。

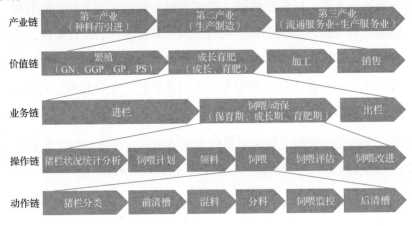

图 6-9

其次，将量子单元进行要素维和特征维的描述，如图 6-10 所示。要素维主要是人员、机器、物料、工艺方法、环境，特征维主要是数量、质量、成本、效益和安全。

数据架构方法论中的量子单元特征：概念可定义、特征可界定、关系可流程化。对量子单元的定义正常按照以下顺序进行。

（1）线性价值链分解。按照价值链的前后顺序进行陈列，第一步、第二步……例如，PDCA 循环、养殖产业链中的牲畜从出生到销售的每一天的工作程序。

---

① 图 6-9 中的种料药、动保是畜牧业里的专用名词。种料药是猪种、饲料、药品的合称；动保指动物防疫和动物保护。GN、GGP、GP、PS 分别指繁育猪（GN）、原种猪（GGP）、祖代种猪（GP）、父母代种猪（PS）。

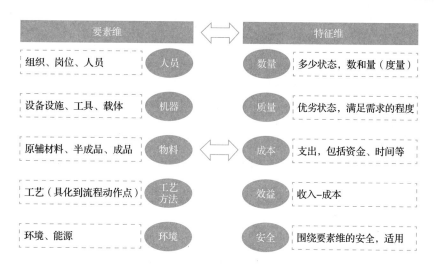

图 6-10

（2）结构法递进。按照前后、远近、大小、快慢等不同程度的变化，进行聚集、加强、弱化等的画像。例如，高档、中档、低档；公司、事业部、区域子分机构、养殖场、工作班组、岗位。

（3）并列型枚举。对同一性质或同一特征的不同事物的枚举。例如，安全管理中的人身安全、环境安全、设备安全、物品安全、经营安全，是以目标为维度的不同管理事项。

（4）离散型补充。我们常把在要素维和特征维上没有规律性的事项命名为离散型事项，它们在正常情况下被放在最后进行补充。例如，部门职能或岗位职责外领导安排的其他事项，在正常情况下为离散型事项。

3. 数据定义规范

数据定义的基本规则如下。

（1）按照法律法规标准定义。

（2）按照价值链专业分工（如生产、加工、制造岛等）定义，需要参照国际标准用语和行业术语定义。

（3）按照行业内的通行规则定义。

（4）参照行业内标杆企业的命名规则定义。

（5）按照历史习惯定义，除非该名词具有新的内涵，否则在正常情况下不再创造新名词。

4. 数据箱、数据堆、数据栈的建设

（1）数据箱。我们将一组或一类数据看作一个箱子，数据箱的最大作用就是遴选出异常数据。

通过箱线图可以很容易地找到数据中的异常值。如图 6-11 所示，在上边缘或下边缘以外的数据可以被视为异常值。

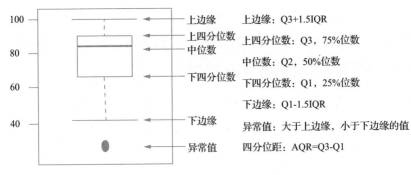

图 6-11

（2）数据堆和数据栈。数据堆和数据栈有不同的数据获取逻辑。

在数据箱设定完毕后，对后续的集成和决策应用，应该根据不同的逻辑对数据箱中的数据制定不同的抓取规则。

数据堆抓取的数量和顺序可以没有逻辑，就像到菜市场买菜，看到什么就随机采购，然后根据采购的蔬菜做出随性的菜品。对于这样积累的数据，只能等到有冗余的资源时进行数据梳理、建立逻辑和应用了，这些看似冗余的数据可能隐藏着巨大的宝藏。

数据栈按照后进先出的顺序进行数据的抓取和应用，这样可以保障数据的及时性，再追溯之前的经验总结。

数据堆、数据栈、数据箱规范体系的建设，是数据标准化建设的重要构成部分，可以帮助企业更加精准地钻取数据。

6.2.3 数据运营

数据运营管理体系主要包括数据运营体系和相应的内控体系，是企业数字化转型成功的基础保障，同时也是数据资产管控的核心。

数据架构体系的构建需要从上而下进行，而具体的数字化应用（数据运营）则需要从下而上逐步进行，这是设计和技术应用的两个方面。

1. 数据资源建设目标

大多数企业的数据资源建设目标均定义为：建立企业统一的数据分类标准与编码体系，实现经营管理数据与业务数据一体化和全企业的信息共享，支持决策分析。

企业数据分为主营业务数据、经营管理数据和决策分析数据，逻辑关系如图 6-12 所示。

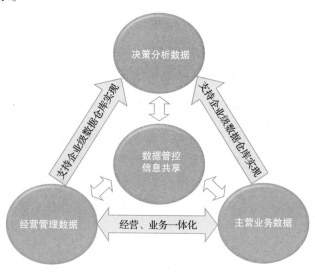

图 6-12

2. 数据管理架构

数据管理架构由六个部分构成，如图 6-13 所示。

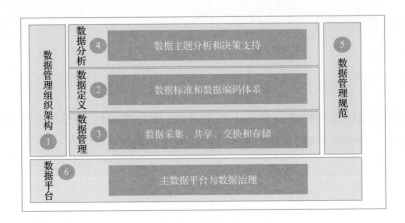

图 6-13

数据管理的基础是数据标准体系。企业统一制定主数据的基础标准体系，各部门和下属机构按照企业的主数据标准体系进行扩展和完善。只有建立数据标准体系，企业才能在横向上实现跨部门、跨组织的数据共享与交换，在纵向上实现各级组织的数据填报与管控。

数据类型主要有以下几种。

（1）交易数据。交易数据用于记录业务事件，如客户的订单、投诉记录、客服申请等。它往往用于描述在某一个时间点上业务系统发生的行为。

（2）主数据。主数据定义企业的核心业务对象，如客户、产品、地址等。与交易流水信息不同，主数据一旦被记录到数据库中，就需要经常维护，从而确保其时效性和准确性；主数据还包括关系数据，用于描述主数据之间的关系，如客户与产品的关系、产品与地域的关系、客户与客户的关系、产品与产品的关系等。

（3）源数据。源数据即关于数据的数据，用于描述数据类型、数据定义、约束、数据关系、数据所处的系统等信息。

3. 数据整合、清洗、监管与分发等

主数据管理能力的提升，将以数据模型为基础，围绕数据整合、数据清洗、数据监管与数据分发四个主要维度和过程开展。

（1）数据整合。

① 数据模型匹配。构建数据模型，将源数据和整合数据做到结构化匹配。

② 数据整合结果确认。整合抽取或导入的数据，并将结果存入缓冲区后，在源系统数据模型与主数据模型相互关联的前提下，对数据整合结果进行确认。

③ 多源系统数据合并。将来源于多个源系统的同一业务含义且信息一致的数据进行合并。

（2）数据清洗。

① 数据标准化。抽取和规范主数据，将主数据在各种目录中进行分类，运用行业和企业标准进行检查，清洗掉不合规数据。

② 数据匹配与查重。根据标准系统筛选搜索，发现重复数据，避免数据冗余。

③ 数据合并与清理。将重复数据合并，避免主数据库中产生重复数据，删除不需要的数据，减少数据存储量。

（3）数据监管。

① 监控数据的使用情况，分析数据的变化趋势。

② 在数据变更后保留历史版本，便于数据还原与分析。

③ 进行数据质量监控分析，根据数据管理质量进行绩效考核。

（4）数据分发。

① WebService 分发，即小数据量的定时同步或更新，如供应商信息导入。

② 数据镜像，适用于大数据量且对准确性、及时性要求不高的数据更新，

如供应商资质文件信息。

③ 信息订阅，适用于对数据的及时性要求很高的数据更新，如供应商变更信息的分发。

4. 数据主题分析和决策支持

数据主题分析和决策支持主要以企业运营数据、财务数据等为基础，重点满足企业总部的运行监控和分析需求，实现对企业及下属企业经营情况的全方位、多视角的综合分析，为企业高层经营决策提供必要的信息支撑。

5. 数据管理规范

为了主数据和交易数据标准在企业内贯彻执行与推广，也为了有效地保障数据质量和数据安全，企业需要编制相应的数据管理规范体系并在企业内部发布。其中，数据安全管理框架和数据质量管理框架见表 6-2。

表 6-2

数据安全管理框架	数据质量管理框架			
安全认证管理	数据质量管理引擎	数据质量问题分析		
数据日常维护管理		数据质量规则管理	数据质量问题管理	数据质量分析与清理
数据备份管理				数据质量知识管理
灾难恢复计划管理				

6. 数据中心架构

企业的数据中心由数据交换平台、集成系统和应用系统组成，集成系统可以是下属企业的数据中心，架构如图 6-14 所示。

数据按照来源和特点划分，可以分为主数据、流数据和非结构性数据。

（1）主数据管理平台技术架构。主数据管理平台技术架构分为集成架构、基础架构、整合服务、业务应用四个层次，如图 6-15 所示。

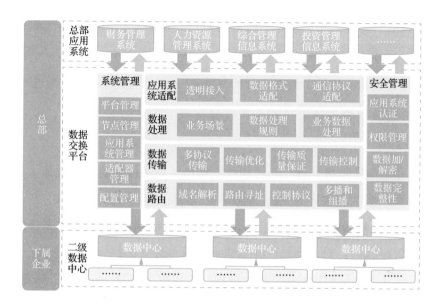

图 6-14

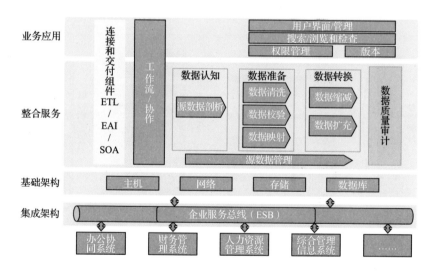

图 6-15

（2）流数据处理。为了应对海量数据实时处理的需求，业界引入了流处理的机制。常见的流数据有网络数据和微博信息等。这类数据的信息量大、随时更新，需要即时性处理。处理策略如下。

① 流数据处理强调的是实时处理与分析，而不是存储，所以一般只在内存中处理，不存储在磁盘中，但必要时也可以持久化。

② 随着数据的流动，处理和分析只针对一定时间段内的流数据进行。

③ 将流数据分析结果（如生产线异常等）传送给业务系统，及时触发业务活动。

（3）非结构性数据处理。非结构性数据包括非结构性的文本数据（具有个性化的网页数据、流水化的 Web 日志等）、媒体数据（文字、图像、音频、视频等）。其中，最关键的，也最有可能大量使用的非结构性文本数据是网页数据。管理策略如下：对非结构性文本数据，通过建立信息标签、摘要、索引、日志等，使其成为结构性数据；提取结构性的源数据信息，如类别、标题索引、关键词、敏感词、摘要寓意等；最终实现与结构性数据整合。

非结构性数据处理如图 6-16 所示。

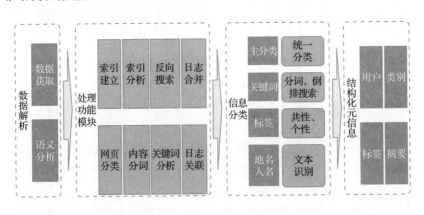

图 6-16

6.2.4 暗数据开发

企业在生产经营过程中，往往会不知不觉地存储一些生产运营数据，但是其没有转变为生产力。这些数据被开发和应用后才能转变为企业的生产力，是企业的宝贵财富。

1. 暗数据

数据分为结构性数据和非结构性数据。结构性数据非常好理解，就是在日常生产和生活中被用来探究规律，发掘商业价值的数据。非结构性数据正处在被探究规律的过程中，所以被利用率不高，这些没有被利用的数据，可以称为"暗数据"。

暗数据主要具有以下特点。

（1）占用了海量的储存资源，浪费了企业的储存成本。即使其被放在云端进行储存，也浪费资源，因为云服务企业是按照流量进行收费的。

（2）相关的价值有待开发。企业的发展需要创新，创新从哪里来？一是从外部借鉴而来，二是从内部发掘而来。暗数据就是内部资源，所以发掘暗数据价值就是推动企业变革的内生动力。

案例分析：长春长生生物科技股份有限公司是曾经享誉业界的生物疫苗生产企业，在 2018 年因为生产记录造假和未按商业规则经营而被处罚。它为什么进行生产记录造假呢？核心原因就在于其在主观意识上认为做生产记录纯粹是资源的浪费，记录是暗数据的囤积，而没有认识到国家要求企业如实地做生产记录是为了控制质量。如何控制质量呢？就是需要将生产记录进行机器学习和边缘计算，数据只要控制在一定的范围内，生产工艺得到保障，产品质量就能够得到保障。

2. 暗数据分类

暗数据是相对于已经被高效利用的数据来说的，来源主要有以下两类。

（1）非结构性业务带来的暗数据。结构性数据是随着结构性业务的开展产生的，而暗数据就像隐藏在黑暗中的幽灵一样也随时产生。许多睿智的企业总是将 80% 已经规范化的、重复性的工作交由软件和机器进行，借此驱动业务和服务业务，对非结构性业务的管理不依赖软件，不因为系统上没有对该类业务的管理功能而不去管理，而是"特事特办"地处理，当该类业务事项积累较多，可以规范化管理时，再上线新功能模块进行管理。

（2）尚待开发利用的数据包。在很多时候，特别是对新鲜事物所产生的数据，企业还不知道如何利用，只能先将其储存下来，这类数据是更加典型的暗数据。

3. 暗数据解救

将暗数据从"黑暗"中解救出来，挖掘其潜在的价值，是推动企业商业模式重构的主要方案。

（1）暗数据识别。企业可以通过深度内容识别技术，对存储在服务器、数据库、文件系统中的重要和敏感数据进行检查与分类，将这些暗数据筛选出来。例如，可以直接将非结构性业务产生的数据并入暗数据序列；可以将结构性业务中尚没有开发利用的数据也并入暗数据序列。

（2）暗数据存储和管理。暗数据也会关联到企业的经营机密，对其存储和应用也需要进行数据资产化管理。首先，企业可以按照结构性数据运营规则对暗数据进行分类，分别进行极致化量子单元的数据箱式存储和管理；然后，将还没有编码的数据在原有序列中进行编码，将其存储于数据箱中；对既有编码没有覆盖的数据进行重新编码，进行单独存储和管理。

（3）暗数据开发。尚没有被开发利用的暗数据已经存在，企业可以根据经验总结算法，利用机器学习机制，将经验曲线知识化，努力挖掘出其深层次的商业价值。此时，企业需要把价值链分解到极小化，对数据记录进行量子化，从而找到暗数据的价值所在。暗数据的开发和利用程序与规则的设计，如同数字化转型前的数据管理初始化，需要按照上述的数据管理架构构建、数据标准化和数据运营的程序进行。

【案例分享】某饲料公司之前的营销业务就是利用传统渠道通过经分销商进行产品销售，CRM 系统就是经销商管理、分销商管理、终端管理系统。随着市场环境的变化，特别是一些养殖大客户对现金流的需求大，所以它们纷纷提出由饲料公司提供信用管理，在授信额度内饲料公司继续发货，按月结算和恢复信用额度，或者由饲料公司提供担保，它们向银行贷款。因为业务变化，所以原有的传统经分销 CRM 系统就不适用了。该公司先把提供信用和担保服务的业务数据存储起来，再进行信用管理、担保管理程序的开发，制定了对不同的客户给予不同授信或担保额度的策略，有效地规避了运营风险，并且与客户保持了良好的关系。

6.2.5　隐私数据保护

隐私数据是商业秘密、知识产权、关键业务信息、业务合作伙伴信息或客户信息等需要保密的数据。隐私数据保护成为企业经营资产管理的重要举措。

企业在信息化过程中产生信息孤岛和信息烟囱的原因，除了多系统的不关联、系统迭代造成信息割裂等，还有隐私数据。因为保护隐私数据的需要，所以部门之间、上下层级之间、企业内外之间就进行了机械化的物理隔离，信息孤岛和信息烟囱就自然形成了。

对隐私数据如何进行保护呢？

1. 建立数据安全保护体制和机制

企业可以参照国家与行业的相关标准进行数据安全保护体制和机制的建设。

首先，建立企业层面的网络安全运作机制。2020 年，某企业的网络系统出现瘫痪事件，原因是中了木马病毒。刚开始时，该企业以为遭到黑客攻击，所以报警了。当地的网络安全管理部门对该企业进行了全面检核，发现原因是该企业的软件体系缺少网络安全体系部分，于是对该企业进行了批评和处罚。

其次，根据风险管控机制建立涉密和隐私数据的管控体系。企业要将涉密和隐私数据进行分级分类（如公司层级的专利、战略规划举措等，部门层级的财务报表、重大人事调整等，岗位层级的商业合同等），界定个人和工作之间的涉密与隐私保护范围，建立正面清单和负面清单（如人力资源部门不能将员工个人接收劳动报酬的银行账号透露给企业和相应的银行以外的人员），对设备设施的应用纳入管理范围（如公司的公用电脑系统不能储存个人信息，不提倡使用个人笔记本电脑在公司网络下载文件等）。

最后，强化网络监控和在线审计。企业要建立严密的网络监控和在线审计系统，对出现数据流异常的，要马上给出报警和提示，直接到具体的门户，对数据流异常实现关闭等功能。

2. 对敏感数据进行评估与管理

企业应该定期对敏感数据进行评估与管理，由专业部门和人员周期性地评估数据信息安全管理体系，根据发展需要定期对原有的管理体系进行诊断和评估，对门户、各设备设施、各人员在业务中产生的数据进行评估，对需要优化、删除的隐私规范再次进行修正。

企业要对出现的涉密和隐私事件进行原因追溯，总结教训，对出现事件的设备设施、门户、人员、数据库等进行分级分类，对易发生点进行重点关注。

企业要建立预防策略库，特别是对于非结构性数据产生的涉密和隐私，对第三方服务商提供的软件服务、硬件设施，以及云服务平台服务等，一定要有中间的过滤装置，定期进行病毒消杀，不排除利用其他服务商的工具系统；企业对外发布信息，不管是部门，还是个人，都一定要通过企业的数据总线，企业的数据总线要统一进行过滤、加密等；对个人使用的端点，也要考虑利用端点安全工具。

企业要使用内容分析工具常态化检测敏感数据。

3. 数据脱敏

企业对敏感数据的评估和管理更多采用封锁方法，但在许多时候，这些数据还是必须使用的，所以企业还要思考如何"脱敏"。

密码学为数据脱敏提供了很好的借鉴，企业可以思考以下策略。

（1）将数据字典扩展范围，不仅是输入部分，还要包括输出部分，如密码本。密码本在内部使用，要定期更新。

（2）对敏感数据或输出的数据系统进行各种加密处理。具体的加密策略不在此赘述。

（3）对行业逻辑或算法，需要更高层次的加密和保密体系的建设。

4. 数据监控与审计

建立数据审计系统，对敏感数据的获取、发布、发送进行指令级和内容级审计，实现数据全生命周期合规性可视化审计，内容有以下几项。

（1）数据质量管理。数据质量管理用来保证管理域数据的底层标准化、输入准确性、应用一致性。数据监控和审计系统能自动分析、发现、评估、管理数据质量问题，实现数据质量管理的自动化。

（2）数据生命周期管理。数据生命周期管理是指确定管理域数据的存储、迁移策略及依据，提供数据生命周期的分层分级评价管理方法及策略管理和生命周期状态监控。

（3）数据标准管理。数据标准管理主要是指提炼全企业需要的统一概念、统一口径、统一应用的数据，以标准化的方式来规范管理，从制定标准、管理标准、应用标准、评估标准的使用情况等方面来落实。

（4）源数据管理。源数据管理是指记录、分析、应用管理域自下而上各级系统及外部系统的各种信息（如数据架构信息、流转信息、使用情况），以保证数据使用的精确性。

数据监控与审计如图 6-17 所示。

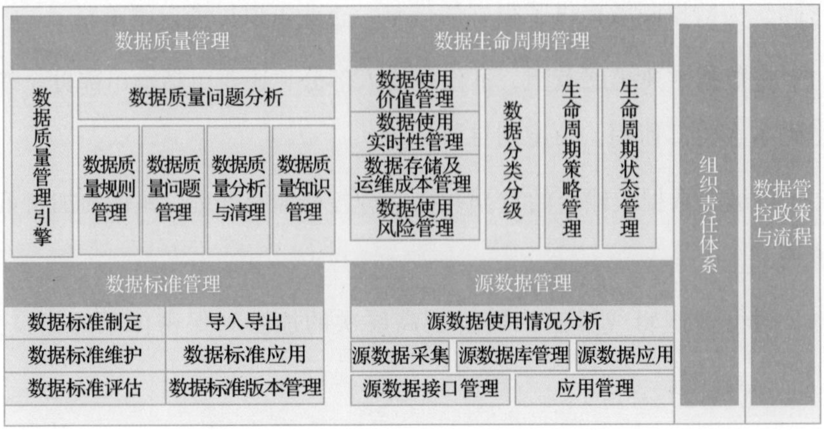

图 6-17

6.3 "AI+" 解决方案

人工智能不是对机器换人的简单理解,而是人类应用数字化技术模拟人类大脑感知世界、发现规律、获取解决方案,并付诸实施的过程。

6.3.1 "AI+",从BI开始

企业必须经历业务流程化、流程报表化、报表数字化、数字分析化、分析智能化的阶段。所以,"AI+"必须先从 BI 开始。

下面从大家日常最关心、最传统、与生活关系非常紧密的畜牧行业的具体案例说起。

1. 洞察产业链

根据行业发展特点和标杆养殖企业的业务规律,以养猪为例总结出图 6-18 所示的产业链架构图。

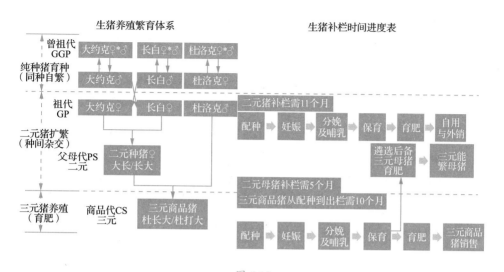

图 6-18

2. 构建报表系统的架构方法论

报表系统的总体框架是以价值为牵引，用报表方案成熟度和运营管理成熟度双轮驱动报表系统价值的三维架构，如图 6-19 所示。

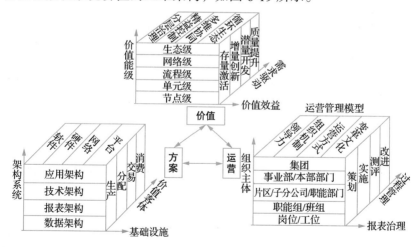

图 6-19

报表体系的具体内容如下。

（1）价值维。价值维分为价值能级、需求驱动、价值效益三个视角。

① 价值能级。价值能级分为节点级、单元级、流程级、网络级和生态级，表达报表影响的范围，分别对应业务岗、业务班组、业务单元、公司，以及覆盖供需的产业链。

② 需求驱动。报表的价值目标分为存量激活、增量创新、潜量开发、质量提升。存量激活针对存量业务，通过记录现状实现；增量创新针对开拓和新增类业务，如销售增加等；潜量开发针对发现价值环节的冗余进行再利用，或潜能挖掘类业务，如人员技能提升等；质量提升针对目标系统进行优化和提升等。

③ 价值效益。报表价值的存在形态包括分层治理、精益控制、多维协同、循环生态四种。分层治理是指分上下层级的价值聚集，如资金共享等；精益控制是指作业精益度提升，如班组作业精细化；多维协同是指内部多职位、多班组、多职能组、多部门、多事业部等的协同；循环生态是指关联外部客户的供销关系，以及企业与政府、与社会、与自然环境的关系。

（2）方案维。方案维包括价值客体、架构系统、基础设施三个视角。

① 价值客体。按照经济学规律，价值客体分为生产、分配、交易、消费。

② 架构系统。架构系统分为数据架构、报表架构、技术架构和应用架构。数据架构是指报表的主数据架构；报表架构是指报表在组织系统中的位置；技术架构是指算法逻辑；应用架构是指报表的使用者。

③ 基础设施。基础设施是指报表的应用环境，包括软件、硬件、网络和平台等基础设施环境。

（3）运营维。运营维包括组织主体、过程管理和报表治理三个视角。

① 组织主体。组织主体是报表的运营管理的主体，包括策划、开发、使用、评审等的主体。按照企业经营管理层级，组织主体可以分为岗位/工位、职能组/班组、片区/子分公司/职能部门、事业部/本部部门、集团五级。

② 过程管理。过程管理包括策划、实施、测评、改进四个阶段。策划是指为了适应新的管理要求而进行的新报表策划，内容包括价值目标、呈现方式、算法逻辑、指标来源等；实施是指开发和实施应用过程；测评是指对报表使用的适用性和价值性的评审；改进是指修正和优化，对需要框架性修改的，管理部门可以提出新的策划流程。

③ 报表治理。报表治理分为领导力、组织机制、运营方式、变革文化四个维度。领导力是指公司要建立起全部职员对报表的重视，以报表为载体进行业务流程化、流程报表化、报表数字化、数字智能化，继而驱动企业高质量发展；组织机制包括对报表管理体制的建设、对报表开发人才的培养等；运营方式是指以应用报表为载体积累数据，将数据资产化、知识化的运营方式，逐步打造数字化业务新模式；变革文化是指以报表变革推动企业文化变革。

3. 构建价值网络体系

某集团公司下设管理型事业部管理不同的业务单元。我们可以将其作为三层级架构来看。

从"使用者"维度进行报表梳理和价值体现。

根据企业的经营行为和分工准则，报表需求架构为"三层级三领域"，如图 6-20 所示。

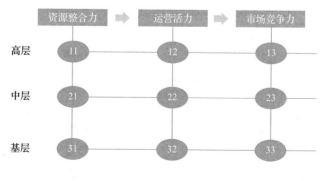

图 6-20

企业的高质量发展主要受到三个因素影响，即资源整合力、运营活力和市场竞争力。这"三力"的聚合需要协同力作为纽带。

报表驱动的企业发展动能还需要从方向、结构、运营和创新维度进行细分后更加立体地挖潜。

（1）高层资源整合力。高层资源整合力主要包括帮助企业制定发展方向和调整结构的社会资源信息、行业发展信息、国际与国家政策信息，以及关乎企业发展成本控制的大宗原辅材料供给行情等信息，在报表上主要反映在通过BI 或 AI 进行供销行情的记录、分析和预测，以及具体的供需分析与预测，具体的资源整合也应该在关注的范围内。

（2）中层资源整合力。中层资源整合力主要体现在细分行业的资讯及具体的业绩变化趋势上，如关注重点资源的采购计划等。

（3）基层资源整合力。基层资源整合力主要是具体采购行为的结果，以及通过采购升级供应商能力和管理水平。

（4）高层运营活力。高层运营活力更多关注重大项目工程进度（包括关乎企业生存的成本控制、质量管理、安全管理等）、关键控制事项。

（5）中层运营活力。对于高层运营活力需要关注的事项，中层运营活力都必须全面关注，重点在于内部运作系统的流程运作、关键技术体系和协同事项。

（6）基层运营活力。基层运营活力首先表现为生产运营的操作规范性，其次表现为价值链的前后连接协同性，需要强调价值传导和转移能力。

（7）高层市场竞争力。高层市场竞争力要核心关注市场行情变化和对营销策略的把控，强化总体的费用把控、结构优化等。

（8）中层市场竞争力。中层市场竞争力要关注区域性市场要素变化对收益的影响，关注公司营销策略的区域性落地实施，强化多业务的协同运作体系建设等。

（9）基层市场竞争力。基层市场竞争力要关注具体的营销策略实施，关注4P（product，产品；price，价格；place，渠道；promotion，促销）的实施和管理、渠道和终端客户的关系管理，关注市场运作的快速反应等。

4. 围绕价值目标体系构建报表系统

每个类别的报表都要按照价值链顺序进行陈列，每个报表都要有明确的价值目标。以表 6-3 为例，报表分为即时表、日报表和月度表。

表 6-3

类别	基层（工位/岗位、工作班组/职能组）			
	序号	即时表	日报表	月度表
采购类	1			采购计划表
	2	采购申请单		
	3	供应商信息/评估表		
	4	采购到货记录表		采购计划完成率
	5	采购结算单		
项目开发类	6	项目信息单		项目信息统计表
	7	可研信息评估表		
	8	项目确认表		项目确认统计表
工程建设类	9	工程任务单		
	10	设计任务单		
	11	建设商信息评估单		
	12	建设记录单	进度表	进度表
	13	工程验收单	工程验收单	工程验收统计表
	14	完工结算单		
生产类	15	原辅材料库存报表	进存统计表	进存统计表
	16	分工艺记录表		
	17	设备检维修记录表		
	18	合作伙伴信息/评估单		
	19	合作伙伴交易记录单		
	20	在线质量检验表		
	21	批次产成品检验记录表		
	22	成品入库单	入库统计	入库统计
	23	非疫记录单	死淘统计（率）	死淘统计（率）
	24	环境记录单		
	25	异常/安全事故记录单	安全事故记录单	安全事故记录单

（续表）

类别	基层（工位/岗位、工作班组/职能组）			
	序号	即时表	日报表	月度表
销售类	26	客户信息/评估表		
	27	客户订单		
	28	客户交易记录	销售统计/分析	销售统计/分析
	29	客户政策表		
	30	客户投诉/纠纷记录表	统计/分析	统计/分析
服务类	31	产融需求单	统计单	统计单
	32	担保单	统计单	统计单
	33	贷款单	统计单	统计单
	34	销保/销款记录单	统计单	统计单
协同类	35	协同指令单		协同指令单
	36	协同响应记录单		协同响应统计单

5. 构建算法体系

具体的算法体系需要根据管理的商业逻辑进行构建。以特征维为目标，以要素维为过程要素解析流程机制，解密"公司+农户"养殖模式的指标体系，公司+农户运营图如图 6-21 所示。

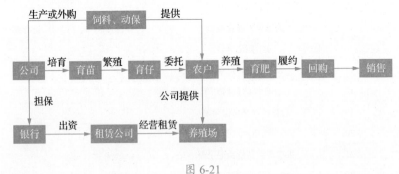

图 6-21

为了获取规模增长，形成社会责任，打造公益型集团公司形象，对公司+农户模式的运作既要生态化，又要效益化，要把安全放在重要的位置上，按照客户生命周期维度，总体的关注指标如下。

（1）原子指标。

① 农户信息表。内容主要包括农户的身份识别信息、养殖规模、历史征信记录等。

② 农户投苗信息表。内容主要包括投苗时间、投苗数量、投苗质量等。

③ 饲料、药品采购信息表。主要包括农户和公司的饲料、药品的采购记录，包含时间、数量、价格、金额等。

④ 存/出栏信息表。存栏信息包括分猪龄段的存栏状态、猪只数量、健康状况等，出栏信息包括数量、重量、价格和金额等。

⑤ 农户贷款/信用额度申请/审批表。内容主要包括身份识别、历史征信记录、动产/不动产质押、流水和账户控制等。

⑥ 农户管理过程记录表。内容主要包括身份识别、饲料和药品进货预约、供应保障、养殖规范、价格合约、待还款和信用管理、交易结算、补偿机制等。

（2）衍生指标。

① 签约量。按照时间维度和区域维度统计合作农户、目标合作农户的数量，展现资源整合能力。使用人：服务部基层人员，强化资源整合进度；服务部管理人员，强化资源整合进度；高管和决策层，决策进度，控制繁殖场和饲料厂的产能释放速度。算法：按照时间和区域维度进行“加法统计”。展现方式：数据报表，可以进行分层求和。

② 履约率。通过对采购和销售等数据统计分析，查询农户合同的履行情况，数据包括饲料和药品进货预约、供应保障、养殖规范、价格合约、待还款和信用管理、交易结算、补偿机制等维度的记录，由系统自动更新。使用人：服务部基层人员，通过履约评价，有针对性地强化管理和服务能力；服务部管理人员，分析客户的履约情况，有针对性地提高人员的管理能力，防范风险，提高效率。算法：分维度求和。展现方式：对服务部基层人员单点提示；对中高层展示分区域的饼形图。

③ 农户投苗数量。对投苗数据进行统计，反映时间维度、区域维度的投

苗情况，展现市场拓展能力。使用人：服务部基层人员，强化猪苗销售能力；服务部管理人员，分区域、分时间段地分析销售情况。算法：分维度求和。展现方式包括时间维度的曲线图、区域维度的饼形图，曲线图和饼形图包含数据表。

④ 饲料、药品采购量。对饲料、药品采购和交易数据进行统计，反映时间维度、区域维度的饲料、药品的销售和使用情况。使用人：基层人员，强化饲料、药品销售能力；管理人员，分区域、分时间段地分析销售情况。算法：分维度求和。展现方式包括时间维度的曲线图、区域维度的饼形图，曲线图和饼形图包含数据表。

⑤ 存/出栏量。分时间维度、区域维度统计存/出栏信息，反映生产能力。使用人：服务部基层人员，通过记录评价农户的生产能力；服务部管理人员，分析农户的生产能力。算法：分维度求和。展现方式包括时间维度的曲线图、区域维度的饼形图，曲线图和饼形图包含数据表。

⑥ 死淘率。分时间维度、区域维度统计死淘信息，反映农户的管理能力。使用人：服务部基层人员，通过记录评价农户的经营管理能力；服务部管理人员，分析农户的经营管理能力。算法：分维度求和。展现方式包括时间维度的曲线图、区域维度的饼形图，曲线图和饼形图包含数据表。

（3）复合指标。

① 料药采购与投苗比率。通过饲料和药品的采购数量与投苗数量的对比，评价对养殖户统购、统管的管理能力。使用人：中高层，评价多部门的协同能力。算法：除法，对比公司的料药使用量和分猪龄结构相关性。展现方式：曲线图；养殖户的料药采购与投苗比率和公司自营部分的料药采购与投苗比率的比较用柱状图进行展现。

② 料肉比对比。对比分猪龄段的料肉比。使用人：中高层，通过统计和分析农户分猪龄段的料肉比，评价对农户服务管理的统一程度。算法：除法，对比公司分猪龄段的料肉比。展现方式：曲线图，若出现料肉比重叠，则说明统一管理规范，若自营部分的料肉比高出养殖户的养殖料肉比，则说明农户的饲喂方式可能出现问题，若自营部分的料肉比低于养殖户的养殖料肉比，则说明农户可能从其他途径采购饲料。

6.3.2 人工智能的部署

如果将企业的数据架构看作一个百草药箱，那么我们可以把业务包对应的数据包看作数据箱。人工智能就是根据数据箱的物理地址来部署的。

1. 人工智能的部署架构边缘化

许多人都弄不清楚云原生、边缘计算、机器学习、机器人等与人工智能的区别。笔者在此申明：这些其实都是"AI+"的构成部分，本质都是模仿人脑而进行的学习、知识经验积累和具体应用而已，形式的差异就在于表现的客体。

人工智能的部署需要根据场景来进行。在 5G 时代，80%的数据都产生在边缘端，在上述的 BI 报表中，原子报表主要被应用在边缘端，即具体的业务场景中，衍生报表主要被应用于管理层，复合报表主要被应用于决策层。所以，人工智能的部署应该优先在业务层。

（1）人工智能的边缘化工作机制。边缘节点服务（Edge Node Service，ENS）架构是为符合应用场景而设计的架构系统，其工作机制如下。

① 边缘端总处于业务的前沿。例如，生产制造环节的制造岛或具体的机床设备。再如，客户关系管理中的某个关键环节，如终端拜访八步骤之中的第七步——收款。这些边缘端有一个共同的特点，就是能够形成数据的循环。

② 数据形成循环。数据通过人工录入、人机联动等方式完成采集，在边缘端被存储、清洗后，进入设定的算法逻辑中进行运算，得出结论并形成决策，被及时反馈给控制设备进行工作控制。

③ 设备的程序是设定的，积累数据箱线图、算法形成知识图谱。

（2）选择边缘节点服务。为什么选择边缘节点服务？边缘节点服务具有以下优势。

① 全区覆盖。企业根据业务场景的需要，认为哪个边缘端具有价值，需

要通过人工智能进行边缘控制，就可以在哪个边缘端进行部署，不受区域和位置的限制。

② 弹性售卖。具体到投资，因为端点数不同，所以控制模式、软硬件投资也是不同的，可以进行打包议价，也可以根据单点进行议价。

③ 融合开放。辅助融合容器服务可以将任意一点的边缘端部署在管控平台上可视化展现，可以在任意两个或多个边缘端之间建立联系，完全融合开放。

④ 安全可靠。由于可以单点组网，也可以多点组网，所以其安全是可控的。只要验证每个边缘端都是安全的，与这些边缘端相关的端点就是安全的；只要验证融合容器服务是安全的，整体的边缘系统就是安全的。对安全体系的检查，可以参照新冠病毒核酸检测的方法进行，先一组组检测，如果发现某组出现了问题，那么再分组检查，直至检查出有问题的边缘端。

2. 人工智能部署数据库化

用 ENS（Entry Summary Declaration，入境摘要报关单）架构把人工智能部署于业务层后，再将其逐步部署到管理层和决策层，如同报表系统架构，原子报表经过统计和分析后产生衍生报表和复合报表，数据能够逐步向上累计，下一层所产生的数据作为上一层人工智能的主数据，这就是我们常说的分布式部署。分布式部署因为数据库的应用而进行，而数据库化部署可以根据场景随机进行，可以跟随应用需求的变化而变化。

人工智能数据库架构如图 6-22 所示。

例如，某网上商城在刚开始时网络售卖单一商品与服务，随着商品种类逐渐丰富，逐步进行了商品分类、服务分类，后台的数据库经历了先进行简单存储和计算，然后把存储、读取、计算分离，最后采用搜索引擎来方便客户查找商品的过程，所以其人工智能就逐步经历了客户交易智能化、客户服务智能化、客户咨询智能化阶段。其后台的管理逐步经历了机器算法阶段、智能分析阶段、机器人阶段、网络智能化阶段。

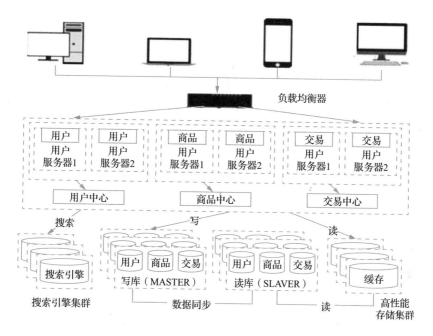

图 6-22

6.4 区块链解决方案

区块链是分布式数据存储、点对点传输、共识机制、加密算法等计算机技术的新型应用。从严格意义上来说，区块链是数字化技术的一种，是数字逻辑在实际生产和生活中的具体应用，是数字逻辑的体现，而不仅是信息化技术。

区块链的特点如下。

（1）分布式数据存储。每次的交易记录都分别存储于每条区块链中，即加入区块链的人都可以看到自己与他人的交易信息。交易一旦发生，就不可以更改，除非你能发动超过50%的人更改交易信息。

（2）点对点传输。在区块链架构体系内，交易者可以把信息向区块链内成员进行点对点传输，并进行点对点交易。

（3）具有共识机制。加入区块链即被认为认同了区块链合约，该合约即为共识。

（4）具有加密算法。每个成员的信息都不需要在交易时进行提交和认证，这些由机器和系统自动识别，减少了信息加密程序的数量。

6.4.1　区块链应用

区块链作为一种新兴技术，由多方共同维护，使用密码学保证传输和访问安全，能够实现数据一致性、防篡改、防抵赖。区块链技术普遍具有去中心化、基于技术的信任、数据难以篡改和可追溯等特征，有助于以数字化技术革新促进经营效率提升。

为了不陷入为了追求技术而片面技术化的误区，我们用以下的几个案例来说明具体的区块链应用。

1. 案例：某农商行的股权管理

背景：某省级农信总社想将农信系统的股权管理起来，具体需求有以下几个。

省级农信总社的需求如下：使用多层级、多区域、多中心的布局（需要顶层架构科学）；在系统上要求稳定、安全、运营质量好（需要技术前瞻、设计科学、服务到位）；在运营上要求实现即时在线洞察，能够进行数据集成、智能分析、风险报警（需要 BI+AI）；在管理上能够按照既定规则进行商业模式创新的穿透性管理，连接外部战略伙伴，构建生态化的资本投资管理和资产运营管理平台；建立新技术、新模式、新动能的平台服务体系，构建生态圈，提升投资人满意度，新建的系统要兼容原系统，降低投资风险；能够满足服务商对省级农信总社的服务和培训需求，让培训和服务达到省级农信总社的满意度。

各农商行的需求如下：做好投资人股权管理和服务（含培训、解读等）；对投资人股权和行权实现高效管理、规范管理；终端中台的运维稳定而高效；

连接行社运维系统，共享数据，数据中心能够作为经营质量的监控台。

各战略伙伴的需求如下：对全生命周期投资进行管理；能够无障碍地对接省级农信总社的各级系统。

投资人的需求如下：保证身份识别安全，包括自己的和别人的，可互相识别和认证；对股权的进入、退出、买卖、转赠等便捷地操作，能够利用多种移动设备，在多种环境下进行操作；随时了解股权价值，能够获取到年、半年、季和月的股权估值，能够将股权作为理财工具；能够线上与线下结合，随时进行股权的进、退、增、减等行权操作。

上级监管机构的需求如下：通过数据集成+AI满足强监管需求，乡村农信社对当地的乡村振兴、粮食安全、三农发展等具有重大作用，能够做到以新技术架构引导新运营思维、以新管理体系导入新商业模式、以新型数字化技术提高新运营效益。这既符合当地政府对农信系统的新要求，也符合上级主管机构对其的创新要求、经营目标要求。

具体做法如下：

（1）建立乡村农信社—农商行—省级农信总社三级架构系统，统一上云。

（2）建立统一的身份识别系统，每个门户均被共识性授权，按照三层级农信法人治理结构进行。

（3）如果任何经营体的农信系统有新投资人进入，那么需要经过其他投资人的认可，严禁不满足资质和资格的投资人进入，这通过两个方面限制：一是系统设置，二是其他投资人监督和认可。

（4）当投资人退出时，优先在原投资人中进行股权转让，否则由农信系统回购股权。具体的转让可以通过系统进行报价转售。

（5）投资人输入身份识别信息后，可以在线看到投资机构的经营情况，能够轻易地看到投资机构的盈利和投资回报率等数据，可以判断是否转让手头的股权，由此将股权投资和理财结合起来。

（6）农信系统通过区块链技术实现上述功能，获得投资人的信任，成为提高经营效率的监控平台。

2. 案例：粮食银行

粮食银行、猪银行等名词在农林牧渔产业中最近比较红火。为了便于理解，下面讲述粮食银行的具体操作。

某粮食收储企业长期为农户提供代烘干、代收储、代销售、代运输等服务。随着区块链技术的进步，该企业进行了以下运营变革。

（1）建立互联网化运营中心，开发 App 和小程序，将年度运营管理规范嵌入其中。

（2）农户下载并安装 App 或小程序，如果同意该粮食收储企业制定的交易规则，那么可以相互沟通，在线签署合约。

（3）农户可以在线申报拟销售的玉米数量，邀约地头运输或直送，相关运费在合约中约定，如运费由收储企业代交，在双方以后的交易中自动扣除。

（4）粮食经过质量检验、过秤后，经过烘干进入仓库，折算成含水量10%的干粮，统一计价为某价格，即等同于农户将粮食存放于收储企业。

（5）如果农户自行销售，那么可以将粮食运出。在计算运输费、加工费、仓储费后，粮食属于农户。

（6）在收储企业得到销售信息后，将信息传送给每一个农户。农户根据行情判断是否出售粮食，如果出售，那么收储企业按照实际价格扣减相应费用后与农户进行结算。

（7）农户在销售之前，可以通过仓单质押提前拿到最初估价70%的贷款，相应利息在实际销售后进行核算。

该"粮食银行"的操作对农户的价值如下。

（1）凭借对粮食行情的判断，待价而沽。

（2）在没有粮食销售前，可以获得资金周转。

该"粮食银行"的操作对收储企业的价值如下。

（1）锁定农户，确保能够收储到粮食。

（2）将服务进行细化和明确，以服务获取利润。

（3）提供供应链金融服务，解决农户资金难的问题，获取服务收益。

（4）可以将粮食进行仓单质押，获取现金流，进行二次融资。

（5）通过比质竞价进行销售，获取中间差价。

（6）集约粮食仓单，参与期货交割。

该"粮食银行"的操作对银行等金融机构的价值如下。

（1）提供供应链金融服务，在现金流增加的同时，获取息差。

（2）对农户和收储企业的账户进行监管，实现存储等资金管理而获取价值。

现在，你了解区块链的基本内涵了吗？具体的业务内涵见图 6-23 所示的"粮食银行"业务链。

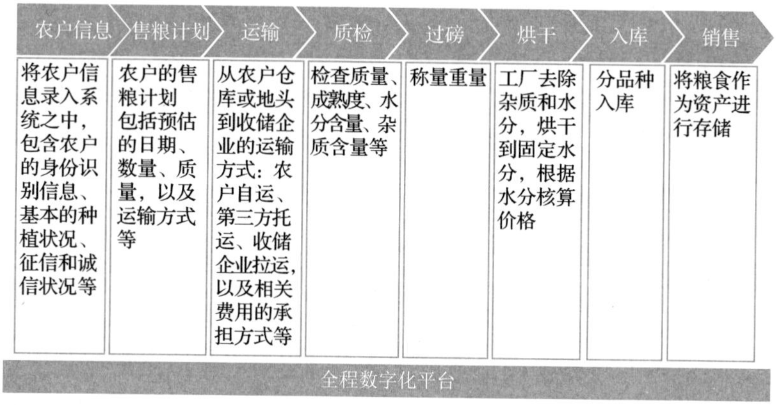

农户信息	售粮计划	运输	质检	过磅	烘干	入库	销售
将农户信息录入系统之中，包含农户的身份识别信息、基本的种植状况、征信和诚信状况等	农户的售粮计划包括预估的日期、数量、质量，以及运输方式等	从农户仓库或地头到收储企业的运输方式：农户自运、第三方托运、收储企业拉运，以及相关费用的承担方式等	检查质量、成熟度、水分含量、杂质含量等	称量重量	工厂去除杂质和水分，烘干到固定水分，根据水分核算价格	分品种入库	将粮食作为资产进行存储
全程数字化平台							

图 6-23

6.4.2 区块链部署

根据区块链的技术特点，区块链与其他数字化技术集成创新，可以推动数字经济发展。工业作为推进国家 GDP 增长的重要力量，与区块链技术的结合越来越广泛，一大批工业互联网平台已经出现。

近年来，随着国家和各地政府对区块链发展的大力支持，我国的区块链产业获得了高速发展，已经形成了较为完善的服务体系。区块链技术与前沿技术深度融合与协同创新，加速了信息领域核心技术的创新与突破，推动了产业创新发展。另外，在推广应用的过程中，区块链技术不断加大企业的数字化转型力度，提高了研发、制造、服务等环节的协同水平，全程可追溯，强化了信任机制的建立，推动了社会公信力的提升。

企业的区块链部署应该采取以下路径。

（1）清楚区块链的应用架构。从区块链服务企业的产业分布中可以看出，区块链产业链的上游主要由硬件、基础设施和底层技术平台企业构成，包括生产矿机、芯片等的硬件企业，以及基础设施、底层技术平台等的运营企业。中游企业聚焦于区块链通用应用及技术扩展平台，包括智能合约、快速计算、信息安全、数据服务、分布式存储等的运营企业。下游企业聚焦于服务最终的用户（个人、企业、政府），根据最终用户的需要定制各种不同种类的区块链行业应用，主要面向金融、供应链管理、医疗、能源等领域。同时，相关服务机构围绕产业链的开发、运营、安全、监管和审计等服务，为区块链产业提供创新平台、队伍建设和运行保障等。随着区块链产业快速发展，我国的区块链产业链条不断延伸。在 2018 年及以前，区块链产业主要集中于金融领域，而截至目前，区块链产业在金融领域不仅从供应链金融、跨境支付延伸至电子票据等领域，而且不断赋能工业互联网、电子商务、生态治理、医疗康养、教育培训等关注经济和民生的领域。

区域链的应用架构如图 6-24 所示。

（2）设计具体的业务场景。根据企业的五级价值链，企业可以将价值点位具化到业务节点，然后对照区块链具体的技术环节，当出现重叠时，则可以思考区块链技术的应用。

（3）设计商业模式和具体的业务逻辑，规范出具体的操作流程，将其映射到 IT 应用中。

（4）寻找合适的技术服务商，选择既能进行商业模式重构，又有数字化技术能力的供应商进行区块链的技术实现。

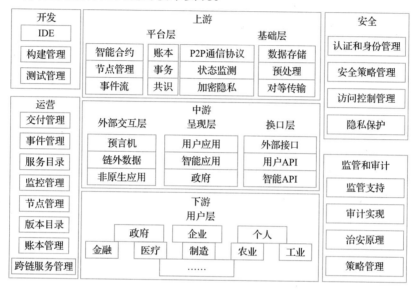

图 6-24

6.5 云计算系统解决方案

云计算（Cloud Computing）是分布式计算的一种，指的是通过网络"云"将巨大的数据计算处理程序分解成无数个小程序，然后通过多部服务器组成的系统处理和分析这些小程序得到结果并将结果返回给用户。

随着社会和技术的发展，为了精益化等企业经营价值不断升级，作为数字化基础的"算据"爆炸式增长，对于"算力"的需求也爆炸式增长，所以就产生了云计算。

对算据，需要采集、储存、容灾备份，对算力，需要能耗少、低延时和快速化，以及基于减少总体固定投资等的考虑，企业就有了边缘云、私有云、公有云、行业云、混合云等不同云部署形态的需求。

6.5.1　几种云概念

边缘云、私有云、公有云、行业云、混合云等不同的云部署形态，需要根据企业在数据和应用之间的敏捷连接、实时业务、数据优化、应用智能、安全与隐私保护等方面的关键需求来确定。

1. 边缘云

（1）什么是边缘云计算？边缘云计算是边缘计算与云协同的产物。

表 6-4 为边缘计算和云计算特征表。

表 6-4

	边缘计算	云计算
部署	分布式部署，根据业务场景的需要，可以在任何边缘端进行部署	集中部署，在正常情况下通过企业数据总线集中与外部云平台进行对接，或者建立强大的数据中心作为云计算平台
数据采集	靠近边缘端，即时采集	需要通过边缘端的数据输入或集成输入
外部接入	在正常情况下只从边缘设备进行接入	多接口的外部接入
数据存储	主要通过芯片或储存器进行存储，能够容纳的数据量较小	通过云储存进行存储，容量较大，甚至无限大
数据清洗	可以简单完成	处理清洗后的数据库
数据库	可以简单分类	可以建立多类别的数据仓库
数据计算	能够进行简单的数据计算，低延时	能够进行复杂的数据计算，有一定的延时
知识库	容量较小	容量大，甚至无限大
结构输出	直接输出到边缘端	需要通过中间设备才能接到边缘端
安全性能	较高，在正常情况下不受外界干扰	外界干扰较多

从表 6-4 中可以看出，边缘计算具有低延时、高安全性的特点，但云计算具有容量大、算法丰富、高存储量等特点。在许多应用场景下，两者需要融合和协同，才能满足应用需求。

企业可以在以下场景中考虑云边协同。

① 当边缘芯片对数据储存量不足、算法不够丰富、算力不足时，需要考虑在外部进行储存，接入算法和算力。

② 当边缘计算之间需要连接以备系统决策需要时，如对于上下道工序之间的质量管理来说，上道工艺需要质量合格，下道工艺需要进行输出品的质量检验，此时需要第三方的测评和放行准入，就需要云计算进行统筹管理。特别是多系统的协同，更加需要云计算。

③ 当边缘端需要远程控制时，远程控制的边缘端必须通过远程的云计算进行数据输入，否则就变成手工控制了。

④ 当需要进行大数据采集时，企业需要多系统、多模块的数据支撑，此时边缘端的数据必须先传递到云端。

云边协同的参考架构如图 6-25 所示。

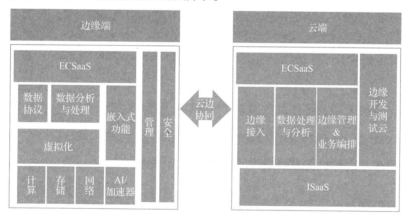

图 6-25

备注：ECSaaS 是指边缘计算的软件及服务。EC 是 Edge Computing（边缘计算）的缩写。

（2）云边协同的具体应用。云边协同的应用案例和场景见表 6-5。

表 6-5

六种边缘计算的主要业务形态	六种云边协同主场景	十四种云边协同子场景
物联网边缘计算	场景 1.物联网云边协同	1.物联网连接子场景； 2.物联网增值服务子场景； 3.物联网系统控制子场景
工业边缘计算	场景 2.工业云边协同	1.设备优化子场景； 2.工艺过程优化子场景； 3.工厂前价值链优化子场景
智慧家庭边缘计算	场景 3.智慧家庭云边协同	1.智慧家庭网络子场景； 2.智慧家庭增值服务子场景
广域接入网络边缘计算	场景 4.广域接入网络云边协同	1.多业务接入子场景； 2.增值网络业务子场景
边缘云	场景 5.边缘云云边协同	1.边缘连接子场景； 2.边缘智能与增值子场景
多接入边缘计算（MEC）	场景 6.MEC 云边协同	1.本地分流子场景； 2.网络能力开放子场景

企业要想进行云边协同，就需要解决以下技术问题。

① 对边缘节点的算据采集和存储、算法丰富度、算力延迟性等进行评审，评价能否满足边缘计算应该达到的价值绩效目标。

② 判断单一的边缘节点是否需要与其他边缘节点进行连接和协同、是否需要与外部数字化节点进行连接和协同。

③ 当上述两项都需要时，建立嵌入式的数据对接接口，帮助数据清洗和转移。

④ 建立数字化的边缘接入接口，进行数据集成和计算、存储等。

⑤ 将数据决策结果反向反馈给边缘节点完成智能化控制。

⑥ 在安全技术环节得到保障。

2. 私有云

私有云可以被看作属于企业专有资源的容器云平台，可以部署在企业数据中心的防火墙内，也可以部署在主机托管场所。

（1）私有云的特点。从存在空间来看，私有云具有网络化和容器中心的双重特点。

① 对内实现网络化功能。对于企业内的各边缘节点来说，私有云具有网络化云平台的特点，具有超大的数据储存容量、丰富的知识库和管理系统、超强的算力和共享等功能，同时对内可以实现 IaaS（Infrastructure as a Service，基础设施即服务）、PaaS（Platform as a Service，平台即服务）、SaaS（Software as a Service，软件即服务），以及 DaaS（Date as a Service，数据即服务）。

② 对外实现容器中心功能。私有云就像一个大的容器，对外是相对独立的单元，通过公共特定的接口接收外部的信息为企业所用，同时让企业内部的信息通过隐私数据脱敏、保护和封装等方式实现与外部信息系统的连接。

（2）私有云的部署。企业在以下情况下部署私有云。

① 对数据安全性和保密性要求较高的企业。如军工系统，对外只输出成品即可，对中间过程需要高度保密，所以这时需要部署私有云保持内部数据共享，而对外需要严格保密。

② 有系统运营稳定性的需求。为了避免外部网络攻击以保障系统运营的持续稳定性，必须在使用外网的情况下，随时有备用网络体系保障系统安全运营，此时企业会部署私有云。

③ 业务类型特别复杂。特别是部分业务的保密层级太高，对原有的数据中心有较大的投资，此时对核心业务会选择部署私有云，而只是将输出部分和公用部分一起放在公有云上，此时的私有云则作为更高层级的边缘计算来看待。

3. 公有云

公有云通常是指第三方提供商为用户提供的能够使用的云。公有云一般可以通过互联网使用，可能是免费的或成本低廉的。公有云的核心属性是共享资源服务。例如，现在常用的阿里云、腾讯云、华为云等，作为第三方的公共服务资源，都属于公有云的范畴。

（1）公有云的特点。

① 功能全面，为企业提供数据存储、计算、信息互联等功能。

② 为企业提供全面的服务，包括我们常说的 SaaS、PaaS、IaaS，以及 DaaS 等。例如，在阿里云上可以利用网上平台进行第三方支付在内的新型软件平台运维，可以开设淘宝店并进行交易，可以进行数据交易等。

（2）企业在以下情况下可以进行公有云的部署。

① 利用公有云本身的强安全性特点进行数字化运维。能够建设公有云和提供服务的企业在正常情况下在公有云的运维体系上有着强大的运维能力，企业如果不想自己制定特定的安全防护措施，完全可以将数字化的内容全部搬到公有云上，包括算据、算法和算力的全面实现。

② 需要与外部信息系统全面对接业务。例如，通过外部大数据进行决策和学习、共享社会资源、发布企业公共信息等，对其中非强制性完全保密部分，可以广泛采用公有云。

4. 行业云

在发展边缘云、私有云、公有云的基础上，许多行业龙头企业以工业互联网平台建设为目标，大量进行行业云部署。行业云的基本特点是由龙头企业或掌握核心资源的企业进行组建，除了企业内部服务，还可以对行业内其他企业提供有偿服务。图 6-26 为以行业云服务为目标的工业云平台架构。

案例解析：某电器制造园区是为某国际性集团公司提供电器原配件生产制造的产业园区。当地政府提供相应的政策支持，号召其中年营业额超过百亿元的企业进行行业云建设。

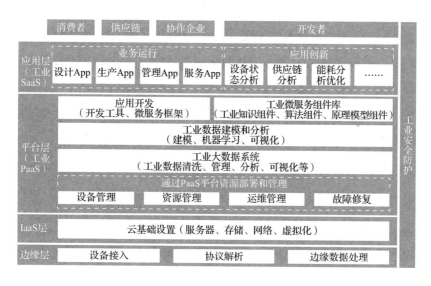

图 6-26

（1）总体的功能布局。总体需要达到的功能布局如下。

① 提高园区的管理能级。以前，该园区为资源聚集型和管理吸引型园区，为了提高内部动能，需要叠加更多的产业要素，成为产业聚集型园区。同时，为了提高政府的监管力度（如税务控制、水电等资源利用效率最大化），该园区需要加强通过大数据调配供给的能力，所以进行区域工业互联平台的建设，以此联动区域的政府服务网、水电等资源服务网等。

② 为了提高对客户的服务能力，要全面梳理产业链，建立专业化供应链高地。该园区核心服务的客户为现代数字化综合运营和服务企业，产业链非常广泛，产业细分功能非常多而庞杂，如果按照国家或国际行业标准划分，那么覆盖了数字产业门类中的85%。所以，要想让该园区成为企业的核心供应基地，就必须让该园区具备较全的整体产业系统的供应能力，并将该园区打造成为专业化供应链高地，成为区域IP载体。

③ 需要精准的产业培育体系夯实品牌IP。该园区为国内领先、国际知名的某产业体系的供应链集群基地，有完善的人才培育、法律法规咨询服务、专业化的融资和投资系统，应该有先进而科学的数字化网络平台支撑。

④ 为了强化该供应链高地的吸引力，以规模化吸引上游的高质低价供应是主要路径。所以，将类似的原辅材料供应集约起来，规模化获取高质低价的原辅材料、元器配件的供应必不可少。

总之，为了产生生态化，进行以区域产业为载体的行业云建设成为当年当地政府的首要任务。

（2）工作进展。2013 年，当地政府以园区管委会牵头，广泛征集当地的龙头企业、数字化网络平台公司等的意见，进行架构体系的设计。

2014 年，以某龙头数字企业为参股方之一，以大数据中心和云平台的基础建设为投资标的，成立以园区管委会下属平台服务公司为主体的运营公司。该运营公司总体计划投资 15 亿元进行行业云建设。同年，该运营公司完成对园区内产业体系的架构设计，包括五级产业链的架构图。

2015 年，该运营公司建立起了属于区域性行业云的行业标准，包括企业的母子孙三层级组织系统，研发、供应、生产、销售、服务在内的全价值链条的运营架构，财务和人力资源管理在内的综合管理系统，搭建起具有行业属性的标识解析标准化系统，数据字典中有 60 多万组数据。

2016 年，该运营公司推动企业全面上云，首先以量贩政策将企业的企业网站、政务服务、OA 系统上云，然后聘请专业化的咨询机构，对企业的运营系统进行数字化标准定义，标准化一家，就上云一家，标准化一个模块，就上云一个模块。直至 2018 年，该园区内 1600 多家企业全面上云。

2019 年，该运营公司推动政府建设放管服（简政放权、放管结合、优化服务的简称）系统，按照产业生态化的基本要求继续招商引资，持续完善产业链，接入政务云，将智慧城市、智慧园区、数字化企业高效对接。同年，该运营公司开启区块链应用研究，持续上线了以比质竞价系统为核心载体的集约供应链系统和集中营销链系统，从而完成了整体的行业云的预期部署目标。至此，整个园区内形成了生态化全产业链架构体系，形成了企业链、供需链、营销链、空间链、生态链融合共生的内外双循环系统。

现在，多产业的多项行业标准产生于此地。该园区也成为国际知名、国内闻名的数字化系统电器供应链聚集高地，其工业和服务产值超过了 4000 亿元/年。

5. 混合云

综上所述，我们了解了私有云和公有云分别具有的优势。所以，许多企业会根据不同的需要进行云部署，但更多的选择是两种形式共同存在，这种云部署方式称为"混合云"。

（1）混合云部署或多云部署会成为企业进行云部署的主要形态，主要受四种因素的影响。

① 影子 IT。信息科技的发展，特别是芯片的发展，能够促进企业的 IT 发展。企业的业务管理，除了部署软件或硬件，越来越会形成独立的新系统。例如，边缘计算作为更加庞大的 IT 构成模块，知识管理、档案管理、人力资源管理等越来越需要独立的系统连接内部和外部，此时，各系统都能独立组网。

② 差异化需求的满足。没有哪家云服务提供商是万能的，同时许多软硬件服务商也会提供云服务。在此情况下，许多企业为了追求部分系统的强大和系统稳定性，会选择混合云部署。

③ 锁定避免。供应商锁定是企业经常遇到的潜规则，某些供应商为了得到可持续的授权费和运维费，以及年度的软件升级费用等，在整体的云服务过程中，总会设置有自己特色的数据底层编码规则、操作界面等，让企业一旦选择了这些供应商的服务就必须长期依赖。企业为了避免这种系统锁定，就会有意识地将不同的工作负载分别给不同的供应商完成。

④ 灾备处理。多云状态可以避免在危急状态下业务被中断。与现在许多的电源系统采取互联模式一样，当某一电路出现故障时，另外一个供电网络能够即时切换，而不影响正常用电。

（2）混合云的核心课题解决。随着技术进步、数据互通互联、平台统一管理、跨云自由迁移，混合云的相关技术难题均得以解决，其安全性、高价值、高流量和高流速的特点得以彰显。

案例解析：某企业的混合云部署。

该企业70%的业务属于军工业务，30%的业务属于民用业务。在正常情况下，两者之间独立进行，但也有部分业务属于军民融合业务。其混合云部署采取以下策略。

（1）企业建立自己的数据中心，有独立的防火墙，并将数据中心作为私有云的运营载体。

（2）为了强化内部协同管理，企业内部统一数据底层标准化建设，保障内部数据可以互联互通，避免出现信息孤岛和数据烟囱现象。

（3）企业统一平台架构管理。企业根据管理层级和管理系统进行架构式数据库搭建，隐私保护举措各异，按照类别维（军事类、军民融合类、民用类，分级A、B、C）和层级维（专利和技术、内部管理、绩效输出，分级A、B、C）分别定义不同数据库的安全级别。在内部，高级别数据库可以共享低级别数据库的数据，低级别数据库不可以共享高级别数据库的数据，数据库之间用中间件进行组网，中间件要得到授权和审批后才可以使用，否则全部都是隔离开的信息孤岛和数据烟囱。企业建立统一的防火墙架构，对外的读写都只能通过企业的数据总线进行，企业网站只能直接输出 CC 级文字内容，AA 级文件只能通过国家级内网进行读写……而外部信息的采集权利，必须通过分配器过滤后再进行分配。

（4）企业根据财务、人力资源、党群等不同系统的功能需要，选择对应的服务商，同时根据容灾备份、外部信息采集、信息披露等功能选择不同的服务商，采取的是交叉策略。

6.5.2　云服务

基于 NIST（National Institute of Standards and Technology，美国国家标准和技术研究院）云计算参考架构，云服务的定义为云管理服务和用户端云安全隐私服务的集合，供给方可以为云服务提供商或代理商，独立于云服务层，旨在提供整体性资源与应用管理服务，以帮助云服务客户更好地利用云资源。

云服务可细分为云管理服务和云安全服务，云服务商分别为云管理服务商和云安全服务商。

1. 云管理服务

在通常情况下，云计算的服务类型分为基础设施即服务（IaaS）、平台即服务（PaaS）、软件即服务（SaaS）和数据即服务（DaaS）。前面已有描述，不再赘述。

2. 云安全服务

云安全有两种：一是云计算安全，即以技术手段来保护与云计算相关的数据、应用、服务和基础设施安全，这主要由云服务商负责；二是基于云的安全软件，云服务商定期或不定期交付杀毒软件，企业进行消杀或漏洞检索和弱点管理。

根据云安全联盟的分类，云安全包括安全运营、安全管理、应用安全、数据安全、中间件安全、虚拟机安全、主机安全和基础设施安全，如图 6-27 所示。[①]

安全运营	SOC	安全态势感知		安全审计
	Web漏洞扫描	安全事件监测		系统漏洞扫描
安全管理	秘钥与证书管理	数据库审计	网络审计	流量控制管理
	身份认证管理	日志审计	网络行为管理	逐级安全认证
应用安全	Web漏洞扫描	防DDoS攻击	数据安全	数据传输安全	数据储存安全
	应用防火墙	网页防篡改		数据完整性保护	数据备份与恢复
中间件安全	容器安全	数据库安全	资源管理平台安全	API安全
虚拟机安全	虚拟平台安全	虚拟储存安全	主机安全	主机防病毒	主机防入侵
	虚拟网络安全	API安全		主机安全加固	补丁管理
基础设施安全	物理安全		网络安全

图 6-27

---

① SOC 是 Security Operations Center 的缩写，属于信息安全领域的安全运行中心；
　API 是 Application Program Interface（应用程序接口）。

安全管理的控制策略如下。

（1）控制层与数据层双管齐下，共同应对配置错误威胁。

在控制层面，制定云服务规定以防止员工在未授权的情况下公开地共享数据，使用云厂商或第三方工具来检测错误配置，使用自动化工具审核访问日志以识别过度暴露的数据，将敏感数据限定在特定的储存范围内，对员工仅赋予完成当次工作的最小权限以实现权力最小化，制定云服务规定以确保资源默认配置为私有状态。

在数据层面，使用加密方法管理和监视密钥管理系统，对静态数据和传输数据进行加密，将所有工作负载以尽可能小的颗粒度进行隔离，以减小攻击对工作负载的影响范围，确保在所有级别（如用户平台活动、网络、SaaS/PaaS层）上都启用日志记录以捕获环境的现实情况，并且确保日志不被篡改，将混合云环境中的日志相关联。

（2）将云安全配置管理与云工作负载平台融合，在控制层和数据层为多样化动态变化的云环境提供保护。

云安全配置管理可以自动化、智能化地对云基础设施安全配置进行分析和管理，并在发现配置不合规的情况下自动修正。云工作负载平台以企业的工作负载为保护核心，为物理机、容器、无服务器等混合云环境下的工作负载提供统一的可见性和可控性。CheckPoint将这两种专为多样化云环境设计的安全理念落地为CloudGuard平台，在控制层和数据层保护企业云环境安全。

（3）零信任架构是企业安全边界消失后的安全新范式。

随着现代企业的IT环境越来越复杂，企业单一、易于识别的边界不复存在。这使得企业对安全身份的认定越来越困难。在此基础上，以身份管理为基石的零信任架构（ZTA）成为一种更适合现代企业的安全规划方法。零信任架构假设企业内部与外部网络并无差异，且都是恶意的，企业必须不断评估与分析其内部资产和业务风险，最小化资源访问，只允许那些被验证的访问者对有限的内容进行访问，并持续验证每个访问请求的身份和安全状态。

零信任架构如图 6-28 所示。

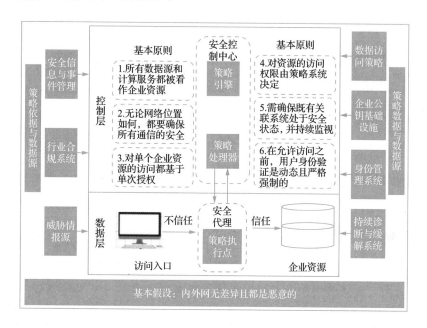

图 6-28

零信任架构依靠软件定义边界（SDP）实现，为上云企业提供符合云时代需求的身份管理产品。软件定义边界旨在利用客户端、管控平台和应用网关三角架构，使应用程序所有者能够在需要时部署安全边界，以便将服务与不安全网络隔离开，从而拥有网络隐身、预验证、预授权、应用级访问准入和可拓展性五大优势。

区块链和云计算相结合的去中心化云计算，从根本上解决了共享租户漏洞与供应链漏洞的问题，是新一代算力基础设施。去中心化云计算是指整合个人用户、企业甚至传统云计算服务商的计算资源（通常包括算力、储存、网络等资源），通过区块链技术直接地、智能化地、安全地把资源提供给需求者，而不经过中心化供应商，从而从根本上解决了共享租户漏洞和供应链漏洞的威胁，是更为理想的新一代算力基础设施。去中心化云计算在整体上可以总结为从虚拟化到容器化，再到无服务器三个主要阶段。三个阶段的虚拟化程度依次加深，从而带来更高的伸缩性和更简易的部署。区块链技术则主要经历了从交易处理到智能合约，再到跨链交易三个阶段，带来了更智能的交易过程和更低的交易成本。作为 Web 3.0 时代的 IT 代表，去中心化云计算平台将区块链与云计算技术结合，摒弃两者的缺陷，将各自的优势互补，从而更安全、更经济，也更符合 IT 未来的发展方向。

6.6 物联网与5G系统解决方案

物联网和 5G 技术都是利用局部网络或互联网等通信技术把传感器、控制器、机器、人员和事物等通过新的方式连接在一起的技术系统，形成人与物、物与物相连，实现信息化、远程管理控制和智能化的网络联结体系。

我们不去追求物联网和 5G 技术的具体内涵式概念，可以粗浅地理解两者以下的共同点。

（1）物联网和 5G 技术都分为感知层、网络层和应用层。物联网技术架构如图 6-29 所示。

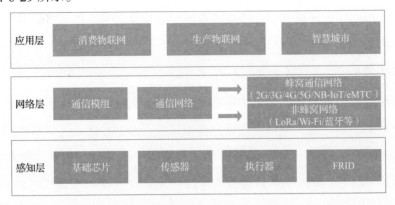

图 6-29

（2）无线模组技术成为共同的发展趋势。无线模组技术的结构如图 6-30 所示。

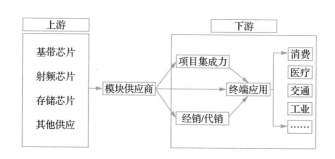

图 6-30

（3）多点协同是共同的部署特征，其原理如图 6-31 所示。

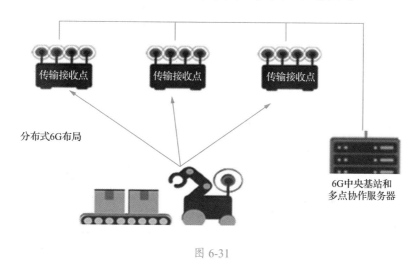

图 6-31

6.7 数字化的组织方案

在数字化转型的新阶段，组织必须从业务驱动型、职能驱动型向流程驱动型、数字驱动型、智能驱动型转型和升级，以保证数字化转型有适应性的载体。

组织是数字化系统解决方案中的重要构成部分，组织方案包含两个部分，即构建适应数字化场景的组织和构建适应数字化集成的协同组织。

1. 转变组织观念

随着新一代信息技术的应用，数字化转型企业改变了生产、分配、交易、消费的经济方式，需要从领导者、管理者、执行者的角度全方位地进行思想意识的转型。

（1）组织领导力转型。面向现实竞争和未来创新，数字化企业对领导者在科技驱动、迷途领航、共创整合、调动人心、全局思维等方面的能力要求更为凸显。领导者打造主动变革、开放心态、包容创新的新型领导力，是拉动企业数字化转型的核心。

（2）组织管理力转型。数字化是数据的采集、集成、决策和应用的过程，需要管理者从沟通能力、协同思维、流程运作等方面改变传统企业的金字塔官僚思维和科层级行政作风，这是驱动企业数字化转型的重点。

（3）组织执行力转型。企业执行者，特别是业务层人员，更需要通过社交系统、App 等新型工具与客户沟通，通过数据记录等规范操作创造价值，需要积极接受新事物、学习总结、应用新设备、积淀知识资产，这是推动企业数字化转型的关键。

2. 构建组织结构

数字化转型让企业的生产更标准、分配更合理、交易更高效、交流更便捷、对象更生态。新型经济方式要求企业的业务组织极小化、管理组织平台化、协同组织流程化、联盟组织生态化。

（1）业务组织极小化。随着消费结构不断升级、消费者的消费需求日益多样，企业构建弹性、开放、灵活的组织是顺应发展趋势的结果，根据业务需要细分业务单元到最小，建立极小化的组织结构，通过数据连接完成管理和决策，是提升企业竞争力的数字化范式。

（2）管理组织平台化。万物智能、泛在互联推动了产业生态化发展。做大、做强的企业建立平台化的管理和服务组织，扩大管理的幅度更能促进业务的水平化开放发展。与管理型业务合并同类项类似，企业打造中心型平台，是提高协同效率、管理效益的最佳选择。

（3）协同组织流程化。商品体系的多样化、客户服务的个性化、供应商和渠道商管理的系统化，都需要企业改变传统的科层级管理组织的运作机制，建立以客户为核心、以业务流程为主线、跨层级多职能机构参与的协同组织。

（4）联盟组织生态化。随着信息技术的发展，工业互联网和产业互联网将形成新的业态，参加或主导基于各种目的建立的产业联盟（如以制定或推行产业技术标准为目标的技术标准联盟、以合作研发为目标的研发合作联盟、以完善产业链协作为目标的产业链合作联盟、以共同开发市场为目标的市场合作联盟等），是企业跨界整合资源、丰富业务内涵、分散经营风险、发现更多价值创造点的路径。

3. 规范组织运营

企业数字化转型以新一代数字化技术驱动，核心是数据。数据顶层建设的规范性和数据治理标准化是破除信息孤岛、助力智慧经营的基础。厘清组织结构内涵、再造组织结构运作机制，更能展现组织结构的保障职能。

（1）企业需要金字塔组织。企业是社会组织的一部分，是生产和劳动分工的结果。企业组织的战略层、管理层和执行层呈现金字塔架构，即使在去中心化的区块链技术场景中，也需要组织者和参与者，需要系统地维护和运营，合约的制定也有发起者和响应者，金字塔的组织形态是企业价值的骨架。

（2）价值创造需要流程化。企业的价值发现、价值创造、价值传递是企业价值的最基本流程。企业要进行更高质量的发展，就需要围绕价值点进行流程梳理、流程优化、流程再造和流程重组，需要进行以流程节点为中台的组织建设，由此分别产生"三会"、专业委员会、部门、子分公司、职能组、业务班组和岗位等组织结构序列，流程化的组织运作机制是企业价值的血脉。

（3）组织运营需要机制化。企业基层的降本增效保安全、企业中层的协同管理提效率、企业高层的多元创新引发展，需要明确企业多层级的分权界面，需要厘清企业多部门的责任，需要利益分配机制进行约束和激励。定义明确、责任清晰、运作规范、激励有力是数字化组织高效运作的基础性机制要求，机制化的组织运营模式是企业价值的循环保障。

4. 科学组织变革

企业数字化转型是企业实现高价值的过程，数字化企业是该过程的结果。为了适应数字化转型而进行组织结构转型不是目的，而是过程和保障。按照数字化赋能企业高质量发展的基本规律科学地组织企业组织结构的变革是企业数字化转型的基础要求，该过程包括科学诊断、科学规划、科学变革、科学评鉴、科学优化五个步骤。

（1）科学诊断。企业要按照数字化转型的价值目标、技术支撑和运营要求，评估现有组织的适应度、匹配度、支撑度和引领度，评估组织结构的科学度、前瞻度。

（2）科学规划。企业要按照数字化转型企业的价值体系，以客户需求为核心，以优化资源配置和提升全要素价值动能为基本要求，分别设计业务单点、管理节点、协同联结链、战略决策链、联盟利益生态链需要的组织结构，明确权责分工、流程运作、激励约束规范。

（3）科学变革。企业要建立组织结构变革专案小组，从上而下分别进行顶层引领、枢纽驱动、基层首创相互结合的变革，或从下而上分别进行以驱动业务、管理业务、服务业务为动因的组织结构变革。

（4）科学评鉴。在变革和试运营后，企业要再次评审或聘请第三方评价组织结构对数字化转型的适应性，以保证组织结构适应数字化转型，甚至能够进行战略性的引领。

（5）科学优化。企业数字化转型是持续的过程，组织结构的新建和重构要遵循"全面思考、项目驱动；单点突破，体系制胜"的原则，由此形成企业数字化转型驱动组织结构重构、组织结构再造引领企业数字化转型的新文化，这也是企业新型能力的重要表现。

6.8　数字化流程重组

企业的商业模式重构必须落实到制度上，而制度执行需要通过流程进行动作的分解和落地。在商业模式重构后，企业将业务规范以制度进行固化，通过流程进行落地，制度和流程系统是数字化转型实施的基础和前提。

下面从制度流程化和流程数字化两个方面介绍，给企业基本的指导，并支撑企业战略与数字化转型。

6.8.1　制度流程化

公司制度是企业执行标准，是数字化记录必须遵守的操作规范，所以企业的数字化转型首先要能够将企业的制度体系进行数字化，这也是业务数字化的重要组成部分。

1. 制度与流程的概念理解

（1）企业制度。企业制度是指企业组织需要遵守的，以满足外部利益相关者需求为目标制定的规章制度。规章制度的核心依据是国家和政府的相关法律法规，如面向投资人的《中华人民共和国公司法》、保护劳动者利益的《中华人民共和国劳动法》、保障企业运营的《企业会计准则》《中华人民共和国安全生产法》等。

在规章制度下，企业的制度通常分为三个层面，一是遵照国家法律法规制定的基本制度，二是指导企业部门管理工作的规定/规范，三是员工岗位的操作说明，即作业指导。例如，国际标准化组织（International Organization for Standardization）的 ISO 9000 认证体系中的《质量目标》就是为了满足利益相关者需求制定的规章制度，《程序文件》是企业的运营程序，关联到对外的属于规章制度范畴，对内的则为规定/规范类的制度范畴。ISO 9000 认证体系中的《作业说明书》属于岗位层面的操作规范。

企业制度体系的概念和内涵见表 6-6。

表 6-6

	制定者	使用者	目标
基本制度层面	法律法规下的公司高层	公司全体员工	满足利益相关者需要
规定/规范层面	公司高层指导下的部门	相关部门	财务安全、规范运营、企业可持续发展
操作说明层面	部门指导下的员工	各操作岗员工	规范操作、安全，实现公司价值

（2）企业流程。企业流程是指规范事件过程的约束。它包含每个节点的输入、处理和结果输出。企业流程的构成要素如图 6-32 所示。

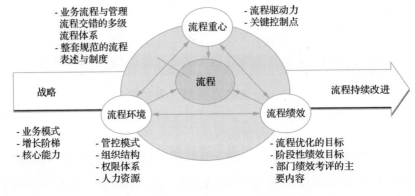

图 6-32

流程正常分为五级。

一级流程：主价值链流程，需要公司决策层审批，对外部利益相关者负责，如投资人、客户等。

二级流程：业务价值链流程，需要部门协同和领导审批。

三级流程：操作价值链流程，是具体的执行流程。

四级流程：作业指导说明书，如各项操作规范/岗位说明书等。

五级流程：作业报表和工具。

图 6-33 为人力资源管理职能分解图，我们可以对它进行流程的分解，以便理解分级流程的概念。

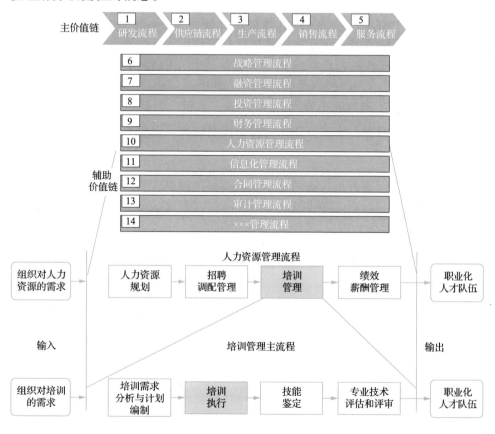

图 6-33

部门业务主流程（如从人力资源规划到招聘调配管理、培训管理，再到绩效薪酬管理，构成了整体的人力资源管理流程）为一级流程。对需要上报董事会层面进行决策后上报证交所或上级机构的，也作为一级流程对待。

业务价值链流程（如培训管理主流程需要多部门协同，并需要领导审批）为二级流程。

具体操作流程（如培训执行）为三级流程。

具体的业务说明（如对培训执行过程中的培训场所布置等）是在描述三级流程的基础上进行的进一步详细说明，为四级流程。

某次培训的评估表、签到表等工具和报表属于五级流程。

2. 从制度到流程的映射

（1）制度架构建设。企业制度架构体系的建设通常会参照 COSO 架构和 ESG 架构体系，按照层次分解法和枚举法进行。某公司的财务制度体系见表 6-7。

表 6-7

基本制度层面	说明	规定/规范层面	说明	操作说明层面	说明
《财务信息披露制度》	面向投资人进行的财务信息披露，是公司的财务透明基准制度	《财务报表编制规范》	对外披露财务报表的编制要求	—	—
		《外部财务审计和鉴印管理规定》	对披露报表的三方审计操作规范、鉴印规范	《外部财务审计作业细则》	对具体的三方审计作业进行说明
				《外部财务鉴印作业细则》	对三方证明操作规程进行说明
				—	
《资金管理制度》	对资金管理，需要公司全体员工遵守的制度	《费用报销管理规定》	规范报销流程	《票据粘贴规范指引》	对具体的票据粘贴进行指导和作业说明
—	—	—	—	—	
—	—	—	—	—	

按照 PDCA 循环原则，企业制度一般由以下几个部分构成。

① 总纲部分，说明制度的目标、使用人（使用范围）、运营原则。

② 治理部分，通过组织保障厘清各部门和关键岗位人员承担的责任，包括起草权、建议权、汇报权、审核审批权、执行权、监控权、激励权等权限。

③ 程序部分，即程序控制部分，程序控制活动包括文件的起草、审核、审批、执行、监控等。其中：属于基本制度层面的，由公司最高决策者批准或公司的董事会批准；属于规定/规范层面的，由各职能部门负责编制，分管领导和总经理批准即可；属于操作说明层面的，由班组/职能组负责编制，由各专家人员审核，部门审批即可。

④ 约束与激励部分，即运作机制部分，对具体的过程和执行结果进行评估与奖罚。

⑤ 环境部分，即本制度的环境更改，如对版本发布、解释权、实施时效等的说明。

（2）将制度流程化。所有的流程都需要用制度来表现吗？不一定！对其中可以直接套用国家法律法规，需要全员遵守，且不需要企业内部审批的，不用进行流程化。对于需要审批的，有价值链程序和时序要求的，需要进行流程化。表6-8为制度与流程映射示例。

《全面预算管理制度》为公司财务部门管理制度中的第二个制度，所以编号为"XX-CW-Z-02"。其中，XX 是公司简称，如果是总公司，则将其作为企业符号，如果是二三级公司，则以此备案于集团公司，予以识别机构名。CW是财务的汉语拼音的首字母。Z 代表制定，规定/规范层面可以用 G 代表，操作说明层面可以用 C 代表。02 代表制度的编号。

表 6-8

序号	制度名	制度编号	流程名	流程编号	流程报表	流程报表编号
1.	全面预算管理制度	XX-CW-Z-02	业务计划管理流程			
			财务预算管理流程	XX-CW-Z-02-2-2	财务预算表	XX-CW-Z-02-2-2-1
					财务执行表	XX-CW-Z-02-2-2-2
					预算执行评审表	XX-CW-Z-02-2-2-3
2.						

按照价值链分解，《财务预算管理流程》是第二个流程，需要多部门协同和公司领导审批，所以编号为 XX-CW-Z-02-2-2，最后的数字代表二级流程。

6.8.2　流程数字化

企业数字化转型中的商业模式重构必然要落地到流程优化、流程再造和流程重组上，流程数字化是落实商业模式重构的第一步，然后才能通过数字化迭代优化企业运营系统。

1. 流程优化和流程再造

流程优化（Business Process Improvement，BPI）是在原有流程基础上的优化。

流程再造（Business Process Reengineering，BPR）是对企业流程进行根本性思考后的再设计。

流程优化是企业持之以恒的工作要求，那么在什么情况下进行流程再造？

（1）创新业务单元出现，原有制度和流程体系不能满足业务的需要。

（2）组织结构发生大变化，原有的审批体系和执行体系发生大变化。

（3）产品体系（商品与服务）发生大变化，带动客户交易模式发生大变化。

（4）商业模式发生重大变化，如金融工具应用、信息化工具应用、渠道管理体系等发生大的变革，原有系统发生大的变革。

（5）外界环境发生重大变化，如投资人变更导致管控体系发生重大变化等。

如何进行流程优化和流程再造？不管是流程优化，还是流程再造，都需要在传承之上创新，所以都需要经过以下三个步骤，即对现有流程的梳理、基于企业价值体系的流程评估、基于企业价值目标系统的流程优化和流程再造。

2. 对现有流程的梳理

（1）根据价值链分解法，进行流程的梳理，以人力资源管理为例。

① 根据主价值链和辅助价值链，先梳理出一级流程，即人力资源管理流程。

② 根据人员的生命周期管理和关键职能列表进行二级流程的梳理，如招聘调配管理流程、培训管理流程等。

③ 对关键动作进行分解，形成三级流程，如培训管理流程中的培训需求分析与计划编制、培训执行、技能鉴定等。

④ 对动作进行标准化，形成四级流程，如培训组织中的 TTT（Training the Trainer to Train，训练教练的培训）培训师整合、课件组织等。

⑤ 形成报表，报表为五级流程。

（2）整理出流程架构体系，见表 6-9。

表 6-9

部门	一级流程	二级流程	三级流程	四级流程	五级流程	责任人	备注

备注：梳理出的流程也要有编号，报表中的内容要关联到新名词或数字化信息内容，要支持形成数据字典。

3. 基于企业价值体系的流程评估

要对核心流程进行描述和评估，见表 6-10。

表 6-10

流程部门		流程名		流程编号	
序号	操作步骤	负责部门/岗位	步骤说明	输入	输出
01					
02					
03					
……					

要用追问法进行诊断分析，见表 6-11。

表 6-11

关键问题	第一个"为什么"	第二个"为什么"	第三个"为什么"	问题类型
备注	表现是什么	直接原因是什么	深层原因是什么	外部/内部问题； 主观/客观问题； 人员、机器设备、物料、工艺方法、环境要素的问题

然后，要形成流程问题与建议，见表 6-12。

表 6-12

序号	流程名称	问题表现	问题分析	解决意见	负责部门	负责岗位

4. 基于企业价值目标系统的流程优化和流程再造

流程再造是更进一步的流程优化，下面以流程优化为例说明该作业模式。

（1）明白流程优化的目的，目的有降低成本、提高质量、提高效率、控制风险。

（2）弄清楚流程优化的原则。

① 匹配性原则。流程优化要与企业的整体战略发展规划相匹配，要为实现企业的总战略目标服务。

② 竞争性原则。流程优化要改进增值活动、剔除非增值或无效活动，降

低运营成本，提高效率。

③ 一致性原则。流程执行获得的价值效益要与企业的管理目标一致。

④ 控制性原则。流程优化要使流程能够有效执行，便于控制。

⑤ 适应性原则。流程优化要与时俱进，要根据环境变化进行适度调整。

⑥ 清晰性原则。流程管理的内容与所需要的职责边界定义清晰，流程之间不交叉、不重叠、不漏缺。

（3）掌握流程优化的方法。

① 时间标注法。压缩相关的活动时间就相当于提高了流程的执行效率。

② ESIA 法。清除（Eliminate）：运用 5W1H 查问，判断通过哪些手段可以清除无效价值环节。简化（Simply）：让流程达到最简化。整合（Integrate）：合并同类项。自动化（Automate）：将流程用数字化技术自动实现。

③ 具体的应用技巧包括以下几个：消除和减少流程中的等待时间、传递时间、处理时间；将串行活动变成并行活动；去除不需要的活动，减少流程步骤；合并内部的环节；调整各环节的前后顺序，或导入 IT 应用；压缩每个环节的时间，规定时间期限；优化流程中的检查点、评审点；根据发生错误或风险的概率来设置检查点、评审点；取消重复审批点；并行不同环节的串行审批；根据控制对象的重要性、数量等进行分授和授权；选择合适的审批人，让最明白的人最有权；优化流程中的客户接触点等。

5. 打造数字化流程系统

企业战略转型，就需要将形成的制度和流程进行 E 化和固定，除了将上述的企业价值目标体系进行制度化、制度流程化，还需要经过"六定"才能实现流程的数字化。

（1）定关键流程。不是所有的流程都需要 E 化的，选择的依据如下：对客户满意度影响最大；改进后回报最大；占用资源最大；对核心业务的影响最大。

（2）定流程责任。定流程责任按照 PDCA 循环进行：规划责任——谁制定规划、计划、方案，谁对系统负责；决策责任——谁签字、拍板，谁对最终结果负责；监督责任——谁离执行人最近，谁对执行偏差监控承担责任；执行责任——谁负责具体实施，谁对规范执行负责。

（3）定权限。界定建议权、起草权、审核权、审批权、执行权、监督权、考核权、激励权等的权限内容。

（4）定报表使用规则。报表使用规则的内容包括报表的内容规则、周期规则、流转规则。

内容规则：明确报表编号、签名、日期填写规范；细化填写项目；规范"审核意见"填写要求。

周期规则：明确报表上报周期；明确回复时限；对紧急与重要程序不同的报表分别处理。

流转规则：超过 6 人以上传阅、签批、审核的改为"会议评审"；加强文秘人员的责任心教育，防止文件误传；做好重要文件的收发登记。

（5）定流程绩效。提取流程绩效考核指标，分析与绩效目标的差距，制订和落实追赶计划。主要的绩效指标包括 Quality（质量）、Quantity（数量）、Cost（成本）、Date（时间）、Risk（风险）。

（6）定奖罚措施。将核心流程执行规范列入绩效考核体系，明确奖惩措施。

在完成上述的"六定"后，企业按照模型的设计规则，即可进行流程 E 化，引入 IT 进行敏捷性运营了。

【案例分享】某工程建设集团，从 2014 年开始进行流程和制度体系梳理、流程重组，2015 年在集团层面进行流程数字化，2016—2017 年其下属公司全面导入流程数字化。取得的成果如下：在体系上，集团管理制度、制度实施细则、集团公司的工作程序清晰。在绩效上，年度目标的达成率从原来的 65% 提高到 90% 以上。在管控上，员工职业健康，原来每年 10 人次的刑事和经济案件，在改革后连续四年为 0 发生。在执行上，不管是组织、部门、岗位，还是个人，都责任分工明确、审批权限清晰、执行监控到位，平均流程从原来的 7 天缩短为 3 天。

取得这些成果的三大法宝如下：一是以信息化为平台和纽带，将战略、管理、业务形成多能级闭环体系；二是将相关的管理理念，用数字化逻辑形成业务模型、管理模型和决策模型，以数字化流程实现；三是流程本身也是管理的一部分，流程成熟度和流程环境成熟度互相促进。

项目输出的作业成果见表6-13。

表6-13

1.战略与管控体系整理	3.制度流程化体系再造
1.1 战略体系再造	
1.2 管控体系再设计	3.1SOA需求分析
1.3 关键流程与制度归集	3.2 流程制度化指引
1.4 战略与管控执行效能分析	3.3 制度流程映射表
2.制度流程化诊断与梳理	3.4 制度流程转化
2.1 流程成熟度分析	3.5 组织结构再造
2.2 流程环境成熟度分析	3.6 部门职能权限再定义
2.3 组织职能效能分析	3.7 岗位职责权限再定义
2.4 岗位职责效能分析	3.8 分层制度体系再造
2.5 风险评估	3.9 分级流程体系再造
4.制度流程化平台设计	3.10 制度评估模型建设
4.1 信息化需求审查	3.11 流程评估模型建设
4.2 职能职责权限对应表	3.12 流程分析体系建设
4.3 信息化管理平台设计	3.13 流程审查体系建设
4.4 应用效能评估办法设计	3.14 制度流程风险评估
4.5 端到端流程信息化建设方案	3.15 制度流程风险矩阵建设
4.6 端到端流程信息化专项评估方案	3.16 预防策略库设计
4.7 自优化生态环境建设	

数字化技术的应用主要有以下几种。

（1）区块链技术的应用。将供应客户、评审专家形成智能合约签约方，根据业务需要进行随机筛选、匿名评审，在招投标过程中起到不受人为干扰的保密作用，这对廉洁作业起到了非常大的作用。

（2）流程中台的架构建设。根据业务场景进行，对关键业务能够抓得住。

（3）数据底层建设标准化。该应用可以保障信息系统相互连通和共享。

第 7 章

数字化治理体系建设

要想开展数字化转型、打造新型能力、推进业务创新转型，除了要策划和实施系统性解决方案提供技术支持，还应该建立相匹配的治理体系并推进管理模式持续变革，以便提供管理保障。

数字化治理体系架构如图 7-1 所示。

图 7-1

7.1 数字化领导力建设

数字化转型的核心是赋能企业发展的变革过程，而变革的过程必然是痛苦的经历。引导员工从认知、行为到文化的数字化变革是数字化转型成功的关键。

理念先行，企业数字化转型首先需要建立数字化领导力，以此引领企业变革。

7.1.1 数字化领导力建设策略

数字化转型不是要不要转的问题，而是如何转的课题。发动全员、营造数字化转型氛围是首要的战略选择。打造数字化转型的生态环境是企业变革文化的重要构成部分。

数字化领导力建设首先要将数字化理念贯彻到位，让全员从意识上高度一致，继而形成数字化转型和变革管理的良好氛围。

1. 领导重视，建立强大的意识宣传堡垒

企业数字化转型有以下三种方式：一是企业从点开始做起，逐步改进，逐步实施和推广，小步快跑，逐步打造成为数字化企业；二是从根本上进行顶层设计，然后逐步推进数字化转型；三是直接进行新型数字化业务打造，由此改变传统。

不管采用哪种方式的数字化转型，都需要企业领导从顶层上对数字化转型高度重视，建立起宣传堡垒，不然按照变革的基本原理，在没有触及本质利益的前提下，员工不会将变革作为必须做的事情来看待。

企业在数字化转型的过程中，必然会遇到不同利益相关者的各种态度（如暴怒、拒绝、接受、喜欢等）、认知和行为，要顺利推进数字化转型，必须从数字化为每个人都赋能的角度引导这些利益相关者。

在数字化转型时，企业会面向不同的利益相关者，需要采取不同的策略，如图 7-2 所示。对不接受或接受度低，且转型速度较慢者，只能将其淘汰出局；对引领者，要加大领导力建设；对其余的，要尽量向引领者方向进行培养。

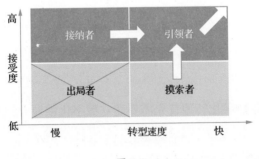

图 7-2

2. 构建数字化转型生态圈

在国家的大力支持下，在行业的大力推广下，在众多数字化转型成功企业的示范下，企业数字化转型已经成为社会发展的必然趋势，这一认知已经深入人心！在具体的生产经营过程中，许多企业仍然处于观望状态，错失了转型先机，原因不外乎企业对变革的接受程度和企业内部人员对变革的态度。

此时，企业的经营管理者需要通过数字化转型供应商和服务商生态圈解决员工拒绝变革的问题。

（1）解构数字化转型的架构内涵。按照战略性价值目标要求，企业要识别和打造新型能力，将新型能力建设贯穿于数字化转型全过程，系统化和体系化建立数字化转型战略（目标）、新型能力（主线）、商业模式重构（路径）、系统性解决方案（要素）、治理体系（保障）五个过程的联动策略和方法，并建立上述策略和方法之间的相互作用关系，以新型能力建设为主线系统地推进转型活动。

（2）建立数字化生态圈。按照企业新型能力的建设目标要求，数字化转型的生态圈可以分解如下。

① 国家和政府。企业要深入解析国家和政府为什么发布大量的政策文件促进企业的数字化转型。中国企业大多能够认识到我们正走在从脱贫到振兴的道路上，面临着国际产业格局重塑、国内供需不平衡等重大机遇和挑战，数字化转型是去除风险、降本节耗、提质增效、多元创新、促进发展的新型生产力。

② 投资人。ESG 认证已经成为新的投资导向。许多上市公司意识到只有与环境、社会、产业链共荣共享才能保持可持续高质量发展，才能获得资本市场的青睐，所以从资本市场的维度来看，投资人需要企业进行数字化转型。

③ 供应商。为了强化市场沟通和促进消费，许多供应商已经进行了数字化转型。为了强化承接，企业数字化转型必须建立相应的接口。

④ 销售渠道和消费市场。随着新生代消费的兴起，下游的销售渠道和消费者已经习惯于数字化信息工具的使用，这种需求拉动企业进行数字化转型。

⑤ 生产和运营人员。数字化的应用，能够大大改进工作，让工作变得更轻松，大幅提高工作效率，而传统的作业方式则会越来越显示出产能的落后。所以，激进型的数字化应用人员成了数字化转型生态圈中的中坚力量。

3. 宣传策略

宣传的平台有多种，宣传的内容如下。

（1）政策宣传。"十二五"以来，国家发布了大量与"两化融合""智能制造""工业互联网行动计划"等相关的政策文件，特别是在 2021 年发布了有关"数字中国"规划的内容。

为了推进数字化转型，国家和地方政府也进行了大量的政策支持，如许多省给两化融合贯标企业 50 万元奖励，分别给数字车间和智能工厂验收合格的企业 200 万元、2000 万元的资金激励。

（2）用趋势发言。许多企业之所以没法确定数字化转型之路到底如何走，是因为看不清未来的发展趋势。对此一定要从两个方面进行宣传：一是用过去总结现在，如随着经济和社会的发展，数字化技术的进步和社会财富正相关彰显了数字化转型的价值；二是以信息技术的发展前沿显示企业进行数字化转型的必要性，以此坚定企业数字化转型的信心。

（3）用数据说话。在许多文献、白皮书中有大量的数据，更有大量的服务商提供相关案例的价值说明。以竞争对手的竞合新优势获取刺激本企业的后勇精神，将是企业不错的选择。

（4）让服务商做说客。许多数字化技术服务商为了推广产品和技术服务，都会举办论坛、产品技术推广会，或在网站、公众号等上进行公益性推广。企业可以让员工分模块地参加，多接受这些新鲜事物是正确的选择。只有多与行业专家、同业企业交流，才能让员工看到差距，看到未来，找准方向，确定好实施方案。

（5）用事实验证。企业在数字化转型的实施过程中，在出现一定的业绩成果后，要让使用者和受益者现身说法，讲述具体的过程和使用感受，以切身的体验让更多人认识到数字化转型的价值，由此坚定大家的信心。

7.1.2 数字化转型决策管理

数字化转型要想成功，关键在于顶层设计，在于顶层设计的全面有"数"。在有"数"的前提下，企业只有严格规划实施，数字化转型才能成功。

调研发现，国内有超过 90%的企业想"数字化转型"，而在已经实践的企业中，有约 60%的企业认为效果不理想，约 30%的企业认为似是而非，只有约 10%的企业认为较为理想。为什么会这样呢？因为大家的"数"不清！

笔者根据多年在甲方利用现代信息技术的工作经验，以及在乙方为企业服务的成功经历，与大家分享"数字化转型"中必须知道的"数"。

1. 目标有"数"

企业为什么一定要数字化呢？这是因为数字化带来的巨大价值吸引着企业进行变革。企业数字化的价值是什么呢？根据现代信息技术在企业运营管理中的应用，企业数字化应该有着以下三个层级的应用价值。

第一层级：数据记录。数据记录功能的标准化，让企业的经营行为规范。

第二层级：数据集成。企业利用数据集成技术将各种数据进行汇总后分析，提高管理水平。

第三层级：数据创新。企业利用 AI+等技术对集成后的数据进行高级分析，为企业经营提供智能化决策。

2. 应用有"数"

企业一定不能为了追求时代感而数字化，否则可能大错特错！例如，有一个做艺术品的企业向我询问数字化转型之道，我问了以下问题："艺术品能够标准化生产吗？如果标准化生产，那么它还是艺术品吗？"我的建议是艺术创作坚决不需要数字化，但扩大影响力的"圈粉"可以通过数字化手段来实现。为什么？数字化是有应用场景的。

例如，ABC 公司是国资国企，进行数字化转型不仅要完成三年行动计划、"数字中国"等基本任务，还应该把目标定为打造"国际一流企业"。

在战略上，要符合国家使命、市场需求和企业发展趋势，包括治理结构、发展理念、管理机制等。ABC 公司作为国资国企，其战略目标如下：在"十四五"期间，从国有资产保值增值转向国有资本高价值回报，倡导命运共同体的绿色安全发展，建立高度集成、共享、开放的经营管理机制。只有通过数字化转型，才能打破市场多样化、区域广域化、体制多元化等导致的信息孤岛和数据烟囱等，保持企业的创新发展方向科学化、结构合理化、动能趋势化。ABC公司既需要数字化连通外部信息、认清发展环境、总结发展规律，又需要数字化连通内部信息、洞察资源要素、掌握运作状况。

通过数字化转型，在战略层面，ABC公司可以实现以下场景的价值：

（1）方向盘。连接政治、经济、产业、金融等宏观发展信息通路，及时把控重大事项发展，为战略决策和部署重大任务提供依据。

（2）驾驶舱。对 ABC 公司的运营系统形成高清真、低延时的驾驶舱，对重点关注事项（如项目进展、"三重一大"事项、安全和质量等）形成即时报表，对管理实现即时穿透洞察和分析。

（3）指挥台。对创新实践和危机事件，实现在线跟踪、信息快速反馈，帮助决策层快速下达指令和处理事件，保障企业的"六保六稳"①。

在管理上，ABC 公司有高效的人力、财务、项目、资产、商权的协同配置，不断提高管理效率。ABC 公司有典型的跨产业（生药、化药、浓缩/预混、饲料）、跨业务（研发、供应、生产、销售、服务）、跨区域（国际和国内）、跨体制（全资、控股等）、跨机制（激励和约束机制多样化）、跨文化（区域文化带来的管理模式多样）、跨模式（如客户需求多样化带来的市场运作模式多样化）等特点，运营体系复杂。在此情况下，ABC 公司必须通过数字化形成高效的数据集成、智能分析，才能将股份公司的战略决策贯彻到每个层级、每个机构、每个业务、每个人员，才能发挥内部协同的耦合效应、规模效应。同时，ABC 公司只有进行内部职能间的高效协同，才能发挥人力、财务、项目、资产、商权的聚合效应和母合效应。通过数字化转型，在管理层面，ABC 公司可以实现以下场景的价值：

---

① "六保"分别是保居民就业、保基本民生、保市场主体、保粮食和能源安全、保产业链和供应链稳定、保基层运转；"六稳"分别是稳就业、稳金融、稳外贸、稳外资、稳投资、稳预期工作。"六保六稳"泛指企业的稳定发展。

（1）在管理系统上，通过数字化实现数据集成（如进行集成报表、在线审计、智慧党建等），通过数据共享提高部门之间的信息传达效率和准确性等。

（2）在财务管理上，可以通过区块链技术进行资金池管理、集中结算、信用管理，以及供应链金融、产业链金融等的在线管理和集成等，推动企业从管资产向管资本转型，对接上市市值评估，提高投资回报率。

（3）在人力资源管理上，可以通过学习系统建设、知识管理、智慧招聘、智慧培训、关键岗位人员管理等，提高企业人力资源利用效率，科学地进行人岗匹配和晋升管理，不断挖掘人员潜能，提高内部能动性。

（4）在法务合同管理、流程审批管理上，可以通过建立边缘学习、分流器等，实现自动审核和高效审批。

在运营上，ABC公司面向供给生产和消费市场有超强的产品创新能力、资源聚合能力、营销服务能力、盈利能力、品牌效应和影响力等，可以聚合企业的核心竞争力。通过数字化转型，ABC公司可以在以下场景中节本降耗、提高效率、贴近客户、增强服务能力等。

（1）提高技术研发能力。例如，在研发初期，ABC公司基于组学数据发现生物标志物，打破了不同群体间的遗传背景差异限制，在研发中后期建立后评价体系和项目群组管理系统，实现快速评价和精准评价，建立利益连接机制，提高创新积极性，通过问诊服务系统和营销数据共享，进行动物群组的大数据分析，加强技术研发能力向市场服务能力的转移，提高市场竞争力。

（2）提高智能制造水平。在自动化、物联网、信息技术等的推动下，ABC公司实现生产环节的可视、可控和智能化，用机器换人，减少人工，改进质量。

（3）提高绿色生产水平。ABC公司与供应链联动，优化生产运营系统，实现订单快速交付，对安全、能源、环保形成全闭环管理，确保ESG（环境、社会责任、公司治理）体系在智能工厂中深度落实。

（4）在合规的前提下，实现精益营销。ABC公司采取线上和线下相互结合的营销方式，在线下通过销售人员的日志管理拓展核心市场和核心用户，在线上通过互联网医院、养殖户 365 系统，以及学术营销、虚拟代表等方式精准触达更多的用户，抢占市场，不断增加销售额、提高市场占有率和营销竞争力。同时，随着畜牧业药品市场化进程的推进，国家对畜牧业的安全监管也会提高到更高层面，以农村大脑为核心的数字化系统得到各区域政府的高度重视。ABC 公司可以战略性思考建立中国畜牧安全供应链的工业互联网标准体系，在实现多产品协同营销的同时，将数字化平台作为各地市场监督管理部门的畜牧业安全监控平台，形成新的数字业务。

所以，ABC 公司进行了以下安排。

（1）顶层设计+基层首创，应该作为总体的布局。根据工作时间进度，为了后续工作不跑偏，按照国资国企管控体系，结合项目申报进度，宜于 2021 年度内完成项目立项、数字化转型顶层设计工作。

（2）样板试点+范式推广，作为后续的实施策略。2022 年完成 1 ~ 2 项生产数字化转型和营销数字化转型的前期设计与部分的实施工作，以后持续推广。样板厂的选择标准建议为具有一定的设备智能化基础，具有样板示范意义，最好能够在公司所在地，能够成为上级机构的验收基地和全集团的学习标杆。样板营销业务的选择标准为之前有数字化营销的基础、团队面向市场有课题需要解决、团队有创新热情和信心。

解决方案如下。

为了避免多次项目申报的行政束缚，所以建议本次项目范围界定为"1+2"的项目规划和具体实施，即 1 个"数字化转型十四五规划"+1 个"生产数字化"+1 个"营销数字化"转型设计。因为具体的软件和硬件技术实施需要在方案设计后才能确定标的成本，所以在设计后另外立项再进行具体的软件和硬件技术实施。

工作模块 1.ABC 公司的数字化转型顶层设计，整体工作时间为 3 ~ 3.5 个月。

工作目标：通过深度访谈、问卷调研、焦点研讨、专题论证等方法，ABC 公司从数字化转型视角梳理公司的战略价值目标系统，基于市场和未来的核心竞争力打造新型能力，设计价值场景架构，构建数字化系统解决方案，用数字化驱动商业模式重构，归集公司"十四五"期间数字化转型项目群组，规范数字化治理和运营组织系统，为后续的数字化转型项目实施提供蓝图。

工作成果如下：

《ABC公司数字化转型调研报告》（信息化/数字化现状评审）

《ABC公司数字化转型之战略价值系统规划报告》（目标系统）

《ABC公司数字化转型之新型能力策划报告》（数字化新型能力策划）

《ABC公司数字化转型之系统解决方案设计报告》（数字化项目群组设计）

《ABC公司数字化转型之数字驱动的商业模式重构建议报告》（商业模式创新）

《ABC公司数字化转型之数字化治理设计报告》（数字管理与组织设计）

工作内容如下：

（1）数字化调研。对位于总部的各营销公司和独立核算的经营机构负责人、各部门主管和总部高管等进行深度访谈，对外地机构的关键人员采用建立模板和问卷方式进行调研，时间为4周。

（2）价值目标体系设计。内容主要包括对公司"十四五"战略的理解，并设计数字化实现路径，明确竞合优势打造目标、具体实现场景和价值输出模式，时间为2周。

（3）新型能力策划。面向价值场景和目标，分别进行单元级、流程级、网络级和生态级新型能力的策划，包括目标、路径和策略等，聚焦企业的核心竞争力，时间为1~2周。

（4）系统解决方案设计。以价值场景为载体进行数字化系统内解决方案设计，内容包括但不限于数据架构和应用方案、软件和硬件技术架构、运作组织和流程的框架性优化建议，形成包括执行计划、投资概预算、意向服务商等在内的项目群组设计，时间为3周。

（5）商业模式优化建议。以战略为目标、以新型能力为主线、以数字化系统解决方案为载体，形成业务层级、产业层级、集团生态层级的三层级商业模式优化建议，时间为 2 周。

（6）数字化治理设计。建设数字化领导力、数字化运营组织，设计运营机制，打造数字化组织文化，时间为 1 周。

备注：为了加快进度，部分子项目可以并行设计。

工作模块 2.生产数字化转型方案设计，时间为 4 个月

工作目标：以支撑工业互联网平台建设为目标，进行样板厂的包括数字车间、智能工厂和智能制造在内的数字化转型方案设计，为后续软件和硬件技术实施提供施工图。通过模板式架构建设单元级生产标准体系，能够逐步向其他生产厂进行范式推广，全面提高 ABC 公司的生产力水平。

工作成果：《ABC 公司生产数字化转型方案设计报告》

工作内容：

（1）生产现状调研。弄清楚人员、机器设备、物料、工艺方法、环境等的现状，包括其适用的质量、进度、成本、效益和安全现状，锁定目标需求。

（2）数字车间打造方案设计。让工艺机器学习化、设备边缘计算化、信息云边一体化，实现生产换线、设备换人、数据换芯、决策换脑，打造数字化车间。

（3）智能工厂建设方案设计。进行生产系统、安全系统、动力系统、环保系统、供需系统等的架构设计，逐步上线、上网、上云，建设智能工厂。

（4）工业互联网方案设计。关联研发设计、销售市场的订单管理、前端供应链等，打造企业端对端的价值生产运营平台。

（5）生产企业组织优化与关键流程梳理。以客户价值为核心进行开放式组织架构优化方案设计，梳理关键业务流程，支持流程 E 化，实现 ABC 公司的报表合并、在线监控等功能。

（6）技术方案落地指导。联动供应商和服务商，支持商业智能体系落地。

工作模块 3.营销数字化转型方案设计，时间为 4 个月

工作目标：通过营销数字化转型方案设计，不断发现市场空间，持续发现客户需求，不断改善客商关系，持续强化纽带连接，不断提高营销人员的业务能力，持续优化营商环境，由此联动企业财务管理、人力资源管理等不断提高管理效益，联动供应和生产不断提高固定资产和资金周转率。用 2～3 年的时间，推动饲料浓缩/预混的工业互联网化，然后将其逐步推向其他产业，力争在"十四五"期间完成 ABC 公司的工业互联网建设，使其成为中国畜牧安全供应链领域的国家级工业互联网样板性节点企业。通过模块化架构建设单元级营销与服务标准体系，并能够逐步将该标准体系向其他业务系统进行范式推广，全面提高 ABC 公司的市场营销水平。

工作成果：《ABC 公司饲料浓缩/预混营销数字化转型方案设计报告》

工作内容：

（1）客户信息地理化。按照数据底层标准化建设标准进行客户信息录入，支持区块链化智能合约（身份识别、政策在线、交易在线等），明确分布地理位置，了解市场方向和结构，将客户资产进行企业化管理。

（2）服务/诊疗平台化。用数字化技术实现在线服务、在线诊疗，即时传达国家和政府、企业等的相关政策，实现客户问题在线解决，将畜牧健康解决方案知识化，推动营销从产品销售向关系营销、技术营销和知识营销转型。

（3）客户交易智能化。用数字化技术实现在线订单、在线物流监控、在线计量和质量认证等，实现资金所有权和物品所有权转移在线化、可视化、透明化，获取客户信任和忠诚。

（4）公共关系数字化。通过数字化平台和技术实现政策传达、营销策略、养殖技术、新品推广等的数字化，互联互通，生动化获取回馈，不断增加客户黏合度。

（5）营销人员管理在线化。通过数字化系统对营销人员的远程考勤、行程在线、客户服务、经销商等进行管理，促使营销人员不断积累经验曲线，提高管理能力，同时通过在线考勤和费用报销提高工作效率。

（6）信用和贷款担保管理互联化。通过多媒体技术联动银行等金融机构，实现对客户的信用管理、贷款担保管理等，降低和去除风险，提高客户忠诚度，形成命运共同体。

与此同时，进行营销模式变革、营销组织变革、营销管控转型和营销流程再造。

① 营销模式变革。从蝶形营销模式向菱形营销模式转变，由此导入信用管理、担保管理等供应链金融模式，与客户形成利益共享的长效机制。

② 营销组织变革。公司的营销组织优化和变革，适应数字化转型需要，促进营销组织从职能驱动型转变为流程驱动型、数字驱动型、智能驱动型的新型组织。

③ 营销管控转型。以核心统一、合理分权、科学授权、科学用权、规范控权为要求，对销售、品牌、仓储、物流等核心点进行分层授权和横向分权，实现企业、员工、客户共赢。

④ 营销流程再造。建立适应数字化、推动数字化，又能数字化反哺的流程架构，按照上市公司规范建立内控和风控系统，支撑在线审计等管理。

3. 架构有"数"

企业数字化需要顶层架构的设计。

企业数字化顶层架构设计包括以下内容。

首先，根据战略和组织，进行前台、中台和后台治理载体的架构设计。

其次，根据目标和实际，对各"台"的目标进行设计，是记录、集成，还是创新？

再次，根据目标体系和架构体系，进行 SaaS、PaaS 和 IaaS 的技术架构设计。

其中，如何利用人工智能、区块链、云计算、大数据、物联网、5G 的软件和硬件体系，则是技术问题了。

企业数字化转型的架构如图 7-3 所示。

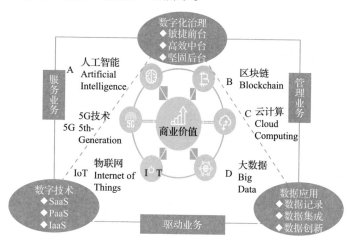

图 7-3

4. 运营有"数"

再好的数字化规划，也需要环境的成熟度予以支撑。

企业数字化的运营管理体系包括以下内容：集团管控下的数字化架构体系设计；数据输入的规范性指导作业；数据清洗和数据传输的规范性管理；数据集成、分析的个性化和柔性化作业管理；数字化决策机制，保障决策的科学性和前瞻性；数字化应用场景设计，确保数字化成果能够得以应用；企业数字化中间评审和结果审计，促进持续优化和升级。

5. 价值有"数"

企业数字化的变革，肯定在某些方面能够促进企业的发展，但在投资之前和之后，仍然需要进行投资预算和价值评估。

投资预算见表 7-1。

投资预算可以按照成本滚动累积法进行预算，分别得出 1 年、2 年、5 年的投资金额。

表 7-1

序号	类别	内容	预算（万元）
1	管理咨询	数字化转型管理咨询（IT+管理体系）	
2	数据中心	硬件+软件+操作系统+运维	
3	数据采集系统	硬件+软件+运维	
4	数据传输系统	硬件+软件+运维	
5	智能分析系统	硬件+软件+运维	
6	应用终端系统	硬件+软件+运维	
……	……	……	

对于价值，由于可变量较多，可以先进行估算，然后进行相应的敏感性分析。显性的价值评估主要有经营业绩增加带来的利润评估、人员减少和优化带来的成本节约评估。

最关键的是利用项目投资预算法评估未来收益和在资本市场上的市值。

投资与收益形成关系曲线后，会得出平衡点和未来收益曲线。

当企业决策者认为合理时，企业数字化就具有可操作性。

6. 服务有"数"

很少有企业能够独立开发数字化系统以实现自我管理、自我应用，所以采购第三方服务是最可能的选择。下面简要介绍一下对企业数字化转型服务机构的选择标准。

（1）服务机构有得到认证的资质。建议最好采用国内的系统。

（2）服务团队有全面的管理咨询能力。企业的数字化系统不能带来商业模式的创新，数字化系统只能作为管理工具规范商业行为、集成信息，提高管理效率，帮助企业通过大数据发现新的商业模式。企业一旦数字化后，在一定的时间内就要走数据记录、数据集成和数据创新的路径，所以一定要在数字化之前进行全面的商业模式创新，专业领域会覆盖战略、集团管控、商业模式、业务系统、管理体系、组织与人力资源、内部控制等，只有在这些完善的基础上，才能得到数字化的高价值。

（3）服务团队要有先进的方法论体系。现在许多制造企业不懂两化融合，崇尚情景式战略构建但不懂 TOGAF 架构，那么在数字化后只能按照既定的数字化系统进行机械操作。要知道没有先进方法论指导的数字化可能变成别的企业的翻版，即使做得再好也只能做成别的企业几年前的样子。此时的数字化就是落后的开始。

（4）服务团队一定要有实操经验。任何企业的变革都需要科学的管理，而每家企业都有自己的文化，变革是痛苦的事，一定会发生企业人的利益变化，会带来组织、制度、人文情感等的变化，在需要科学体系引导的同时，在实践上的技术处理非常关键。所以，此时服务团队的实践能力显得异常重要。

数字化转型服务团队必须具备的条件如图 7-4 所示。

图 7-4

如果做到了上述六个有"数"，相信企业数字化转型必然成功！

7.2 数字化组织体系建设

数字化组织体系的建设包括数字化管理部门的组织建设和数字化管理体系建设。

7.2.1 数字化管理部门的组织建设

与其他职能管理部门一样，数字化管理部门必须承担起让企业更加智慧化的责任，以应对数字化转型带来的挑战！

1. 集团公司数字化部门建设

随着数字化转型业务日益增多，许多企业将原来隶属于财务部门或人力资源部门的 ERP 职能组升级为信息化管理部门或者数控部。图 7-5 所示为某集团公司的组织结构。

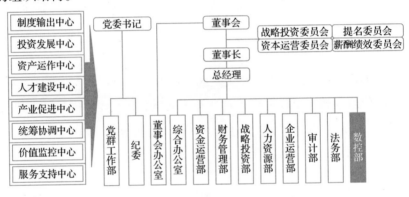

图 7-5

（1）设置数控部的战略思考。

① 企业数字化转型需要。集团公司需要建立起集数据采集（透视镜）、数据集成（仪表盘）、数据决策（驾驶舱）、数据应用（指挥台）于一体的高效系统和管理平台，强化各业务的多元创新能力，强化对人员、机器设备、物料、工艺方法、环境等生产要素的协同能力，强化对各项数据的共享。

② 为了避免产生信息孤岛，集团公司需要科学的节点解析标准体系的建设，满足内部控制系统的基础要求，同时标准体系和内控体系结合可以促进数字化体系的规范性、科学性，以管理前瞻性引领数字化建设，避免标准化软件系统束缚各业务的个性化和灵敏性。

（2）数控部的核心职能。

① 内部控制管理体系的建设和完善，助力企业降低成本、减少消耗、去除风险、提高运营效率，促进多元化创新。

② 在制度、流程体系建设过程中，规范节点解析系统，实现数字化平台的共享功能，可以避免信息孤岛的产生。

③ 集团信息化的全面规划、实施和运维。

④ 对所属机构的信息化工作指导、辅导和部分运维。

⑤ 信息集成与共享管理。

（3）职能组的分工。目前，该集团公司的数控部设置集成职能组和运维职能组。

① 集成职能组的职责：统筹集团公司的管控、内控和风控，形成制度和流程系统；对集团公司的制度和流程进行标准化描述，将动作、名词等量子化，并给予标准化的字典定义，形成《名词字典》；将《名词字典》形成 IT 映射矩阵，让相关逻辑能够 IT 化，算法清晰；对公司运作的流程进行风险矩阵评估，枚举相应的风险预防方案，形成知识库。

② 运维职能组的职责：对集团公司的数字化转型进行全面规划，包括战略价值体系（联动战略规划部门形成竞合新优势、业务新场景、价值新主张）重塑、商业重塑（商业模式梳理、优化、再造、重组，以及数字化业务设计等）、新型能力建设，由此进行 IT 规划和数字化转型系统解决方案设计；对数字化转型形成项目群组，在审批后进行招标采购、交付实施和价值效能评审；组建数字化转型项目团队，并负责日常管理；对数据中心、云安全等全面管理；全面实施公司的两化融合、数字车间、智能工厂、工业互联网项目；联动集团公司的内控体系，进行数字化转型的内部控制体系建设。

2. 集团公司数字化管理组织建设

集团公司数字化管理组织建设的主要内容如下。

（1）数字化工作领导小组建设。建议以集团公司一把手为组长，以其他核心经营班子成员为组员，数字化工作领导小组的主要职责是按机构体系设计和把控数字化转型，关键是决策。

（2）数字化专家委员会建设。数字化专家委员会可以由集团公司关键部门负责人、外聘的数字化服务厂家人员、权威性专业人士共同组成，主要职责是为集团公司的数字化转型提供参考建议。

（3）数字化工作领导小组办公室建设。在正常情况下，以数字化管理部门为数字化工作领导小组办公室。

（4）集团公司总部按照部门设置相应的数字化小组，主要职责是进行业务架构梳理、需求架构提出、数字标准化体系建设、功能模块上线和具体使用。

（5）各业务单元进行相应的领导小组和数字化小组建设，参照集团公司总部的数字化小组的建设。建设原则是只要有业务单元就要进行相应组织的建设，具化到每个业务单元，由此形成与业务单元相对应的数字化工作组。

数字化管理组织的建设如图 7-6 所示。

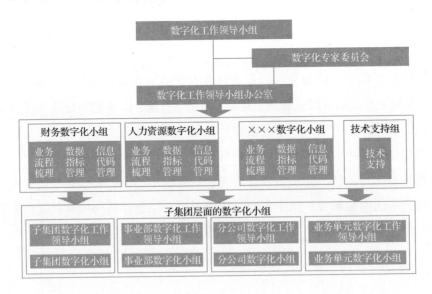

图 7-6

3. 数字化管控

数字化管控架构和内涵可以参照集团公司战略管控的模式进行，内容主要有以下几项。

（1）数字化转型战略的制定，与集团公司的总体战略同步进行。

（2）集团公司总部统筹资源进行数字化转型战略规划。与集团公司总体战略相应的数字化转型战略，由集团公司进行统一制定；总部各职能部门的数字化转型战略，由集团公司联动各职能部门共同制定；下属机构的数字化转型战略，由集团公司负责目标体系的制定，具体需求架构由各业务单元进行制定。

（3）数据中心建设、上云部署由集团公司统一进行；企业的数据总线部署由集团公司统一进行。

（4）集团公司统一制定数据标准规则，各职能部门和业务单元进行数据编制，集团公司统一核查和认证其规范性。

（5）为了避免产生信息孤岛和数据烟囱，最好由集团公司统一进行供应商和服务商的选型，遵循国产、可控的原则进行。

（6）对规则的、需要集成的模块系统最好统一建设。对参股的下属机构基于对投入成本的控制可以考虑共同建设。对于离散型的业务，可以考虑业务的个性化而由业务单元自行建设，但需要采取数据箱模式进行报表共享和数据钻取。

（7）数字化团队建设，采取公司统筹、个体匹配的方式进行，最好能够做到直线领导，以确保从上而下、从内而外的数据共享。

（8）效能评审和绩效管理体系建设最好由集团公司统一进行。

7.2.2 数字化管理体系建设

企业数字化转型不但需要数字化技术体系的成熟度，而且需要管理体系的成熟度予以保障，两个成熟度形成双循环提升机制是企业数字化转型的成功之道！

企业数字化转型是通过数字化技术进行企业价值重构和业务升级的过程，是为企业业务服务的。

1. 数字化发展阶段

笔者根据多年的经历，将数字化分为以下四个阶段。

第一个阶段是 PC 阶段，即计算机替代手工阶段。其在国内的表现为在 20 世纪 90 年代之前或 1995 年之前，为了减少手工作业，自动化控制兴起，以会计电算化等为代表，出现了许多的计算机、自动化替代手工作业，大幅提高了生产效率。

第二个阶段是 ERP 阶段。企业通过应用 MRP（Material Requirement Planning，物资需求计划）、MES、CRM 等 ERP 软件提供的功能（包括电算化、核算报表、商业智能分析等），提高了管理效率。

第三个阶段是 EBC 阶段。在 2010—2020 年，企业更强调业务能力。大数据、云计算、AI+、区块链、无线网和 5G 等技术应用蜂拥而至，企业更加关注以业务能力为核心的新一代现代信息技术的应用。

第四个阶段是数字化阶段。其以我国发布企业数字化转型基础框架为标志，两化融合 2.0 时代全面开启，数字中国进入智能制造的关键期，经济和社会生活全面进入了数字化时代，典型的特征就是以"数字"为核心的价值新发现。

与之相应的是，企业把数字作为核心资产进行经营，相应的管理体系建设也以数字资产经营作为重点。经营数字，经营资产！

企业的数字资产架构如图 7-7 所示。

2. 数字化管理体系建设

依据我国的相关标准及要求，数字化管理体系包括管理手册、程序文件、作业文件和相关记录四个部分，如图 7-8 所示。

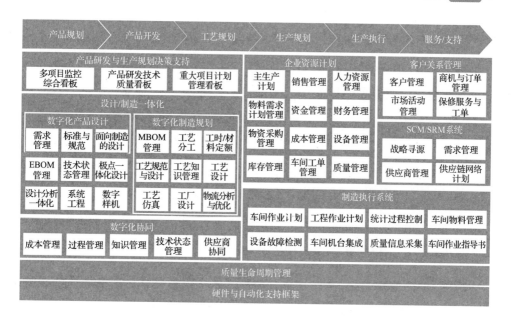

图 7-7

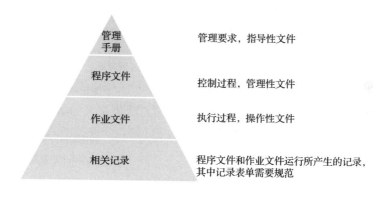

图 7-8

文件编制的基本准则如下。

（1）遵循公司管理体系中的程序文件编制格式与要求。

（2）若已有的公司管理手册或程序文件可以支撑两化标准要求，那么可沿用；如果不能支撑，就需要重新编制。

（3）管理体系中各文件的编号原则如下：①管理手册及各新增的程序文件

可以按照公司原有体系编号，也可以重新编号；②支撑程序文件实施的作业文件与相关记录，如果沿用公司的原有文件，那么不需要重新编号；如果文件或记录是新增的，就需要重新编号。

（4）在具体的程序文件中，职责、程序的描述与其他管理体系中的描述保持一致。

3. 管理体系框架

对于具体的内容编制和执行，建议按照 COSO 架构系统和其内容要求进行，其中包含但不限于数字化治理体系的内容。

目前，国内通行的是，将两化融合的控制体系按照 ISO 标准系统进行建设，图 7-9 是某企业的数字化管理体系框架。

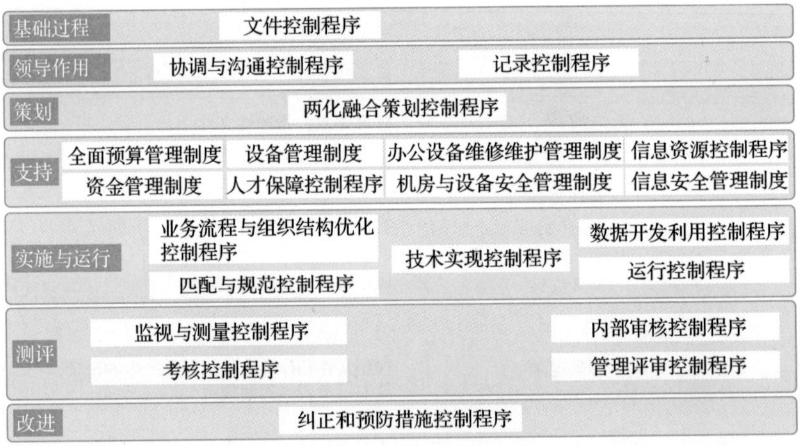

基础过程	文件控制程序			
领导作用	协调与沟通控制程序		记录控制程序	
策划	两化融合策划控制程序			
支持	全面预算管理制度	设备管理制度	办公设备维修维护管理制度	信息资源控制程序
	资金管理制度	人才保障控制程序	机房与设备安全管理制度	信息安全管理制度
实施与运行	业务流程与组织结构优化控制程序	技术实现控制程序	数据开发利用控制程序	
	匹配与规范控制程序		运行控制程序	
测评	监视与测量控制程序		内部审核控制程序	
	考核控制程序		管理评审控制程序	
改进	纠正和预防措施控制程序			

图 7-9

第 **8** 章

打造数字化企业

有九型特征的数字化企业是企业发展的目标。数字化转型是过程，是企业发展的动力。建立从理念、行为到结果的数字化转型机制，是企业可持续高质量发展的基本保障。

伟大的企业总是能够通过极致、迭代的价值新主张，通过数字化的业务新场景让消费者高效地获取价值，维持与社会、与自然生态、与投资人等的共生新优势，这是数字化企业的价值目标。要想实现这个目标，企业就需要新型能力，商业模式创新是实现路径。新型能力助力商业模式再造，需要通过数字化系统解决方案来打造。数字化治理，既是数字化系统解决方案落地的保障，同时也是企业战略新目标、商业新体系实现的环境。可见，企业数字化转型是一个系统的复杂工程，内部关联因素众多。数字化转型是引起和驱动企业变革的体系化工程。

企业数字化转型需要技术驱动+领导关注+全员参与，这样才能将这一体系化工程进行到底，才能将企业打造成为数字化企业。

8.1 企业数字化转型，信息化人员要有作为

数字化技术和信息科技有双相关性。数字化技术既是信息科技的产物，又能促进信息科技的再实现，所以企业数字化转型落实到信息化管理部门有"血缘"原因。

数字化是信息化的升级版，在数字化转型过程中，IT 部门的首席信息官（CIO）首先面临巨大的挑战。挑战主要有以下几个。

（1）对新型数字化技术掌握的挑战。随着信息化技术的不断迭代升级，除了计算机基础技术，还需要不断学习和掌握 AI+的算法技术、5G 的通信技术、物联网的感识技术、区块链的运作技术、云架构的部署技术和机器人的操作技术等。掌握这些技术的难度超越了掌握软件技术的难度。数字化技术是多学科的系统综合，要想掌握数字化技术，IT 部门就需要有更广泛、更深入的知识和技能体系。

（2）对企业战略和经营管理知识的挑战。要让数字化转型获得成功，从事编码和软硬件服务的 IT 从业人员就必须能够服务于企业业务，必须得到具体业务部门和管理部门的认可，必须让数字化系统解决方案战略性引导经营管理，那么该方案的前提就必须是洞悉经营管理的内在逻辑和外部关联，这就需要 IT 部门的 CIO 掌握必要的战略、经营、管理和业务操作知识，需要在思维架构上、在管理思考上、在业务知识上全面掌握知识和技能。

（3）对企业变革驱动作用的挑战。近几十年来，许多企业始终将信息化作为辅助工具使用，而在信息化基础上的数字化被作为辅助工具看待，这从 CIO/CDO（Chief Data Offer，首席数据官）在企业的职位层级和薪酬待遇上可见一斑，由于职位较低可能和驱动企业变革所需要的公权力形成反差，如何积极发挥职能驱动或引导企业变革，对 CIO/CDO 的沟通协调提出了更大的挑战。

面临技术、知识、阅历和资历等众多挑战的 CIO，要肩负数字化转型的重任，承担起数字化转型的变革重任，可能会像小牛拉大车，力不从心。数字化转型会给企业带来全面的挑战，CIO 需要有高超的智慧才能解决。

1. 消除企业对陌生事物的恐惧心态

心理学和行为学显示，人们在面对陌生事物时，总会自然而然或本能地产生畏惧心态，人微言轻的 CIO 难以让大家建立信心，这需要大量的工作调度才能实现。

（1）正确宣扬对数字化转型的认知。据权威机构预测，"十四五"期间是数字化转型的探索期，"十五五"期间将是数字化转型的应用期。在探索期中，成功者将是未来的上位者，在后续五年的应用期中，没有进行数字化转型的企业将会大概率走向消失，所以在此战略机遇期，企业不是选择是否进行数字化转型，而是选择如何进行数字化转型。从内涵上来看，数字化转型是什么？数字化转型是指利用数字化技术迭代升级企业的战略、商业运营，打造新型能力和新型管理体系，以适应和引领发展趋势。数字化本身是技术体系，既是生产技术，又是管理技术，由高效生产、精益生产的技术构成，同时还是环境和保障类的技术体系。另外，数字化技术能够快速促进生产技术和管理技术迭代升级，可以说数字化技术是技术之技术。作为新型生产力，数字化就是第五次工业革命的代名词。

（2）以成功学引导企业产生浓厚的兴趣。CIO要多宣扬企业数字化转型的成功案例，对标成功企业，可以通过各种关系参与游学、讲座等，通过具体的对比唤起企业必胜的信心；CIO要多召集数字化转型供应商和服务商对企业具体担忧的事项（如新工具的使用、数字化技术在生产经营实践中的应用、数字化转型带来的价值等）多次进行培训和讲解，以打消企业的担忧。

2. 消除企业内部对变革的阻挠情绪

任何变革都会改变人们的心理和行为。人是追求安逸的，特别是有很多老龄化人员的企业，基于对现代工具的陌生而阻挠变革是人之常情。这需要CIO有高超的智慧进行解决。

（1）在总体层面上，CIO要总结企业过去的变革经验，不管是从研发、供应、生产、销售、服务的业务层面，还是从财务和人力资源管理层面或者从信息化等辅助职能层面，只要是成功的变革经验就可以说明变革对企业的价值。同时，CIO也可以总结失败的变革，找到变革失败或效果不佳的原因，结合变革管理方法论，发动舆论攻势，讲解变革原理和其过程管理，对其中的阻挠因素进行分析，从体系上进行破解和修正。

（2）在细节层面上，CIO要对数字化转型过程中可能遇到的阻力来源进行分析和排查，分析利益相关者进行阻碍的原因，分析是内部政治问题，还是个人情绪和经济利益的冲击等。此时，CIO需要对其中的关键人员进行多维度攻关。

3. 发起企业数字化转型顶层设计项目

数字化转型是持续性的变革工程，引起的是企业整体系统的大变革，是脱胎换骨的大变革，不是上线一个小模块软件，所以企业必须要系统思考、架构性思考、全局性思考，进行"顶层设计"是不可或缺的。企业要想推动变革，就必须先从顶层设计开始。

（1）在内部做调研。企业在数字化转型之前，最好先进行预调研，但是许多 CIO 做的预调研是不深入的，只是简单地调研有什么需求、想解决什么课题等，这样难以触及企业深度的思考。利用脑图是不错的选择，不但能够激发企业深度思考，而且能让更多的人认识到企业的不足，激发起求变的欲望。

数字化转型需求调研表（如表 8-1 所示）是笔者常用的工具，可用于企业数字化转型前的调研。

表 8-1

部门			职位		姓名	
关键职能/职责	愿景目标	现状	差异性解决策略	对标	计划和需求	
1.	1.1 安全维度					
	1.2 进取维度					
	1.3 协同维度					
2.						
……						

在对关键职能/职责进行描述后，CIO 必须要总结出思考后的目标，包括安全层面的、理想（进取）层面的、协同层面的，要遴选对标企业的标杆做法作为基本目标，描述现状，找到与目标之间的差异性，以此制定差异性解决方案和工作计划，促使关键部门和人员提出相关要求。

（2）在外部聘请专家。如果 CIO 对数字化转型架构体系和相应的技术管理体系非常熟悉并且有实力，那么可以考虑只聘请外部专家作为辅助，如果感觉个人力量较弱，那么可以聘请外部专业机构。建议聘请的外部专业机构有以下特点：独立第三方的立场，不能因为销售自己的软件或硬件而有倾向性；有丰富的制定企业战略、运营业务的经验，懂企业的业务和管理，不唯技术论；要有丰富的数字化转型经验，充分了解数字化技术；企业变革经验丰富，能够引导企业正确地进行数字化转型。

4. 用项目成功增强变革信心

企业进行数字化转型不是一蹴而就的事情，为了不影响大局并调动人员的积极性，合理的做法就是在顶层设计的过程中，先找准简单易用且能够快速见效的项目，将之打造成小样板，让大家看到希望，清清楚楚地看到数字化转型的价值和意义。选择的具体项目建议符合以下条件：投资少，交付"短、平、快"；价值评估可量化；人员操作简便。

8.2 企业数字化转型，必须是一把手工程

企业数字化转型既是系列化的变革工程，又关联到持续化的投资，必须是一把手工程。同时，企业必须建立起完整的协同运作机制，不然难以做到发自内心地主动进行数字化转型。

1. 企业数字化转型必须由一把手直接领导

企业的数字化转型必须是一把手工程，主要原因如下。

（1）在责任上，企业的一把手是企业的总负责人。不管是什么性质的企业，一把手都是企业的负责人。对企业的任何变革，一把手都必须承担相应的法律和经济责任。所以，数字化转型必须由一把手决策，其他人员难以承担责任，更多的表现是不反对最高决策者的意愿而已。

（2）在认知上，企业的一把手经常站在全局看问题，经常在外界接触新鲜事物，本身眼界比较高，对数字化的理念、实践接触得比较多，更有独到的见解，所以数字化转型更需要企业的一把手负责。

（3）在变革推动上，只有一把手工程才能被彻底推动。企业的一把手，特别是民营企业的一把手，对企业的发展至关重要。所以，从权威的角度来思考，一把手工程均能够被执行到底。

2. 企业必须建立起高价值的治理系统

企业数字化转型包含相应的规划设计内容，如新商业模式、新的组织和业务流程。企业必须将这些形成规范性的制度，明确各参与人员的责权利。企业必须严格执行相应的绩效和奖罚政策，否则就会陷入变革无法执行的境地。长此以往，正常的经营秩序也会遭到破坏，执行得不到保障，企业势必陷入更加无序的状态之中。

企业数字化转型，必须将数字化治理与企业治理联动起来。究其原因，数字化治理系统本来就是企业治理系统的重要构成部分和关键反映，企业治理系统必须映射到数字化治理系统，这是企业指令链得以执行的基本保障。

3. 企业领导者的认可和鼓励很关键

企业的一把手是企业发展的掌舵人，其对变革的态度好坏往往决定变革能否成功。企业需要建立以下两种机制。

（1）鼓励和激励机制。对出现的成果要及时认可，对人员要及时鼓励和激励。

（2）容错机制。当出现非人为因素导致的错误时，企业要及时纠偏和优化，积极寻求改进措施，而非机械式地惩罚，要有容错机制。

所以，通过企业的一把手发自内心的数字化转型驱动，企业的数字化转型才有成功的环境。

8.3 企业数字化转型，运作要项目化

PMO（Project Management Office，项目管理办公室）是推动项目变革的关键组织，需要完成项目人才培养、项目推进、激励和评审等工作。数字化转型的企业甚至将其作为固定的部门，这大大加快了数字化转型的进程。

1. PMO的职能和职责

许多企业在变革时，总会成立PMO，其主要的职能和职责如下。

（1）进行项目规划。PMO进行数字化转型规划，制定专项规划项目。

（2）建立企业内项目管理的支撑环境。该支撑环境包括项目目标、实施流程、项目过程实施指南和文档模板、项目管理工具、项目管理信息等。

（3）培养项目管理人员。PMO在企业内提供项目管理相关的知识和技能培训，培养项目管理专职人员和团队。

（4）培养数字化专业人才。PMO基于专业思考进行数字化专业人才的培养，包括公司总部和下属机构的数字化组织内的人才梯队建设、人才能力培育、人员资质认证等。

（5）提供项目管理的指导和咨询。PMO集中项目管理专家资源和系统，为项目管理提供指导和咨询服务。

（6）管理和监控企业的多个项目。PMO监控项目进展，对全程和结果进行管理，向决策者和相关管理人员提交项目进展报告。

（7）对项目组合管理。PMO对多个项目群组的管理内容包括项目资源协同、项目成果应用管理等，由此安排项目进度。

（8）提高企业的项目管理能力。项目管理能力与生产能力一样，不仅是对人员、机器设备、物料、工艺方法、环境、策略等的高效组织，还包括由项目管理而形成的知识积累和方法论体系。

在许多情况下，项目管理能力就是企业的变革管理能力。

2. PMO的运作机制

PMO的运作需要更多的协同工作，需要建立以下两个方面的运作机制。

（1）建立作为长期组织的内部绩效激励机制。PMO作为长期的组织，需要与其他部门一样建立部门化的绩效激励机制，以此规范PMO的基础运营工作，强化效率，并以 PMO 的运营效率来推动变革、促进转型。

（2）基于工作的协同需要，建立 OKR（Objectives and Key Results，目标与关键成果法）的绩效管理机制。

① 设计一定的绩效权重作为公司对 PMO 工作评估和激励的运作机制，如在数字化转型规划和实施期间，所有的绩效比例的 30% 作为数字化转型的专项 OKR 指标权重。

② 可以考虑将成本总额或价值总额作为每个子项目的权重值，为每个子项目制定目标和计划。

③ 将每个子项目的计划细分到具体的部门或人员，按照工作量或价值进行权重的分配。

④ 对项目成果进行验收并评估，列出每个子项目的评估分值。

⑤ 将评估分值用加权法核算成具体的绩效值。

⑥ 将绩效值换算成权重分值，如某部门的 OKR 得分为 95 分，权重为 30% 则权重得分为 95×30%=28.5 分，将权重得分计入绩效考评分。

具体应用示例见表 8-2。

表 8-2

序号	子项目	权重	部门					合计
			党委办公室	财务部	人力资源部	招标采购部	……	
1	业财一体化	10%	5%	5%	10%	5%	……	100%
2	数字化研发	10%	5%	5%	10%	5%	……	100%
3	数字化供应	20%	5%	5%	10%	5%	……	100%
4	数字化生产	5%	5%	5%	10%	5%	……	100%
5	数字化销售	20%	5%	5%	5%	5%	……	100%
6	……	……	……	……	……	……	……	100%
	合计	100%	28.5%	28%	23.2%	26%	25%	—

3. PMO的价值评审

对企业数字化转型的效能评估，可以参照 2020 年中关村信息技术与实体经济融合发展联盟发布的《数字化转型　参考架构》（T/AIITRE10001—2020）中给出的参考架构，主要包括价值效益分类体系、基于能力单元的价值创造和传递体系，以及基于新型能力的价值获取体系。

（1）价值效益分类体系。价值效益分类体系包括生产运营优化、产品/服务创新、业态转变等方面，明确数字化转型过程中不断跃升的价值效益。

① 生产运营优化。生产运营优化主要是指基于传统的存量业务，聚焦内部价值链，开展价值创造和传递活动，通过传统的产品规模化生产与交易，获取效率提升、成本降低、质量提高等方面的价值效益。

② 产品/服务创新。产品/服务创新主要是指拓展基于传统业务的服务，延伸或升级产品/服务链，获取主营业务增长方面的价值效益。

③ 业态转变。业态转变主要是指业务数字化或发展壮大数字化业务。

（2）基于能力单元的价值创造和传递体系。企业通过能力单元和能力单元组合建设，实现能力打造和共享，支持价值创造和价值传递。

① 依据企业发展战略中确定的可持续竞争新优势、业务新场景和价值新模式，明确数字化转型的总体需求。

② 识别和策划新型能力建设总体需求，从组织主体、价值活动主体、信息物理空间三个视角出发，把新型能力逐级分解至最小业务单元。

③ 提出能力单元建设要求，构建价值流。

④ 构建能力模块，构建基于价值流的能力单元组合，实现相应价值点的集聚效应和效益叠加。

（3）基于新型能力的价值获取体系。从价值点、价值链、价值网络、价值生态等方面，基于能力极点、能力流、能力网络、能力生态等新型能力进行业务创新转型，获取价值效益。

① 通过价值点、价值链、价值网络、价值生态的业务状态获取价值效益，持续创新和发展，持续利用数字化技术进行转型和升级。

② 用新型能力不断获取价值效益，持续打造企业的能力极点、能力流、能力网络、能力生态。

8.4 企业数字化转型，打造企业新文化

企业文化引领数字化转型，数字化转型践行企业新文化！

从字面意义上来看，企业文化是精神层面的，而数字化转型体现得更多的是物质层面的，但从哲学和经济学上来看，两者不是割裂的两个方面，都是企业发展的动能要素，而且企业数字化转型是打造企业新文化的必要路径，所以企业数字化转型践行了企业新文化。

图 8-1 是企业文化架构。从图 8-1 中可以看出，企业文化的本质是变革文化，是在企业核心价值观引领下的具体经营理念的落地实施，而企业的数字化转型就是企业变革的核心部分，所以企业必须以数字化转型践行企业新文化。

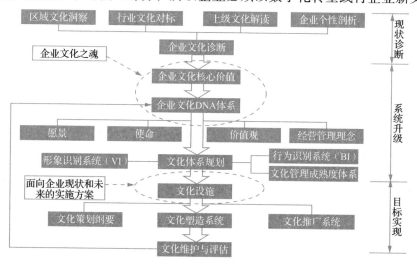

图 8-1

1. 在意识形态上，领导者意志和团队价值取向共同构成组织智商

如图 8-1 所示，数字化转型目标和企业文化的价值取向是一致的。企业数字化转型的目标是形成和再造竞合新优势、业务新场景、价值新主张，与企业文化的愿景、使命、价值观高度一致。从企业可持续高质量发展导向上来看，企业的竞合新优势就在于企业与政府、行业、社会、自然、投资人，以及内部团队之间的关系从零和、竞争向共生、命运共同体发展；业务新场景是基于新营销的具体实现场景；价值新主张是发现、创造和传递满足利益相关者需求的价值需求。企业文化的愿景、使命、价值观可以让企业基业长青，企业需要与利益相关者形成可持续的、永续的高质量发展和运作体系。

以领导者意志为主导的企业数字化转型和企业团队打造的具有一致性价值取向的企业文化，最后的结果都是实现企业可持续高质量发展，形成企业的共同意志，这就是企业的组织智商。

2. 在表现形态上，企业文化建设是引领，数字化转型是过程

从价值顶层来看，企业文化的目标体系是愿景、使命、价值观，企业数字化转型的目标体系是竞合优势、业务场景和价值主张，两者在内涵上是高度一致的，都是企业与利益相关者关系的反映。愿景映射竞合优势、使命是场景化的行为指引，价值主张更是价值观的提炼。

从结构内涵来看，企业文化的愿景、使命、价值观是企业以自我为主想达到的目标。企业愿景是企业组织的意志，是企业对未来会成为什么样的企业所建立的目标；企业使命是企业为利益相关者做出什么样的价值贡献所给予企业的责任；由愿景和使命形成的精神号召即企业的价值观。

从目标体系来看，竞合新优势、业务新场景、价值新主张是企业通过对外部利益相关者的价值需求、价值场所、价值路径研究而制定的价值目标体系；企业文化中的愿景、使命、价值观虽然也是从外部环境和趋势、内部资源和能力维度出发制定的理念目标，但是更多的是以精神追求为出发点的提炼。

我们可以将企业文化作为精神号召，而将数字化转型作为实践路径来看待，比较下来，数字化转型更具有可操作性和实践性。

3. 在过程管理上，数字化转型和企业文化建设相辅相成

数字化转型包括商业模式重构、新型能力打造、系统解决方案设计、数字化治理。企业文化包括经营理念、视觉识别系统、行为识别系统。两者都需要PDCA循环管理系统的支撑。商业模式重构是数字化转型价值目标的实现过程；新型能力打造既是中间过程，也是结果的评估考虑；系统解决方案设计是过程管理；数字化治理是保障。企业文化以经营理念引导企业的管理体系变革，以视觉识别系统向内和向外传达意志和影响，以行为识别系统践行企业价值观和精神面貌，该行为识别系统也包括对企业文化自身的管理组织、实施控制、结果评估等。

在过程管理的过程中，企业文化建设和数字化转型都需要创新，都需要经过研究、学习、策划、变革。数字化转型主要通过数字化进行，而企业文化建设通过多维度进行，两者都需要与时俱进。

企业更多的实践是，将企业文化的组织系统固化到数字化组织系统之中，将企业文化中的经营理念以数字化的算法协同予以体现，企业文化的效果评估也得以在数字化系统中体现，由此形成了数字化践行企业文化、企业文化引领数字化转型的局面。

4. 企业文化的数字化转型

如果将企业的发展战略看作企业文化，那么数字化转型则是企业文化的践行过程。企业文化的数字化转型可以通过以下路径实现。

（1）管理组织协同。许多企业有企业文化管理部门，向下的层级组织有职能组，而数字化转型有类似的组织保障体系。两套组织应该协同起来，企业文化是数字化转型服务的对象，两者紧密相连。

（2）互联互通使用者门户。门户架构对外面向政府、行业组织、投资人、

供应商、渠道商、消费者，对内面向决策层、管理层、业务层。

（3）建立职能架构型的数字化架构。企业文化的高效实施是以科层级的组织架构为骨架的，数字化转型的场景架构和服务架构也是以科层级的组织架构为骨架的，由此形成"核心统一、资源共享、分层实施、各具特色"的运营体系。

（4）细分的经营管理模块是数字化转型的场景。企业理念文化引领研究文化、沟通文化、调研文化、学习文化等，赋能人力资源管理、财务管理、营销管理、服务管理等。企业文化中的BI（行为识别系统）和VI（视觉识别系统），无论是具化到极小化细节，还是集成为经营单元，都属于数字化转型的场景范畴。

（5）数字化企业VI。VI是企业文化中的视觉识别系统，包含各项可识别的信号和符号系统，如影视广告、服装外观、平面视觉广告等，都可以通过数字化信息工具进行展现、传播、评估价值等。内容营销中的传播内容就是最典型的VI示例。

（6）数字化企业BI。具体的经营行为、管理行为都可以用数字化进行规范，边缘计算、机器学习等是对具体经营行为规范化和标准化的最佳应用工具系统，数据集成和智能决策是对管理决策与实施的高效实践。

（7）数字化价值评估系统。企业文化的价值是可以被量化的，如企业凝聚力用员工的幸福指数进行评估、企业能力用数字化广告牌进行评估。

建立企业文化管理的数字化平台，能够将企业文化更加快速的传播，促进企业文化的运营和评审等行为被执行得更加高效、敏捷。

数字化转型让企业的经营行为更有前瞻性、更科学和更规范，企业文化让企业可持续、高质量变革发展。数字化转型和企业文化建设相辅相成。企业文化的数字化转型，将让企业的发展完成从"形"到"型"的蝶变！

附录 A

国际通关口岸电子商务平台（数字化转型）项目建设方案

为了加深读者对企业数字化转型的理解，下面以 2015 年某企业数字化转型的设计方案（部分内容）为例进行介绍。

1. 总纲

1.1 项目名称

国际通关口岸电子商务平台建设

1.2 项目概述

随着移动通信技术在多语言跨境国际电子商务平台的应用，消费者、供应商和管理者越来越习惯于利用手机、平板电脑及 PC 等终端设备进行电子商务（简称电商）交易。人们可以在任何时间、任何地点进行各种商贸活动，随时随地购物。人们需要跨境电商平台提供多种跨境交易方式，解决跨境交易的币种换汇问题和跨境物流的大宗货物网上报关、检疫、退税等问题。为了移动化和便捷化，这些问题需要完善的实时翻译通信系统来解决。

国际通关口岸电子商务平台提供了商品展示、跨境支付、物流追踪等方面的服务，具有在线交易多国商品、兑换货币、切换语言等功能。用户可以用自己熟悉的语言很方便地浏览中国商品或者外国商品。同时，国际通关口岸电子商务平台提供了移动客户端，用户可以用手机、平板电脑更方便地浏览国际通关口岸电子商务平台。商城通过语言翻译引擎实现商城动态数据的翻译，使用户用本国语言就可以发布商品并实现多语言显示。国际通关口岸电子商务平台集成了支付宝、易宝、财付通及网银等多种支付工具，提供了多种支付手段，让用户有更多的支付选择。后台的核心管理功能包括用户设置、平台推荐管理、类别管理、查询统计等，卖家中心的功能包括商铺管理、商品管理、订单管理等，买家的核心功能需求包括用母语搜索商家、用母语搜索商品、购买商品、评价等。国际通关口岸电子商务平台是在真正意义上实现了网上交易、支付、物流、通关等一站式综合服务的跨国交易电子商务平台。

1.3 跨境电商问题分析

虽然跨境电商快速发展，但是仍受政策缺失、海关贸易壁垒、物流业发展滞后、交易信用问题凸显等影响。

1.3.1 政策缺陷

（1）电商交易的归属管理问题。从电商交易形式上分析，纯粹的电商交易在很大程度上属于服务贸易范畴，国际上普遍认可将其归入 GATS（General Agreement on Trade in Services，服务贸易总协定）的规则中，按服务贸易进行管理；对于只是通过电商方式完成订购、签约等，但要通过传统的运输方式将货物运送至购买人所在地的交易，则归入货物贸易范畴，属于 GATT（General Agreement on Tariffs and Trade，关税和贸易总协定）的管理范畴。此外，对于特殊的电商种类，既非明显的服务贸易，也非明显的货物贸易，如通过电商手段提供电子类商品（如文化、软件、娱乐商品等），国际上对此类电商交易是归入服务贸易还是归入货物贸易仍存在较大分歧。

（2）交易主体的市场准入问题。跨境电商及支付业务能够突破时空限制，将商务辐射到世界各地，使金融信息和资金链集中在数据平台上。一旦交易主体缺乏足够的资金实力或出现违规经营、信用危机、系统故障、信息泄露等问题，就会引发客户外汇资金的风险。因此，对跨境电商及支付业务参与主体进行市场准入规范管理极其重要与迫切。

（3）支付机构的外汇管理与监管职责问题。首先，支付机构在跨境外汇收支管理中承担了部分外汇政策执行及管理职责，其与外汇指定银行类似，都是外汇管理政策的执行者与监督者；其次，支付机构主要为电商交易主体提供货币资金支付清算服务，属于支付清算组织的一种，不同于金融机构。如何对此类非金融机构所提供的跨境外汇收支服务进行管理，急需外汇管理局在法规中加以明确，在制度上规范操作。

1.3.2　海关贸易壁垒

虽然基于互联网的信息流动畅通无阻，但是货物的自由流动仍受到国界的限制，这也是目前跨境电商发展的最大壁垒——海关。进出口货物需要通关，这是跨境电商不可逾越的关卡。即便是小额跨境电商，也有可能因为进出口货物的数量超过海关规定的数量而被要求进行申报。此外，因申报不合格而使商品滞留在海关，从而导致消费者无法收到货物的现象时有发生。

1.3.3　物流业发展滞后

电商比传统商务模式的优势在于信息流、物流、资金流利用的高效性和便捷性。作为整个产业链中的上下两环，线上商品交易与线下货物配送发展必须相辅相成，正如淘宝的产生及发展带动了境内电商和物流的变革，圆通、申通、顺丰等一大批民营快递公司的兴起，使国内电商交易的便捷性得到极大的保证及提高。相比之下，当前跨境电商的快速发展却让准备不足的物流运输渠道措手不及。随着小额跨境电商交易的急速发展，跨境电商物流业正在经历一场新的变革，兼顾成本、速度、安全，甚至包含更多售后内容的物流服务产品应运而生。例如，以海外仓储为核心的跨境电商全程物流服务商已经出现，小额跨境物流配送通常需要 15～30 天的时间，而通过对不同卖家需要的不同的货运方式组合，这个配送时间已经大大缩短；此外，海外仓储建设的逐步完善更将提升卖家在国际贸易中的竞争地位。

1.3.4　交易信用问题凸显

电商是基于网络虚拟性及开放性的商务模式，由此产生的参与者信用不确定性已经成为电商发展中的桎梏。某些供应商的假冒伪劣商品成为跨境电商发展的顽疾，侵犯知识产权的仿牌商品被海关扣留时有发生。与国内电商交易相比，跨境电商更需要完善，要以跨地区、跨文化的信用体制来支持其复杂的交易环境建设。在实际操作中，由于各国法律不同且存在地区差异，缺乏统一的信用标准，各国的信用管理体系尚不能很好地应用到跨境电商领域。

1.4 主要竞争对手及技术指标对比

主要竞争对手及技术指标对比见表 A-1。

表 A-1

平台名称	是否支持多语言	是否多币种支付	有没有移动端	介绍
多语言移动跨境电子商务平台	是	是	有	多语言移动跨境电商平台
兰亭集势	是	美元支付	无	中国跨境电商平台的领头羊
敦煌网	是	美元支付	无	为中小企业提供 B2B 网上交易的网站
米兰网	是	美元支付	无	国内首先提出"跨国在线零售 B2B2C"概念的外贸电商企业
美国购物网	是	人民币支付	无	是目前中国最大、最专业的代购网站，可以帮助客户免除美国消费税
淘宝全球购平台	是	人民币支付	有	海外商品的信息交易平台

2. 建设目标、建设思路及原则

2.1 建设目标

利用现有的产业平台与资源优势，搭建跨境电商综合服务体系和跨境电商平台，支撑本区域在线通关、检验检疫、退税、结汇、仓储、物流等业务。遵循基础信息标准和接口规范，实现海关、商务局、国税局、外汇管理局等部门与电商企业、物流配套企业之间的标准化信息流通，形成跨境电商产业集聚区，促进本区域成为东北亚国际物流集散"配送中心"、与各国贸易往来的"贸易中心"，最终成为辐射省内乃至全国的东北亚商贸交易中心。

2.2　建设思路

国际通关口岸电子商务平台建设的总体思路如下。

2.2.1　物流模式创新

从上面的跨境电商发展瓶颈中可以看出，目前跨境电商饱受物流成本高、风险大的折磨，要想解决这个问题，亟待提出创新性的解决方案。跨境电商虽然与国内电商的物流配送有所不同，存在着运输距离远、时间长、成本高的特点，但是也可以借鉴国内具备高效物流配送水平的电商，通过将物流成本附加在每一件商品上增加商品交易量等来降低物流成本。对于跨境电商来说，在物流配送上，可以选择一个物流公司进行战略合作，或者在资金允许和货物交易量大的情况下，自建物流配送渠道，包括海运、公路运输、铁路运输等，通过大量货物交易降低成本，进而达到在提高物流效率的同时，减少物流成本的目标。

2.2.2　跨境交易方式创新

与海外相比，中国跨境电商行业起步较晚。因此，重视并引导企业和消费者积极参与跨境电商在市场拓展初期显得尤为必要。2012 年年底，中华人民共和国国家发展和改革委员会、中华人民共和国海关总署共同开展国家跨境贸易电商服务试点工作，跨境电商试点使得越来越多的国内企业商户和个人消费者认识到跨境电商带来了广阔市场空间及丰厚的利润空间。

2.2.3　盈利模式创新

目前，跨境电商大多通过售卖商品或服务获得盈利，通过提高商品品质或服务质量获得更多的利润，这造成跨境电商的盈利模式单一。在目前同行业竞争加剧的状态下，跨境电商平台想要获得更多的利润，就必须寻找新的盈利点。新的盈利点大致可从以下几个方面获取。

（1）收取中介费。目前，为了降低商品成本，交易主体均在努力寻找低价的供应商。同时，供应商也在寻找更多的买主，但由于信息不对称，国际间的贸易现状无法满足交易需求。因此跨境电商平台可以通过出售国内和国外双方交易主体的求购信息，充当交易主体双方的中介角色，收取信息费来获得盈利。

（2）增加广告收入。当跨境电商平台做到一定规模时，平台上大量的会员、点击量和浏览量可以为跨境电商平台带来另一个盈利点。平台可以通过为商家发布广告，利用平台的浏览量等将广告信息告诉广大的会员和网民，达到一定的宣传效果，进而获取广告费用。

（3）出售跨境电商交易数据。跨境电商平台内的交易数据包含交易商品品类、数量、质量、价格等。跨境电商平台可以对这些数据进行整理和出售，即现在流行的大数据交易。这些数据可以反映出在特定时期内商品品类的交易情况，为国际和国内贸易决策提供一定的市场参考依据。

2.3　建设原则

遵循顶层设计的理念，从全局出发，对项目的各个层次、要素进行统筹考虑，集成和升级现有的信息系统。

2.3.1　顶层设计、统筹规划、分步实施

建设国际通关口岸电子商务平台是一项复杂的系统工程，涉及业务平台的方方面面，必须从顶层设计出发，统筹规划，合理分工，分步实施，正确把握建设方向，确保各个方面协调发展，形成整体效益和整体优势，防止重复建设，避免资源浪费。

2.3.2　具备标准化和开放性

充分考虑"标准化和开放性"的原则，支持国际上通用的网络协议、路由协议等开放的协议标准，并严格遵守国家相关的技术规范（如国家电子政务总体框架、电子政务电子认证基础设施建设要求等），保证子系统之间连接互通，以及将来的扩展便捷性。

2.3.3　具有高性能的处理能力和并发能力

确保系统能够在高负荷下提供优质的处理能力，采用集群架构，并提供足够的负载均衡措施及缓冲池来满足大数量用户并发的要求。对于数据库连接池，要保证数据能够大批量处理和查询。

2.3.4　具备高度的安全性

要提供切实可行的数据、系统和网络安全解决方案，具有一定的防病毒、防入侵、防火墙措施，维护管理要严密规范、方便可行。

2.3.5　具有优良的可扩展性

能够满足业务需求逐步拓展、系统用户不断增加的要求，系统软硬件扩充性能优良。采用面向服务的构件化平台构建思想，为今后的扩展与二次开发预留空间，能够随着应用的逐步完善和用户的逐渐增加不断进行扩展。同时，在软件系统的开发中，考虑各个功能模块的重用性，降低系统扩展的复杂性。

2.3.6　具有极高的可信性、可用性、可维护性

能够保证系统 24 小时不间断运转，系统的主要设备采用冗余技术，保证无单点故障。制定统一的网络安全策略，整体考虑平台的安全性。系统结构采取分区和层次化，使用防火墙技术加以隔离，所有访问均在各层应用系统和程序的严格控制下进行。保证关键数据不被非法窃取、篡改或泄露，使数据具有极高的可信性。

2.3.7　具有较强的实用性和可管理性

采用 SOA 架构，架构统一、应用集成，实现各种应用系统之间无缝衔接和业务整合；同时，实现统一认证，用户一次登录可以访问多个系统。此外，系统配置体现自动化，尽量避免应用复杂的系统配置文件。

3. 项目设计方案

3.1 总体设计

国际通关口岸电子商务平台从总体架构、物理部署架构、云平台架构及云计算资源分配逻辑等几方面进行设计。

3.1.1 总体需求分析

国际通关口岸电子商务平台主要满足以下四类角色使用：国内外企业及供应商；国内外组织和个人；海关和检疫检验局等监管部门；商务平台运维和管理部门。

3.1.2 技术架构设计

国际通关口岸电子商务平台采用 B/S 结构，客户端采用手机 App 软件对 Web 应用进行封装，手机客户端调用手机系统中的浏览器实现对系统的访问。本系统将前端显示界面分为移动端排版引擎和 PC 端排版引擎部分。移动端排版使用主流的 HTML5 技术+JavaScript 技术实现，这样就形成了一个跨多种终端的应用系统，既满足了 PC 终端用户的使用，也可以满足移动终端用户的使用。

服务端利用开源框架 Spring、Hibernate 组建一个基于模型 （Model）-视图（View）-控制器（Controller）的 MVC 模式的应用架构，程序结构通用化、模块化，保证系统具有极易维护升级和扩展的能力。

3.1.3 交易流程设计

商品交易是电商的核心。国际通关口岸电子商务平台通过第三方支付工具提供了多种货币支付的功能，支持人民币、卢布、韩元、美元等的切换功能。

用户可以选择自己熟悉的币种来浏览需求信息，并且不同币种间可以相互换汇，极大地提高了平台的支付水平和易用性。电子交易支付平台接入国际贸易支付工具 PayPal，提交页面的代码可以嵌入交易页面中，主要功能按照 PayPal 提供的接口规则提供相应的参数，供 PayPal 处理订单的支付请求。验证页面利用 PayPal 传递过来的信息里的 CUSTOM 字段验证平台支付信息是否一致。取消页面用于客户在支付过程中临时取消支付操作。

3.1.4 平台特性及优势

为了打造中国最便捷、最优质的国际通关口岸电子商务平台，作为国际通关电子商务中心、国际国内商务中心、国际物流服务中心的平台，具备以下优势。

（1）全程电商。将传统电商向中后端进行了延伸和融合，纳入了中端的企业间商务协同，以及后端的企业内部管理等内容，即将交易、协同、管理三者合一，从而为中小企业提供一站式的、全过程的商务服务。价值：降低企业或产业链成本，提高效率；有效整合和虹吸产业资源，提高企业和区域的综合竞争力；帮助企业和政府实现增长方式转型。

（2）涵盖多种商务模式。国际通关口岸电子商务平台将涵盖 B2B、B2C、C2C、C2B 等多种商务模式。

（3）采用全方位基础服务模式。

交易：客户可以发布信息、获取商机，7 天 × 24 小时浏览网博会、在线交易商品。

支付：在线收付款、对资金池管理。

管理：对资金流、物流、信息流等全面管理。

协同：上下游商务协同。

即时通信：网上洽谈、网络会议等的信息即时共享。

移动商务：超越时空的互动式信息获取、处理。

（4）具有虚拟市场聚集功能，节省大量交易成本。与实体市场相比，电商虚拟市场有以下优势：提高商业交易的效率；拓宽市场；降低成本。

（5）采用链主式 B2B2C 聚合模式。在保持"地面"优势的同时，开发网络市场，进一步整合资源。凝聚供应商、分销商、客户，效率更高，服务更好，成本更低。

（6）一站式通关服务模式省时、省力、省钱。国际通关口岸电子商务平台与海关和检验检疫局将合作实行进出口货物通关"一次申报，一次查验，一次放行"的一站式通关模式，开创便捷口岸通关与监管的先河。

出口货物将全部进入通关服务中心进行查验、检验检疫，在查验、检验检疫合格后凭借合格证通过口岸出境。

进口货物在口岸进行初步查验、检验检疫、签封后，进入通关服务中心进行查验、检验检疫，在合格后入境。

（7）市场国际化。国际通关口岸电子商务平台支持多语言模式（包括俄文、英文等）、支持多种货币换算（包括卢布、美元等）。

（8）占领国际贸易区域电商高地。按照区域建设和运营原则，以 O2O 为重点，打造水平聚集型综合平台，弥补特色产业分散的弱点，政企合作运营，国际通关口岸电子商务平台成为数字城市的构成部分。

（9）资金池管理本地化。国际通关口岸电子商务平台可以通过缴纳入驻保证金、在线支付资金等方式，实现客户资金池管理本地化。

（10）用大数据助力平台化战略。基于数据采集、过滤、分类、存储、挖掘等功能，建立关系模型，支持数据的应用开发与决策，构建一整套数据仓库体系架构。

通过对消费者购买行为等数据的分析，比如对点击量、偏好商品、跨商铺点击、订单流转量甚至聊天信息的收集和分析，为在线商户提供数据分析引导服务。

将海量数据转变为直接的生产力，数据的作用在此得到充分体现。

3.1.5　网络架构设计

国际通关口岸电子商务平台共有六个区域：①核心交换区。它是网络数据交换的核心区，承载对外连接、负载均衡、访问策略控制和入侵检测等功能。②物理服务器区。它是特定业务系统的独立服务器。③云计算平台。它承载所有 Web 服务器和数据库服务器运行，利用云计算技术实现资源灵活使用和横向扩展。④存储区域网。它负责统一管理所有存储设备，包括视频业务存储设备、云计算平台存储设备和数据备份存储设备等。⑤数据备份管理区。它负责定期备份云计算平台中的所有 Web 服务器和数据虚拟机的数据，定期备份数据库。⑥同城数据备份区。它实现远程数据保存，包括主存储系统中的虚拟机和数据库的数据。

3.1.6　云平台架构设计

云平台的总体架构在充分总结和分析应用逻辑体系结构的基础上，按照面向服务的思想与分层设计思路，以当前国际和国内领先的云计算、数据挖掘、面向服务设计等为基础，充分发挥数据整合及资源整合优势，为国际通关口岸电子商务平台提供信息化指引。

（1）应用层服务（SaaS）。云平台提供的 SaaS 服务包含各类业务服务，以及可以被各类云终端设备访问的各类信息服务。

（2）平台层服务（PaaS）。应用服务云平台，通过移动互联网应用接口，实现以下各种服务功能。

① 用户身份和授权服务。负责对整个平台的各类用户进行身份验证与权限分配。

② 储存服务。为各类系统提供存储空间管理、FTP 访问服务。

③ 服务组件注册管理。负责各类服务组件注册和调用接口管理。

④ 开放访问接口管理。提供第三方开放的基础数据管理，如用户信息、登录验证、消息访问接口等。

⑤ 移动访问接口服务。负责提供各个应用系统数据的移动访问接口，对各数据加工并在移动设备上访问。

⑥ 缓存管理。为各应用系统提供缓存管理，加快业务系统的访问速度。

⑦ 分布式计算及部署服务。为各系统横向扩展提供计算能力增加的支撑，实现系统的统一部署及容灾管理。

（3）基础设施层服务（IaaS）。云计算中心（IDC）机房以服务的形式提供虚拟硬件资源，如虚拟主机、存储、网络、备份、容灾等各类资源，支撑各类应用服务 7 天 × 24 小时高效、平稳运行。

国际通关口岸电子商务平台提供 IaaS 的云计算，通过运营所需的网络、服务器、存储等设施，实现虚拟机动态迁移。与传统硬件平台相比，基础设施层能提高各个服务器的使用率、系统的并发量，加快系统的响应速度，能实现整体国际通关口岸电子商务平台的容错性和高可用性，并充分参照国家标准及国际标准提供安全容灾设计方案，确保国际通关口岸电子商务平台可以提供 7 天 × 24 小时不间断服务。

3.1.7　云计算资源分配逻辑设计

项目设计方案中将云计算资源池分成三层结构。

第一层：物理资源，包括物理服务器、存储设备、网络设备和安全设备等。此层为真正的物理资源，为整个公共服务云计算平台提供物理环境。

第二层：云计算中心的逻辑资源池，包括资源池、数据存储和端口组。此层为全平台逻辑资源，为所需业务提供资源。

第三层：虚拟数据中心，为国际通关口岸电子商务平台、各级各类应用平台提供单独的计算空间，各逻辑应用空间可以独立管理自己数据中心内的虚拟服务器和应用，而每个区域在逻辑上都是相互隔离的，能独立运行和管理。统一的用户与策略管理为公共信息平台与各应用区域指定相应的资源目录和策略规范，实现整体国际通关口岸电子商务平台的运维管理。在整个云平台中，使用者能够统一监控到所有资源的使用情况和所有系统的运行情况。

3.1.8 平台技术指标

国际通关口岸电子商务平台应该是一个具有高可靠性、高可用性、开放的、支持多终端与多种交互方式的信息化支撑服务平台。国际通关口岸电子商务平台及应用的规模性能为"本项目搭建由 8 台高性能服务器组成的大型服务器集群，可以保证 1 万名卖家会员和 50 万名买家会员同时在线使用"。主要性能指标如下。

（1）平台的统一性。平台的所有应用采用统一的、面向服务的体系架构，支持分布式、全局式应用扩展。

（2）平台的规范与标准性。具有统一的信息交换及信息存储与传输的标准，描述和包装需要按照国家相关建设规范与标准执行，保障信息的共享与交换，具有标准化系统接口和数据格式。

（3）平台的开放性。基于目前先进的开发技术和标准开放，具备跨平台运行能力，可以运行在多种硬件平台和操作系统平台上。原则上采用开源体系架构。

（4）平台的易用性。页面布局合理，功能操作简便，系统结构清晰。浏览普通页面的响应时间不大于 3 秒。导出 Excel 或 XML 文件的时间不大于 5 秒。

（5）平台的高存储性。国际通关口岸电子商务平台系统应该支持不低于 5TB 的业务数据存储、1TB 的数据库数据存储及 20TB 的文件数据存储。

（6）SQL 注入漏洞的安全保护。国际通关口岸电子商务平台使用验证码技术，支持 CA 认证，具有数据备份机制、数据恢复机制，具备全面的内容审查和监控措施，确保网络安全、访问安全和数据安全，符合国家信息系统安全等级保护的二级要求。

（7）平台的稳定性。系统的 MTBF（Mean Time Between Failure，平均无故障工作时间）应该大于 10 000 小时，可用率应该达到 99.9%，确保基础平台稳定、可靠运行。软件的缺陷率应该小于 0.2%、故障率应该小于 0.5%、系统连续运行的平均寿命应该大于 5 年。

（8）平台的可扩展性。支持现有环境下用户并发量、存储量等平滑扩展和硬件随需扩展，在未来信息量、用户量不断增加的情况下，系统能够同步扩展。

（9）平台的可移植性、可重用性。具有较强的可移植性、可重用性，保证在将来的发展中迅速采用最新出现的技术，适应硬件系统升级以后的平台，长期保持系统的先进性。

（10）平台的兼容性。与互联网、移动通信网、卫星通信网互联互通，满足不同用户在多种网络环境下实时接入，兼容多种终端设备（如 PC、机顶盒、手机等），兼容多种浏览器（如 IE、Firefox 等主流浏览器）。

（11）平台的可管理性。提供对系统各模块、局域网络、服务器、操作系统、数据库及应用等进行管理和监控的手段，具备自恢复、多种方式报警等功能。

3.2 核心业务平台

国际通关口岸电子商务平台项目从总体架构、物理部署架构、云平台架构及云计算资源分配逻辑等几个方面进行设计，实现以下管理功能。

3.2.1 商品管理

（1）商品类型。使用者可以按照商品的一级类型和二级类型进行列表查询。

（2）商品明细。列表显示商品信息，使用者可以按照商品名称、商品编号、商品类型进行查询；在添加商品时，商品名称、商品一级类型、商品二级类型、商品三级类型、海关名称、生产公司、商品单价、交易币制、商品型号为必填项。

（3）商品图片。列表显示所有商品图片。

（4）商品文档。列表显示所有商品文档。

（5）商品历史交易管理。列表显示所有交易过的商品记录，使用者可以按照商品状态、商品名称、海关编码、客户机构和时间进行查询。

（6）商品海关编码。通过上传海关编码文档添加海关编码。

3.2.2　商城交易中心

（1）商城汇率管理。按照当季的汇率进行管理。

（2）商城邮资管理。按照当季通行的 EMS 标准进行，在国际通关口岸电子商务平台管理后台的基础管理中添加"EMS 资费表设置"，该设置需要具备新增、删除、修改、查找功能，无须翻译。在新增与修改中，币种暂时固定为人民币，以后根据需求可以调整，灵活可变，其中在修改界面只能修改价格。

（3）商城统计功能。在后台管理商铺信息的维度：按国家、按月份或按年；排序：按商铺数量、成交金额；统计：表格最下一行统计商铺总数量、总成交金额等。商铺信息见表 A-2。

表 A-2

序号	国家	日期范围	商铺数量/个	成交金额（元）	操作
1	中国	2013 年	19	19 580	查看详细
2	俄罗斯	2013 年	2	574 870	
合计					

点击商铺数量，可以钻取数据，打开订单统计表，进行订单管理（见表 A-3）。维度：按国家、按年或按月；排序：成交订单数、好评率、成交金额；统计：表格最下一行统计总成交订单数、总成交金额等。

表 A-3

序号	日期	国家	商铺名	成交订单数/笔	好评率	成交金额（元）
1	2013 年	俄罗斯	东大门	12	97%	19580
2	2013 年	俄罗斯	寰亚	15	95%	574870
合计						

（4）商铺搜索管理。商铺搜索页分为上下两个区域，上方暂定显示按销量排名的商铺，下方则是真正搜索出的商铺列表。每行记录的左侧为商铺基本信息，右侧为该商铺的商品滚动展示，可以按销量与好评率升序与降序展示。商铺搜索管理中还包括以下功能。

① 评价改造。改造前，买家完成交易后对商品评价，分别对商品质量、服务态度、发货速度进行打分，分数为 1～5 分；改造后，在评价表中增加总体评价字段，1 为好评，2 为中评，3 为差评，在评价页面中，增加好、中、差三项内容，当用户对商品质量、服务态度、发货速度都选择分值后，计算平均值，当分数大于 4 分时直接选中好评，当分数在 2.5～4 分时直接选中中评，当分数小于 2.5 分时直接选中差评，然后将得分保存至数据库中。

② 创建企业改造日志。该处的创建是指增加日志内容，即主营范围改造日志和母语再选择日志，将企业改造日志建立到商户企业信息中，把公司信息改成商铺信息。

③ 更新搜索内容。按商铺搜索内容进行检索，注意商品排序、好评率与销量信息，要在完成订单与评价时更新索引中的商铺信息。

④ 热门搜索。原有的热门搜索都是搜索商品的次序，现需要区分商品与商铺，让两个不同的搜索页显示不同的热门搜索，在首页中切换搜索类型时，能更新热门搜索的显示。

（5）商城翻译中心。商城翻译中心在国际通关口岸电子商务平台的管理后台维护与翻译人员相关的功能，此功能包括建立翻译人员账号（按照可翻译能力进行选择和建立账号）、指定翻译管理者（具备解锁、审核功能）等。商城翻译中心还包括以下功能模块。

① 登录和身份校验。翻译人员与翻译管理者登录后台的翻译中心（样式与管理后台一致，但是不同于管理后台，此处需要国际化），对待翻译数据，以商家为单位，展现未完全翻译的商家列表（不包括已锁定记录），这里说的未完全翻译是指有未翻译完成的商铺与商品信息。在商家列表中可以执行的操作为"翻译商铺"和"翻译商品"，将"翻译商品"编排进入商品列表（不包括已锁定记录），然后选择商品进行对照翻译，翻译人员与翻译管理者登录系统后需要点击"我要翻译"按钮，此时该商品被锁定，其他翻译用户不可以同时翻译此商品，完成后自动解锁或者由翻译管理者解锁。

② 翻译审核。翻译管理者可以查看未审核的翻译数据列表，进而执行审核操作。审核之后的数据为有效翻译过的数据。

③ 解锁。翻译管理者可以查看已被锁定的数据记录，若发现异常现象，则可以手动解除锁定状态。

④ 统计已完成翻译。普通翻译人员进入该功能模块，会看到自己翻译过的记录，而翻译管理者进入此功能模块，能够看到所有翻译人员的翻译记录。

（6）在线支付交易管理。支付方式主要包括支付宝支付、易宝支付、各行网银支付等。

在提交订单后选择支付方式，可以选择支付宝支付。为了实现多商铺收款，在卖家中心后台需要添加"维护支付宝账号""维护易宝账号"两个功能，此时的接入支付宝接口方式不是担保交易（担保交易不可以指定收款账号）方式，而是直接打款的方式，在接入的过程中，如果支付宝的交易关联其他操作，如退货等，那么商品和支付方式的状态变化要同步变更。

（7）接入物流交易。在交易流程中加入物流（如 EMS、UPS）接口，卖家在发货后，可以录入物流单号，买家可以查询此物流信息，对于订单状态而言，需要在原有基础上加入"已发货"状态。

此处面临的问题是目前免费的物流接口不可以查询 EMS 快递单号，但是因为国际通关口岸电子商务平台为跨境交易平台，物流目前只可以用 EMS，所以两者之间需要用中间件予以连通。

3.2.3 客户关系管理

（1）委托单管理。

① 制作委托单。有相应权限的用户登录后可以制作委托单。其中，"委托中心"与"委托人"通过用户信息自动生成；"任务名称"需要输入，长度为 0～255 个字符；"委托日期"与"交付日期"通过 JavaScript 日期控件进行选择；"任务额度"通过手动输入，必须为数字，精确到小数点后 1 位（在不同目录下任务额度代表的意义不同，如额度为 10，开发人员可以视为 10 工时，业务

人员可以视为 10 万元回款）；"任务内容"与"备注"通过 textarea（文本区域）进行输入，在数据库中储存为 text 类型的数据，不能超过 2000 个字符；"确认人"通过下拉框选择，机构与人员对应。

委托单将生成唯一编号，编号格式为 YYYYMMDDXXX。例如，20130502001。前 8 位数字为年月日，后三位数字为自增自然数（注意：多用户状态下的编号可以重复，但在同一个子公司内不可重复）。

② 确认委托单。委托单在生成后的状态为待确认，需要"确认人"的"确认"方可生效。"确认人"在收到委托单后可以进行"确认"或者"驳回"。若点击"确认"按钮，则此时委托单生效并生成确认日期；若点击"驳回"按钮，则委托单处于驳回状态。"确认人"可以添加"驳回备注"。对于"驳回"的委托单，"委托人"可以进行处理，再次发出委托请求，此时委托单的状态为待确认。

③ 我的委托单。在"工作平台"的"我的委托单"中，可以以列表的方式看到所有"委托人"和"确认人"的委托单，并且可以进行筛选，筛选条件为"委托人"和"确认人"。

④ 查看委托单。高级用户可以在"委托管理"中看见权限范围内的所有"委托人"和"确认人"的委托单，并且可以进行筛选，筛选条件 1 为"委托人"和"确认人"，筛选条件 2 为"组织机构""部门""人员"。

（2）工单管理。

① 制作工单。有相应权限的用户在登录后可以制作工单。其中，"发起单位"与"发起人"通过用户信息自动生成；"工单名称"的输入长度为 0～255 个字符；"开始日期"与"截止日期"通过 JavaScript 日期控件进行选择；"任务额"通过手动输入，必须为数字，精确到小数点后 1 位；"任务内容"与"备注"通过 textarea 进行输入，在数据库中储存为 text 类型的数据，不能超过 2000 个字符；"负责人"通过下拉框选择。

当工单条目为多级时，点击"网络系统"按钮进入创建工单页面，添加工单名称。可以添加同级条目和下级条目，若不需要再添加条目，则可以直接添加内容并保存。

如果想添加同级条目，那么可以在原有条目下增加一行，可以同时保存多行。如果想添加下级条目，那么会跳转至新页面，在页面上方显示工单名称与上级条目名称，保存原理与保存多行同级条目相同。

② 确认工单。工单生成后的状态为待确认，需要"负责人"的"确认"方可生效。"负责人"在收到工单后可以进行"确认"或者"驳回"。若点击"确认"按钮，则工单生效并生成确认日期；若点击"驳回"按钮，则工单处于驳回状态。"负责人"可以添加"驳回备注"。对于"驳回"的工单，"发起人"可以再次发出工单，此时工单的状态为待确认。

③ 我的工单。在"工作平台"的"我的工单"中，可以以列表的方式看到所有"发起人"和"负责人"的工单，并且可以进行筛选，筛选条件为"发起人"和"负责人"。

④ 工单统计。高级用户可以在"工单管理"中看见权限范围内的所有工单，并且可以统计出工单数量、总任务额度。筛选条件 1 为"发起人"和"负责人"，"组织机构"和"部门"可以不选条件，如果选择，那么必须选择"制定人员"。筛选条件 2 为"年份"和"月份"，可以选择年份或者月份，不能选择全部日期。筛选条件 3 为"已完成"和"未完成"。

（3）岗位与职级。

① 岗位。有权限的用户可以增加、删除、修改、查找岗位，将其与相应人员的档案进行多对一关联，在删除岗位时如果人员档案已经被引用则系统提示"不可删除"。岗位包括岗位名称、岗位描述、主要考核指标。其中，岗位名称为 2～50 个字符的字符串；岗位描述为不超过 500 个字符的字符串；主要考核指标为工单任务额度的任务类型，主要考核指标通过下拉菜单选择，可维护"工时""回款"等选项。

② 职级。有权限的用户可以增加、删除、修改、查找职级，将其与档案

进行多对一关联，在删除职级时，如果人员档案已经被引用则系统提示"不可删除"。职级包括等级、描述、月基本工资、月绩效工资、月其他工资、月工资、年奖金、年薪、工时。等级为 1～999 的自然数；描述为不超过 500 个字符的字符串。

（4）绩效考核管理。

① 建立考核项。有权限的用户可以建立考核项。在删除考核项时需要判断关联关系，若该选项被占用，则不允许删除。

② 建立考核单。有权限的用户可以建立考核单。点击"考核项管理"按钮，通过 FBox 弹出页面添加考核项，把考核单与考核项进行关联，存入关联表中。通过双击删除考核项，在删除考核项时需要判断关联关系，如果该考核项被占用，则不允许删除。点击"考核人管理"按钮，通过 FBox 弹出页面添加"考核人"，通过双击删除考核人。点击"被考核人管理"按钮，通过 FBox 弹出页面添加"被考核人"，通过双击删除被考核人。

③ 考核人列表。考核人列表的内容包括考核人、此人的所有考核单、所有被考核人。

④ 考核评分。"考核人"可以对"被考核人"进行考核操作，每月考核一次。在考核时，"考核人"给每项打分，将分数保存到"得分表"中。"得分表"中保存"单项关联表 ID""考核人 ID""被考核人 ID""月份（int 型，如 201305）""建立时间"。其中，"单项关联表 ID"与"被考核人 ID"建立唯一的关联关系，表中所有被引用的 ID 均建立关联关系。

3.2.4　财务管理

（1）利润预算表。列表显示利润预算表，可以按利润预算表名称、年份来查询，可以添加多条利润预算表信息。

（2）财务设置。设置当前登录用户机构目录下的财务人员，包括财务主管、会计、出纳、审核人员、用户票据管理者等。在添加和修改时，人员可以通过机构、部门筛选。

（3）票据列表。列表显示当前登录用户机构目录下的所有票据信息，点击"查看"按钮，可以查看票据的详细信息，且带有打印功能。

（4）票据审核。列表显示当前登录用户机构目录下的所有票据，根据财务设置，财务人员判断票据审核成功与否，只有审核成功的票据才会形成资金变动。

（5）资金变动汇总表。资金变动汇总表展现当前登录用户机构目录下的资金变动情况，包括机构下的所有账户的资金变动情况。管理者可以按照日期查询资金变动汇总表。

（6）账户管理。管理当前用户机构下的资金账户，在建立组织机构时默认为该机构添加4个账户，即基本户、一般户、外币户和现金户。其中，基本户、一般户、外币户都为银行账户，通过账户管理可以维护银行账户的银行账号及所有账户的初始余额，添加余额后不可修改。

3.2.5 基础管理

基础管理包括以下内容。

① 海关关区。列表显示海关关区。可以通过海关关区名进行查询。

② 币种管理。列表显示币种。

③ 计量单位管理。列表显示计量单位。

④ 组织机构管理。系统的所有数据只保存集团 ID 与部门 CODE（密码）即可，优化了查询方法，避免采用递归算法。在公司名录下可以直接添加岗位。

⑤ 公司管理。点击组织机构列表，可以添加部门、子公司、岗位，删除、编辑相关信息。当点击机构数的时候，会显示该机构下的子公司。

⑥ 添加和修改组织机构。企业名称、企业别名、企业简称、企业的营业执照、区域、行业、联系人、联系电话、地址为必填项。其中，可以添加多个行业、企业的营业执照。

⑦ 部门管理。在组织机构列表的最后一列里有"部门管理"选项，点击"部门管理"选项后打开该机构下的部门列表，显示部门名称、联系电话、联

系人。在添加和修改部门时，部门名称、部门电话、联系人为必填项。点击"添加部门"按钮弹出添加部门 DIV 页面，在这个页面中可以选择父部门名称，在选择好父部门后再填写该父部门的子部门名称，点击"保存"按钮即可。

如果我们想删除某个部门，那么只需要点击公司部门管理左侧的部门名称树节点，只要该部门中没有员工信息，就可以删除该部门，如果该部门中有员工信息，那么"删除部门"按钮是不可用状态的。

⑧ 岗位管理。在"部门"最后一列里有"岗位管理"选项，点击"岗位管理"选项后打开该部门下的岗位列表，显示岗位名称、联系电话、考核指标。在添加和修改岗位时，岗位名称、岗位电话、岗位类型、考核指标为必填项，其中考核指标为绩效考核时的评分标准。

⑨ 常用代码表。列表显示常用代码。可以按照代码分类和名称查询常用代码。

⑩ 国家（地区）。列表显示国家与地区。

3.3　基础支撑平台

基础支撑平台是整个国际通关口岸电子商务平台的关键。各种应用通过基础支撑平台可以非常方便、快速地构建个性化服务，实现单点登录及数据共享，有效地解决信息孤岛和标准不统一的问题。基础支撑平台使应用集成为一个整体，有效地支撑国际通关口岸电子商务平台，为各类用户提供信息化服务。基础支撑平台包括基础数据库、统一认证中心、统一数据中心、运营管理中心及运维管理中心。

3.3.1　统一认证中心

统一认证中心实现用户一次登录平台，即可使用平台的各项授权服务。统一认证中心主要有身份认证、单点登录、授权访问控制、统一审计管理等功能。

通过指定相应的集中认证技术规范，提供统一的应用系统用户管理接口，最终可以实现所有新建系统用户的统一集中化认证管理，做到真正意义上的集中认证。实现各应用系统的"集中认证"，可以彻底改变各自为政、管理松散的用户管理模式，充分发挥内部网络管理维护部门的管理职责，规范用户操作行为，强化用户合理使用网络资源的意识。

统一认证中心建设的目标必须基于项目整体的安全需求来制定。本项目具有分层设置机构、纵向业务领导、分级履行职能的特点，因此在日常运行的过程中，对基本的运行机制提出了安全需求目标：严格保密；确保政令畅通，令行禁止，信息准确；严格的权限管理；严格的程序和流程；确保责任。

统一的身份认证与权限管理将是本项目安全保障体系的重要组成部分。要建立一套有效的用来管理 Intranet 网络资源、Intranet 日常用户的安全管理机制，保证用户身份验证的准确性和便利性，实现用户权限分配的安全性和灵活性。

建立应用系统的统一信息门户，一方面为各系统进行应用集成，另一方面提供了一个面向公众、政府内部相关机构的信息门户，有利于提升服务形象。

统一认证中心的主要功能如下。

（1）统一用户管理。系统管理员可以对用户进行统一管理，在主系统中用户信息被删除或禁用后，其他各子系统中该用户信息自动被删除或禁用；各个子系统的权限控制完全独立，同一个用户在不同的系统中可以具有完全不同的身份，系统管理员可以独立管理各个子系统的用户权限，一个子系统中用户权限的修改与其他子系统完全无关联，这保证了各个子系统独立、安全、可靠。

（2）单点登录。统一认证中心实现了平台安全环境下用户的"一点认证，全网通行"和"一点注销，整体退出"，支持单点登录、单点注销。当网络资源较多时，单点登录功能让用户只使用一个用户名和口令，就可以访问所有资源。在统一用户实名数据的基础上，统一认证中心制定出一套规范的用户单点登录机制，提供了一个用户管理的统一接口，并要求所有新建的应用系统的用户认证完全由集中认证安全管理系统实现，以达到真正意义上的单点登录。

（3）认证授权控制。统一认证中心实施一套行之有效的访问控制策略，是保障平台安全访问的有效手段。用户在统一认证中心通过认证后，被授予权限的服务才能被该用户访问。服务权限管理的任务是对平台中的应用系统所提供的服务进行管理。其他的应用系统要使用本系统的身份认证和服务权限管理功能，就必须将其提供的服务在本系统中注册。服务的注册包含功能的注册和细粒度控制规则的注册。通过制定细粒度的控制规则，应用系统可以方便地实现灵活的范围控制，这给系统的分散、分层权限控制管理提供了强有力的支持。

3.3.2 统一数据中心

统一数据中心旨在消除国际通关口岸电子商务平台建设中的信息孤岛，使各种信息在各级机构范围内实现共享，并对上一级机构进行数据传输及上报，规范数据的描述和存储，减少数据的冗余和不一致性，改变原始的数据传递的交换流程和方式，提高数据的准确性，提高工作效率。

统一数据中心能够实现各应用系统之间数据的统一规范、集中存储、管理，实现数据变化的一致性控制。统一数据中心主要有数据集中存储、数据转换、数据同步、数据快速查询、数据汇总、统计分析、数据监控、备份与恢复等功能。

（1）公共数据库可以由以下几个部分组成。

① 原有的应用系统对应的公共数据库。数据来源于现存老系统，经数据整合器标准化处理后入库，并按需求保持与原有系统中的数据同步。

② 与公共数据库平台兼容的应用系统对应的公共数据库。与公共数据库平台统一规划的和符合公共数据库平台标准的应用系统、按照公共数据库平台接口标准开发的系统，都可以直接运行在公共数据库平台上。这部分数据是应用系统的有机组成部分，数据自然共享，无须再次集成或整合。

③ 历史数据库。历史数据库保存所有需要保留的数据。数据来自老系统和新系统，可以经过标准化梳理。

④ 没有系统对应的公共数据库。没有任何应用系统对应，但各部门还需要共享的数据，由公共数据库平台自带的数据管理模块进行管理。

⑤ 公共代码库。公共代码库对全局代码进行统一存储及管理。基于国标、

部标和地方标，使用者可以通过公共数据库平台自带的管理工具进行统一管理。该工具具有批量处理功能和代码纠错功能。

⑥ 虚拟文件库。虚拟文件库存储不适合关系型数据库存储的数据，例如图片、各类文档等。

（2）数据模型的建立主要是指基础数据模型的建立。

这是数据管理分析中心建设过程中最关键，也最难把握的部分。数据模型是根据行业内各个业务的使用者对数据的最终需要，经过高度抽象、建模而得出的结果。多类别业务部门的网格状业务分配管理机制的相似性决定了行业数据在数据模型层面上存在着很多共性，同时各个业务系统数据又具有很强的互联性和决策性。例如，人事管理系统与学籍管理系统，从业务应用的角度上看是相对独立的，但是从数据挖掘和数据分析的角度看则是有很大关联性的，从教师和学生的多维关联中可以做出相关的决策分析。数据模型主要包括数据获取、数据存储和数据访问三层架构模型。其中，数据获取模型又分为数据来源、数据抽取、数据清洗/转换/加载三个子模型；数据访问模型又分为业务系统数据初始化模型、标准数据访问接口模型和数据挖掘分析模型。

（3）统一数据中心的数据获取模型主要完成从业务系统中将相关业务数据进行抽取（Extract）、转换（Transfer）并加载（Load）到数据仓库中，在数据仓库中形成基础的分析的功能。

（4）统一数据中心的数据存储模型是数据管理的核心。为了保证统一数据中心数据的完整性和一致性以适应各个业务系统，管理部门可以根据自身管理、业务的实际情况建立适合自身需要的数据仓库，同时需要保证可动态化定义和分析数据的灵活性、准确性。

3.3.3 运营管理中心

运营管理中心对国际通关口岸电子商务平台提供统一的服务集成，包括虚拟空间分配、日志服务、虚拟机空间租赁等功能，有效地实现了国际通关口岸电子商务平台及各种应用业务运营的自动化管理，为国际通关口岸电子商务平台可持续运营提供日常管理及决策支撑。运营管理中心的功能如下。

（1）虚拟空间分配。运营管理中心可以为国际通关口岸电子商务平台中的虚拟空间提供各类核心应用的服务集成，根据用户的需要进行个性化定制，实现虚拟空间的快速生成，并与统一认证中心、统一数据中心及统一门户的标准接口统一集成。虚拟空间构建主要包括服务组件注册管理、各类服务组件注册及服务调用的接口管理。

（2）日志服务。运营管理中心为全网环境下各应用提供简单、高效的日志存储和查询服务，为以后对用户行为进一步分析提供原始数据。这些日志存储和查询内容主要包括日志检索、日志统计分析、日志实时采集、日志备份、过期日志清除、日志定时采集管理、日志信息处理、日志收集（清除）上报等。

（3）虚拟空间租用管理。运营管理中心可以为国际通关口岸电子商务平台的各级各类应用平台提供单独的虚拟机计算资源、存储资源及网络资源，快速构建所需的硬件及网络环境，以便各级机构可以独立管理自己数据中心内的虚拟服务器和应用。每个机构在逻辑上都是相互隔离的，能够独立运行和管理。

通过虚拟空间租用管理，运营管理中心可以统一为用户策略化管理公共信息平台，为各级各类机构制定相应的资源目录和策略规范，实现整体国际通关口岸电子商务的运维管理，并在整体跨境电商平台中能够统一监控所有资源的使用情况和所有系统的运行情况。

3.3.4 运维管理中心

运维管理中心负责整个国际通关口岸电子商务平台的运行与维护，包括机房、硬件、软件。运维管理中心的功能包括用户管理、配置管理、告警管理、日志管理、性能管理等操作维护功能。

云平台提供硬件、软件和业务的运维管理，运维管理的核心内容如下。

（1）监控管理。监控管理系统具有拓扑和监控功能。维护管理员通过分权分域功能，可以监控自己权限内的资源信息，掌握资源使用情况和设备健康状况。监控管理系统主要对云平台、计算集群、计算服务器、虚拟机等进行监控，支持管理员自定义监控统计项，支持多维度分类监控（如按监控对象所属的逻辑节点分类，按虚拟机的业务类型分类）。

监控管理系统提供资源监控功能，支持监控物理资源、虚拟资源、桌面资源等。

监控管理系统的监控项见表 A-4。

表 A-4

监控对象	监控项
云平台	云的整体 CPU 平均占用率、内存平均占用率、存储平均占用率、故障服务器数量、虚拟机 CPU 分配情况、虚拟内存分配情况、存储资源分配情况等
集群	集群的 CPU 平均占用率、内存平均占用率、故障服务器数量、虚拟机 CPU 分配情况、虚拟内存分配情况等
服务器	服务器的 CPU 占用率、内存占用率、虚拟机数量、服务器基本信息、虚拟机 CPU 分配情况、虚拟内存分配情况等
虚拟机	虚拟机的 CPU 占用率、内存占用率、运行状态、网络流入和流出流量、磁盘读写速率等
交换机	交换机状态、上行端口流量
统计信息	服务器性能趋势、虚拟资源分配统计

（2）拓扑管理。运维管理中拓扑管理的功能如下：支持拓扑系统自动发现系统资源；支持以拓扑图的形式展示资源、资源关系及状态，状态包括正常和故障等情况，资源包括集群、服务器、虚拟机、存储资源；支持拖、拽拓扑节点；支持导出和打印拓扑图。

（3）告警管理。故障管理是确保系统正常运行的重要活动，包括系统故障预防设计、故障检测和处理。告警管理是故障管理的重要部分，支持故障的自动检测，及时上报告警。告警管理具体如下。

① 告警对象。硬件、云平台软件、虚拟机。

② 告警级别。支持四种告警级别，标识不同严重程度的告警。

③ 告警的声光显示。根据用户的设置，云平台管理系统可以通过不同的声音、颜色标识不同级别的告警，将其呈现给维护人员。

④ 告警查看。支持活动告警浏览和历史告警查询。通过设置浏览参数，管理员可以实时监控自己关注的活动告警，例如查看"重要"级别的实时告警。

⑤ Email 和短信通知告警功能。当告警产生和恢复时，告警系统会自动给运维人员发 Email 和短信，及时告知。通过订阅重要的告警通知，在无人值守的环境下，运维人员仍能实时掌握全网节点的运行状态。

⑥ 告警阈值可配。管理员可以根据实际情况配置告警阈值。

⑦ 告警 NBI（Northbound Interface，北向接口）。云平台管理系统提供标准的告警北向接口，供上层 OSS（Operation Support System，运营支撑系统）对接。

⑧ 支持第三方设备告警接入。云平台管理系统提供强大的接口系统，支持第三方设备告警接入。

（4）日志管理。日志管理包括日志记录、查看、审计，支持的日志包括以下几种。

① 操作日志。即管理员的操作日志，包括管理员登录、修改配置、查看告警监控等所有用户操作的日志。

② 系统运行日志。对系统的运行状态进行记录。

③ 黑匣子日志。用于业务和系统异常的故障定位。

同时，日志管理可以对各日志进行统计，功能如表 A-5 所示。

表 A-5

报表统计分类	统计功能
监控数据统计	按照时间段、监控对象进行查询
告警信息统计	支持告警的记录统计，可以按照告警级别进行分类统计。 支持物理机服务器告警统计。 支持网络信息告警统计
操作日志统计	支持查看操作日志报表，按操作人员和操作时段进行统计

（5）用户管理。运营管理中心支持对用户进行访问控制，支持用户组的分权、分域、密码管理，便于维护团队内分职责地、共同有序地维护系统。

用户组和功能如下。

① 超级管理员。具有全部操作权限和管理其他用户的权限。

② 操作维护管理员。具有超级管理员授予的查看等操作权限。

③ 只读管理员。具有超级管理员授予的查看权限。

用户管理的内容如下。

① 分域管理。分域管理是指裁分集群域的授权管理。系统支持对操作维护管理员和只读管理员进行分集群域的授权管理。

② 用户分域管理。用户分域管理是指授予用户各自的集群权限。集群可以对应不同部门（如营业厅、客服中心）、不同地区（如东城区、西城区）的虚拟桌面。分域管理员仅对属于自己管理范围内的虚拟桌面具有管理权限，包括虚拟机的查看、分配、回收、登录、关闭、重启等。

③ 密码管理。密码管理支持设置密码策略，确保密码的保密性。密码策略包括密码长度、密码是否含特殊字符、密码的有效时长、在密码到期前多长时间提醒用户、修改密码时不允许使用最近几次的密码、是否强制用户第一次登录时修改密码等。

（6）配置管理。配置管理支持初始配置和配置调整、保存和备份配置，具体配置如表 A-6 所示。

表 A-6

分类	配置项	说明
网络	服务器的 IP 地址	网络调整
维护管理系统	虚拟机内存超分配、是否开启计费功能	系统运行可靠性
告警	告警阈值、添加第三方设备、告警 Email 和短信通知方式	故障管理
对接	防火墙、VNC 连接	与第三方对接

（续表）

分类	配置项	说明
虚拟机业务	虚拟机资源调度策略、安全组VLAN、VPC VLAN、弹性 IP 池、公共 IP 池、快照配置、虚拟机自动休眠	与客户的虚拟机业务相关的基础配置

（7）软件管理。软件系统具有以下特点：软件预安装和预置；当使用服务器时，支持在发货前将部分云平台软件安装到服务器上；软件自动化批量安装。

软件包含的内容和功能如下。

① 云平台软件：支持统一安装界面、一次性导入所有服务器的信息、多节点同时加载安装，安装效率高。

② 用户虚拟机软件：通过镜像方式，创建虚拟机并安装应用软件，且支持批量创建虚拟机，大大减少了用户操作和操作难度。

其中，云平台软件支持升级、打补丁，实现了自动化健康检查、分发软件、升级/打补丁、校验、回退，且支持静默升级，即升级/打补丁不影响业务。

（8）虚拟机运维管理。

① 虚拟机生命周期管理：创建、删除、暂停。

② 虚拟机操作管理：启动、关闭、重启、自动休眠、迁移和查看虚拟资源的使用情况，包括虚拟计算、存储、管理网络资源。

③ 虚拟机资源调整：对 VCPU（Virtual Central Processing Unit，虚拟中央处理器）个数、内存、网卡、磁盘等的挂载和卸载。

④ 远程诊断虚拟机：通过云平台运维管理系统上的虚拟机登录功能，可以远程诊断虚拟机。

3.4 网络硬件基础设施设计

3.4.1 总体设计

网络硬件基础设施为国际通关口岸电子商务平台的各类用户提供共享应用服务。统一数据中心采用云计算技术建设支撑环境进行基础数据的存储和关键应用的支撑。通过云平台管理，将计算、存储、网络硬件资源进行虚拟化，从而实现在一台服务器上运行多个虚拟机，共享物理资源，并调度物理资源、虚拟化资源，支持运维管理，对外提供运维和业务接口等平台服务，最终满足教学信息化、管理信息化高可用和高性能的要求，支撑公共服务云平台高效、平稳运行。

3.4.2 业务测算

建立一个云计算架构统一的云数据中心，为国际通关口岸电子商务平台提供计算处理、网络应用、业务应用、应用数据存储等服务。计算机及网络系统采用云计算模式建设，基于计算、存储等资源的虚拟化、池化与动态扩展等技术，以服务的方式提供国际通关口岸电子商务平台所需的计算资源、存储资源及虚拟化的网络设施，实现云数据中心服务的高效管理、动态迁移、按需分配。国际通关口岸电子商务平台的用户访问需求如下：百万人注册、十万人在线、一万并发。

（1）计算资源推算。以单独的 Web 应用平台的实际性能评测数据为依据，1000 个用户并发访问单台服务器的资源消耗数据见表 A-7。

表 A-7

类别	CPU	内存	磁盘
中央服务器	2 个四核 Intel Xeon E5620（2.00GHz）	16GB	—
中央服务器资源消耗	资源消耗率平均为 70%，最高为 90%。 处理频率平均为 22.4GHz，最高为 28.89GHz	10GB	216IOPS

（续表）

类别	CPU	内存	磁盘
数据库服务器	2 个四核 Intel Xeon E5620（2.00GHz）	16GB	—
数据库资源消耗	数据库资源消耗率平均为 39%，最高为 63.7%。 处理频率平均为 12.48GHz，最高为 20.38GHz	1.6GB	50IOPS

（2）数据库服务器分析。假设最高业务峰值为 1000 人在线，并发峰值为 300 人在线，按照每人每天操作 1000 笔查询、上传、下载、更新数据等业务，每天 80%的业务操作在 3 小时内完成，每分钟的交易量为

$$300 \times 1000 \times 80\% \div （3 \times 60）\approx 1333 \text{ 笔}。$$

每次操作：约 3 笔数据库访问事务。每次访问：基准 TPC（Instruction Per Clock，时钟指令）值对应实际交易值的比例为 3，即每次访问需要记录 3 条信息。按照每条信息记录需要 3KB 内存，则交易负荷为 $1333 \times 3 \times 3 \approx 12\,000$（KB）。

操作系统和数据库系统要占用系统性能的 15%～20%，考虑系统即使在满负荷的情况下，也应该保证主机 CPU 的负荷不超过其处理能力的 40%，则要求系统提供的负荷为：

$$12\,000 \div （1-20\%）\div 40\%=37\,500（\text{KB}）。$$

因此，数据库服务器考虑采用 TPC 值不低于 37 500KB 的系统配置。

数据库服务采用 Oracle RAC 模式，要满足"1000 人在线、300 人并发访问"，需要 2 台数据库服务器。

（3）存储容量分析。累加不同业务应用在未来 3 年所占用的存储容量，可以分别计算出所需的 CPU 和数据库存储容量。最后，所需的总存储容量为各业务平台所需的存储容量之和。

业务系统的存储容量计算依据：每天每笔业务都主要集中在 8 小时的工作时间，月度的 22 个工作日。按每天保存 1000 笔业务、每人每笔业务数据量为 10KB、业务数据量持续 3 年计算，则数据量为 $1000 \times 10 \times 22 \times 12 \times 3 \approx 7920$（GB）。

如果上传的文本更多的是图片及视频等资源文件，则预计 3 年的数据量可以达到 10TB 以上。虚拟机所需的硬盘空间在 5TB 左右。各业务系统 3 年后的容量峰值需要考虑 0.2 倍的数据库索引和系统占用空间。随着以后数据增长，每年要提供 15%的数据扩充能力等，3 年后容量扩展系数为 1.5，总存储容量约为（7.92+10+5）×1.2×1.5≈41（TB）。

备注：根据每年的存储增量，为了保证系统所需的存储空间，业务所需的存储空间根据实际增长情况在第二年进行调整。

表 A-8 为所需的服务器及存储配置总表。

表 A-8

型号	产品描述	数量
Web 服务器	处理器：Intel Xeon E5 系列处理器，主频大于等于 2GHz，缓存大于等于 12MB，配置处理器数量大于等于 2。 内存：大于等于 96GB，DDR3 RDIMM 内存，最多可以扩展到大于等于 128GB。 网卡：千兆位网卡口数量大于等于 4，配置 2 个 8GB HBA 卡。 硬盘：2 块大于等于 300GB 15 000 转/分钟热插拔 SAS 硬盘	10 台
数据库服务器	处理器：Intel E7 系列处理器，主频大于等于 2GHz，缓存大于等于 12MB，配置处理器数量大于等于 4。 内存：大于等于 64GB，DDR3 RDIMM 内存，最多可以扩展到大于等于 128GB。 网卡：千兆位网卡口数量大于等于 2，配置 2 个 8GB HBA 卡。 硬盘：2 块大于等于 300GB 15 000 转/分钟热插拔 SAS 硬盘	2 台
本地备份磁盘阵列	全光纤冗余架构磁盘存储系统；控制器数量大于等于 2，64 位处理芯片。缓存大于等于 8GB。 RAID 支持：支持 RAID 0/1/5/6/10/50；支持全局热备盘和降级访问。 扩展性：单磁盘框硬盘数量大于等于 20，最大支持硬盘数量大于等于 102。 硬盘兼容性：支持 SAS/SATA 硬盘的混插。 容量要求：600GB 15 000 转/分钟 SAS 硬盘（3.5 英寸），本次配置容量大于等于 20TB	2 台

备注：需要用数据库服务器共同组建 Oracle RAC 集群应用，保障应用系统所需的数据安全及高可用运行。

3.4.3　计算机系统

为了满足国际通关口岸电子商务平台的高可用、安全性、负载均衡及存储容灾等性能要求，核心平台的设备选型应该具有前瞻性，具有对未来业务发展的可扩充性，因此采用以下方案设计。

（1）计算机系统设计。在核心平台的中心机房搭建服务器资源池，采用虚拟化技术在高性能服务器上搭建虚拟机平台，提高服务器的使用效率；采用 SAN 架构存储设计，实现利用磁盘阵列存储；提供单独的缓存服务器，提供分布式缓存服务器来提高性能；采用虚拟化管理软件负载均衡技术，提高服务器及系统访问的分流优化和任务分发效率；提供多套高可用的容灾备份方案，保障整体数据的安全性。

（2）相关设备说明。

云计算虚拟化软件：虚拟化软件可以采用 VMware vSphere Enterprise、Oracle VMware、Hyper-V 等软件，直接安装在服务器裸机上，接管硬件设备的调度和分配，减少效率的损失。虚拟化平台建设包括以下组成部分。

① 主机：使用虚拟化软件运行虚拟机的计算任务。主机提供虚拟机运行所需要的 CPU 和内存资源，同时为虚拟机提供存储器访问权和网络连接的能力。

② 群集：一组主机。向群集添加主机时，主机的资源会成为群集资源的一部分，群集管理其中所有主机的资源。建立群集能实现 VMotion（虚拟机实时迁移）、HA（高可用性）和 DRS（分布式资源调度）。

VMotion：能够将虚拟机动态地在不同的物理主机之间迁移的技术。在迁移的过程中虚拟机的服务不中断。

HA：利用 VMotion 技术，在虚拟机失效或主机发生错误时，虚拟机执行的操作能够实时地迁移至还存活的主机上继续执行。

DRS：DRS 将 VMotion 及 HA 技术融合在一起，根据主机的 CPU 或内存资源负载，动态地迁移虚拟机至负载较轻的主机上。

③ 服务器整合：对于各级机构数据中心的 PC 服务器，可以采用虚拟化软件进行整合。具体采用哪种虚拟化软件可以根据客户的实际需求和实现方式的性价比确定，或者同时采用多种虚拟化解决方案，以便更好地满足客户的不同整合需求。

④ 服务器资源池：服务器是云计算平台的核心，承担着云计算平台的"计算"任务。通常将云计算平台上的相同或者相似类型的服务器组合在一起，作为资源分配的母体，即所谓的服务器资源池。在这个服务器资源池上，再通过安装虚拟化软件，使其计算资源能以一种虚拟服务器的方式被不同的应用使用。这里提到的虚拟服务器是一种逻辑概念。对于不同处理器架构的服务器及不同的虚拟化平台软件，其实现的具体方式不同。在 x86 系列的芯片上，其主要以虚拟化套件的形式存在。

⑤ 存储的设置：对云计算平台存储规划的出发点应该是应用本身。首先，应该考查每个业务应用的优先级，以及其对存储性能、可靠性与灵活性的要求。对那些需要高性能与高可靠性的云计算应用，原则上应该为其或者其所在的资源池匹配性能、可靠性较好的高端存储方案。对那些对灵活性要求较高的业务应用，则应该考虑为其或其所在的资源池匹配灵活性比较好的存储虚拟化方案。

⑥ 备份/恢复方案：备份/恢复对任何生产系统来说，都是必不可少的。备份的种类有很多，从分类上有基于应用的备份（如 SQL Server 的 Backup 以及 Oracle 的 RMAN 等）、基于虚拟化平台的备份及基于存储本身的备份（如 Dedup 技术）等。每种备份方式的技术实现方式和应用场景都不同。

⑦ 云计算平台管理部署：云计算平台的搭建阶段完成以后，云计算平台的每个组件都可以独立工作。管理员通过云计算平台的管理端设置负载均衡机制，可以实现各服务器及系统任务的分发及负载优化。但是这时云计算平台只

是处于松耦合的阶段，没有整合性可言。要完成任何一个简单的业务性操作，可能都需要在不同的平台上以不同的方式手工运行一系列命令。

（3）云基础设施配置建议。

表 A-9 为所需的服务器和存储系统列表。

表 A-9

型号	产品描述	数量
云计算节点服务器	内存：大于等于 64GB，DDR3 RDIMM 内存，最多可以扩展到大于等于 128GB。 处理器、网卡、硬盘同表 A-8 中"Web 服务器"相同项的产品描述	8 台
数据库服务器	同表 A-8 中"数据库服务器"的产品描述	2 台
云存储系统	同表 A-8 中"本地备份磁盘阵列"的产品描述	1 台
云平台软件	云平台软件，能够提供计算、存储和网络虚拟化服务，实现业务资源按需分配、动态调整、故障迁移及安全管理，搭建高可用、高性能及自动化私有云数据中心。 ①按需分配资源：需要能够提供策略，根据应用访问负载增加的情况，动态地为虚拟机分配所需的实际物理资源（CPU 及内存资源）。同时，当应用负载降低时，能够自动回收虚拟机所占用的额外的物理资源。 ②弹性扩展：能够根据应用负载增加的情况，动态地创建虚拟机、发布应用程序，并自动完成与硬件负载均衡设备的协同配置。当应用负载降低时，可以自动关闭多余的虚拟机，并可以将虚拟机自动集中迁移到某些物理机上，把无虚拟机运行的物理机自动关闭	1 套
本地备份系统	本地备份系统，可以实现本地数据同步与本地备份和还原功能。 ①集成备份软件：支持 Linux、Windows 系统下的数据完全及增量备份，Oracle、SQL Server、MySQL 数据库自动备份，资源文件数据备份及整体重复数据删除。 ②双控制器 SAN 架构，符合 SBB 2.0 规范，盘控一体，采用 Active-Active 控制器架构。支持冗余热插拔电源模块。 ③主机前端接口数量大于等于 8（1Gb/s iSCSI）接入通道，后端接口数量大于等于 2（24Gb/s SAS 2.0）磁盘扩展通道。 ④双控配置缓存大于等于 4GB，可扩展到 8GB。 ⑤支持最大主机数大于等于 512，最大 LUN 数大于等于 1024，最大硬盘数大于等于 132。 ⑥同时支持 SAS/SATA/NL-SAS/SSD 硬盘，支持硬盘混插，支持硬盘漫游，磁阵系统不占用用户硬盘空间；配置 2TB 72 000 转/分钟硬盘；本次容量要求：存储容量大于等于 20TB。 ⑦支持磁盘虚拟池技术，提供编程接口，可以对硬盘坏道进行自动检测、修复，实现热备盘跨框热备保护硬盘，支持快照功能，支持同步复制功能。提供产品 FCC、CE 认证证书	1 套

型号	产品描述	数量
异地备份系统	异地备份系统，可以实现数据异地备份系统与本地备份系统同步，并且与本地备份系统采用的软件与硬件备份设备相同。 ①集成数据备份同步软件，可以同步备份本地备份系统的数据，删除重复数据。 ②同"本地备份系统"产品描述的②~⑦	1套

3.4.4 网络系统

（1）网络设计。建立国际通关口岸电子商务平台，为用户提供直接服务，并保障平台在网络连接上能够保持持久的连接，所以对平台带宽的要求较高，这是网络设计的基本要求。

（2）网络设备配置建议。表 A-10 为网络设备配置建议表。

表 A-10

设备名称	配置	数量
服务器负载均衡设备	①CPU 选择 Intel Core 2 quad-core 2.6GHz 型号，RAM 大于等于 4GB。千兆光纤口数量大于等于 2；10/100/1000Mb/s 电口数量大于等于 6，吞吐率大于等于 4Gb/s。 ②支持四、七层业务按需扩展，吞吐率大于等于 4Gb/s；并发会话数量大于等于 700 万；四层新建会话数量大于等于 21 万；七层新建会话数量大于等于 10.9 万。 ③支持以下负载均衡算法：轮询、加权轮询、Hash 等；满足最少用户数、最少流量要求；支持以下会话保持方式：Cookie、Session ID、URL、Http Header 等。 ④支持双机冗余，支持 VRRP 冗余协议；可以支持冗余电源，支持交/直流电源	1台
核心交换机	①万兆核心交换机基本引擎配置：12 个端口的万兆以太网光接口板，48 个端口的百兆/千兆以太网光接口板，48 个端口的十兆/百兆/千兆以太网电接口板；采用分布式处理机制和 Crossbar 交换结构，系统的主控单元、电源等冗余 1+1 备份。 ②背板带宽为 19.2Tb/s。交换容量为 7.6Tb/s。业务板插槽数为 8 个。4 个万兆光模块，8 个千兆光模块。 ③整机 MAC 地址表容量为 512KB，整机路由表容量为 512KB	1台
万兆光模块	10Gb 万兆 SFP+（多模 300m/850nm，LC 接口）	4块
千兆光模块	1000BASE-SX SFP 接口（多模 500m/850nm，LC 接口）	8块

设备名称	配置	数量
汇聚交换机	48 口万兆 SFP+，双电源槽位。光模块-SFP+-10Gb-多模模块；光模块-eSFP-GE-多模模块	2 台
光纤交换机	技术参数：物理端口：24 个 8Gb FC 物理端口；激活端口：16 个 8Gb FC 激活端口；光纤短波模块：16 个 8Gb SW SFP	1 台

4. 组织管理与运行维护方案

4.1 组织管理

为了保证项目的建设和运行维护，拟成立国际通关口岸电子商务平台运营中心，具体负责平台规划、建设管理、组织协调工作，并承担平台建设实施和系统建成后的运行、管理、维护、服务等工作。

4.1.1 建设机构

运营中心的主要职责如下：负责平台的运行、管理、维护工作；保证数据信息的正确性、指导性和及时性；向业务人员、社会公众、管理员及外部接入人员提供平台应用指导服务；研究并提出对相关技术标准规范的意见和建议。

4.1.2 运行维护机构

运营中心下设系统管理、安全管理、应用管理、设备维护和信息服务五个运行管理部门，分别负责系统的维护、管理、服务等日常运行工作。

4.1.3 技术力量和人员配置

根据工作需要，本项目定员 10 人，全年运营时间为 365 天，实行每天 8

小时工作制度。但为了保证网络的正常运行和安全，系统维护部门需连续工作。人员配置见表 A-11。

表 A-11

部门	职责	人员配置
维护部门	负责运营中心的行政、业务等管理工作	2人
系统管理部门	负责系统维护、数据库维护	2人
安全管理部门	负责网络安全管理	1人
应用管理部门	负责应用系统维护管理、数据备份管理	2人
设备维护部门	负责日常机房设备安全、防火、设备例行检查维修等	2人
信息服务部门	负责网站管理、资源更新、信息服务	1人

4.1.4 人员培训

选派技术骨干进行系统培训，以便正确掌握设备的运行原理及操作规程，确保网络安全运行。选派技术骨干跟踪应用软件的开发过程，在开发过程中学习和提高，以便了解教学资源共享平台门户网站及管理系统的软件结构、编码规则、软件操作维护等，确保软件系统的运行和维护。培训费用由本项目建设经费列支。

培训工作应做到以下几点：根据各类人员的素质和工作需要，制订出目标明确和切实可行的培训计划；编制统一的培训方案和教材，设定必要的考核办法；结合项目建设进度，分类、分批进行培训工作；注重实际效果，注重理论和实践相结合。

针对本项目的建设任务和特点，制订的培训计划见表 A-12。

表 A-12

培训主题	培训人员	培训内容	培训时间安排
项目管理	项目管理人员	基本建设程序、相关政策法规、项目管理方法与实践、招投标理论	在项目建设的准备阶段（2~3天）

（续表）

培训主题	培训人员	培训内容	培训时间安排
基本知识	中心的全部人员及相关单位的相关人员	管理政策和现状、信息管理的基本业务流程	整个建设期内分批进行（2天/批）
专业技术	中心及接口单位的相关技术人员	技术人员对系统硬件和软件在运行管理方面的专业技能	待定
应用技能	中心及接口单位的系统操作使用人员	应用系统操作技能	在系统初步建成后2个月内

4.2　运行维护

4.2.1　需求分析

国际通关口岸电子商务平台的项目建设内容涵盖交易收费、物业养护及办公等平台。该工程具有业务面宽、用户多、数据量大等特点，因此要求运行维护系统具有高度的可靠性、安全性，需要为整个项目涉及的硬件基础设施、应用支撑平台及各类应用系统提供支撑。

① 硬件基础设施：网络设备、网络安全设备、计算机服务器、存储设备、备份设备、PC终端等。

② 应用支撑平台：包括操作系统（Linux、Windows）及相应的高可用环境、数据库系统（Oracle、MySQL）及相应的高可用环境、其他辅助支撑系统（病毒及恶意代码防范、基础网络服务等）。

4.2.2　服务内容

为了保证整套系统正常运转，运行系统需要提供全面、优质、及时的技术服务，内容如下。

（1）硬件基础设施服务。

① 定期上门巡检（检查物理链路、硬件系统的运行状态及相关升级工作）（每月一次）；

② 定期维护和培训（每半年一次）；

③ 应急故障响应（确定发生故障及突发事件的根本原因，并提出改进建议，以降低故障及突发事件的重复发生率，提高系统的可用性）；

④ 与各个第三方厂商协调；

⑤ 完成各个系统规划工作；

⑥ 准确盘点硬件基础设施，建立 IT 系统档案；

⑦ 对日常的工作进行统计分析，编写《日常基本维护手册》；

⑧ 提交服务报告；

⑨ 协助制定管理制度，避免因为制度的缺陷造成问题。

（2）应用支撑平台服务。

定期上门巡检（检查运行状态、分析系统日志）（每月一次）；

应用支撑系统的调优（根据实际状况，对系统软件进行补丁修正、升级及调优，消除相关的漏洞和缺陷，保证系统安全、稳定运行）。

其余的服务内容同"硬件基础设施服务"的②、③、⑦～⑨点。

（3）应用系统服务。

定期维护升级，在系统维护期内，以相关厂商公布的相关系统软件的补丁为依据，根据软件的实际状况，对应用系统进行补丁修正和升级，消除系统软件相关的漏洞和缺陷，保证系统安全、稳定运行；

运行状态分析，根据日常运行维护工作的报表对应用系统的运行状态进行分析，了解运行状态，为性能优化和相应的业务调整提供依据。

错误日志分析，定期整理和分析错误日志内容，对软件运行中的报错信息做出相应的分析，按照错误的级别和种类分类整理记录，对可能引起运行故障的高级别错误做出相应的跟踪，并提出解决办法，尽量在不影响正常运行的情况下解决问题。

故障排除，当出现故障的时候，积极调动各方资源诊断和解决，做出相应的诊断，确定故障的来源，分析出现故障的原因，根据分析结果解决问题。

其余的服务内容同"硬件基础设施服务"的⑦～⑨点。

4.2.3 服务方式

针对整套系统的实际运行情况，采用多种方式进行相应的服务。

（1）现场技术支持服务方式。现场技术支持服务方式是指当出现故障时要求在 4 小时内赶到现场维护，在 72 小时内解决问题，以保证正常工作。

（2）电话服务方式。电话服务方式是指需要提供 7 天×24 小时的电话业务服务，满足在非工作时间快速地提供服务的方式。

（3）微信、QQ、电子邮件、网站在线服务方式。微信、QQ、电子邮件、网站在线服务方式是指需要提供专门的 QQ、电子邮件、网站等在线服务满足各种条件下的服务要求。

（4）远程管理服务方式。远程管理服务方式是指在特殊情况下能提供快速的远程管理服务，及时解决问题。

5. 投资估算

国际通关口岸电子商务平台为了达到"百万人注册、十万人在线，一万并发"所需的性能，需要以下软件平台及硬件预算。

云计算 IDC 网络设备及计算机预算见表 A-13。

表 A-13

型号	产品描述	数量	单价（万元）	预算（万元）
Web服务器	①处理器：Intel Xeon E5 系列八核处理器，主频大于等于 2GHz，缓存大于等于 20MB，配置处理器数量大于等于 2。 ②内存：24x DIMMs（Dual-Inline-Memory-Modules，双列直插式存储模块），支持单条/双条内存工作；大于等于 96GB，DDR3 RDIMM 内存，最多可以扩展到大于等于 192GB 内存。 ③网卡集成：4 个千兆以太网络芯片，1 个独立的 IPMI，实配大于等于 4 个千兆位网口，配置 1 个双口 8GB HBA 卡。 ④硬盘：最大可扩展至 16 块热插拔硬盘：16 块 2.5 英寸 SAS/SATA 硬盘，其中 2 块大于等于 300GB 10 000 转/分钟热插拔 SAS 硬盘	8台	6	48
数据库服务器	①处理器：Intel E7 系列八核处理器，主频大于等于 2GHz，缓存大于等于 24MB，配置处理器数量大于等于 4。支持 4 个 PCI-E2.0 插槽 ②内存：实配大于等于 64GB，DDR3 RDIMM 内存，最多可以扩展到大于等于 512GB。支持 DDR3 800/1066/ 1333RDIMM、UDIMM 内存。 ③网卡：实配大于等于 4 个千兆位网口，配置 1 个双口 8GB HBA 卡。 硬盘：2 块大于等于 300GB 15 000 转/分钟热插拔 SAS 硬盘，支持 6 块 3.5 英寸热插拔 SAS/SATA 硬盘	2台	10	20
本地磁盘阵列	①全光纤冗余架构磁盘存储系统；控制器数量大于等于 2，64 位处理芯片；缓存大于等于 24GB。 ②RAID 支持：支持 RAID 0/1/3/5/6/10；支持全局热备盘和降级访问。 ③扩展性：单磁盘框硬盘数量大于等于 12 块，最大支持硬盘数大于等于 192 块；硬盘兼容性：支持 SAS/SATA 硬盘的混插。 ④容量要求：600GB 15 000 转/分钟 SAS 硬盘（3.5 英寸）大于等于 12 块，2TB 72 000 转/分钟 SATA 硬盘（3.5 英寸）大于等于 12 块	1台	45	45
光纤交换机	技术参数如下。物理端口：24 个 8Gb FC 物理端口；激活端口：16 个 8Gb FC 激活端口；光纤短波模块：16 个 8Gb SW SFP	1台	5	5
云平台硬件	VMware vSphere With Operation Management 企业增强版和 vCenter Server 标准版 5.5。 ①授权要求：20 个物理 CPU 授权和 1 个管理控制台授权。 ②基本要求：采用裸金属架构，可以实现物理机全部功能管理，包括对 CPU、内存、网卡、存储等的功能管理。 ③兼容性要求：兼容现有市场上主流 x86 服务器和存储设备（IBM、HP、DELL、浪潮、联想，在官方硬件兼容性列表内）；至少支持 90 种操作系统。	1套	50	50

（续表）

型号	产品描述	数量	单价（万元）	预算（万元）
云平台硬件	④功能性要求： 支持 HA、DRS、vMotion、Storage vMotion、Storage DRS 功能；支持基础存储 API；支持存储和网络 I/O 控制。 支持存储多路径管理；支持分布式交换机；支持无代理防病毒解决方案；支持本地 SSD（Solid State Drives，固态硬盘）的存储、读取、缓存功能	1 套	50	50
云平台软件	①扩展性要求：单虚拟机支持 64 个 VCPU、62TB 磁盘、1TB 内存；并发在线迁移数量至少可以达到 8。 ②虚拟化管理：支持 Web 控制台，每个控制台至少可以管理 1000 台物理服务器、10000 台已开机的虚拟机；可以通过单控制面板，集中监控所有虚拟机的配置情况、负载情况；支持单点登录。 ③虚拟化监控：以直观的图形方式（如仪表盘、面板等）展示系统架构的运行和健康情况；可以设定动态阀值，减少或消除误报；支持容量规划监控，包括但不限于 VCPU、内存、存储等计算资源；趋势分析，能够直观地展示容量的趋势走向。 ④服务及其他要求：虚拟化软件的所有功能必须由同一厂家提供，提供上门安装实施及原厂技术认证服务	1 套	50	50
服务器负载均衡设备	13GHz（双核）CPU、4GB RAM、320GB 硬盘，8 个千兆自适应以太网口，2 个 SFP 多模光纤端口，2Gb/s 吞吐率，单电源-90V/240V 自动切换，300W-3	1 台	15	15
核心交换机	配置万兆核心交换机，满足基本引擎交流组合技术要求	1 台	50	50
汇聚交换机	配置千兆核心交换机，满足基本引擎交流组合技术要求	1 台	10	10
边界防火墙	高端万兆防火墙；提供 2 个万兆电接口、10 个千兆 Combo 接口、1 个千兆管理口、1 个千兆 HA 接口；提供 1 个 XM 扩展插槽	1 台	15	15
本地备份系统	同表 A-9 中"本地备份系统"的产品描述	1 套	40	40
异地备份系统	同表 A-9 中"异地备份系统"的产品描述	1 套	60	60
合计				408

表 A-14 为国际通关口岸电子商务平台的费用预算表。

表 A-14

序号	建设项目		建设内容	预算（万元）
1	国际通关口岸电子商务平台	为供应商及管理者提供利用手机、平板电脑及 PC 等终端进行电商交易活动的服务，使人们可以在任何时间、任何地点进行各种商贸活动，实现随时随地购物	平台研发	120
2			平台初期运营维护	30
合计				150